당신의 칼퇴를 도와주는 UiPath 업무 자동화

데이터 크롤링 실습으로 배우는 RPA 솔루션

당신의 칼퇴를 도와주는
UiPath
업무 자동화

데이터 크롤링 실습으로 배우는 RPA 솔루션

김수환 지음

서문

매일 반복되는 같은 업무와 야근으로 인해 심신이 지쳤을 때 내 업무를 다른 사람이 도와준다면 얼마나 좋을까요? 해야 할 일들은 업무 시간 안에 처리하고 칼퇴 후 가족들과 시간을 보내거나 취미 생활을 하는 등 개인 시간을 누릴 수 있다면 얼마나 좋을까요? IT 기술이 발전하면서 이러한 일이 가능해지고 있습니다.

4차 산업혁명이 화두가 되고 고도의 지능화, 자동화의 시대가 다가오면서 삶의 질이 더욱 향상되고 있습니다. AI, 자율 주행 등 많은 자동화 기술이 있지만 그중 한창 떠오르는 기술로 RPA가 많은 주목을 받고 있습니다. RPA는 우리가 사무실에서 하는 업무를 그대로 흉내내는 기술로, 우리의 업무를 도와줍니다. 특히 우리나라에서는 주 52시간 근무제도가 생기면서 더욱 RPA에 눈길을 돌리고 있고 이미 수많은 금융권, 물류, 식품업 등 다양한 회사에서 RPA를 이용하여 효과를 보고 있습니다.

이 책에서는 이러한 RPA에 대한 내용과 글로벌 RPA 솔루션인 UiPath를 주제로 한 내용을 담고 있습니다. IT 전공자뿐만 아니라 현업 종사자 분들도 RPA를 이용하여 업무를 효율적으로 할 수 있도록 도움을 드리기 위해 출간하였습니다. 이 책에서 사용한 UiPath 버전은 집필 당시 최신 버전인 21.4버전을 이용하였고, 예제 파일들은 다운로드 하실 수 있게 제공하고 있습니다(부록 A 참고).

자, 이제 우리 모두 RPA를 익혀서 칼퇴를 하고 워라밸을 누려봅시다.

저자 소개

김수환

한솔PNS IT 부문으로 입사하여 웹, 데이터, 자동화 등 다양한 분야를 경험하고 사업 기획팀에서 처음 RPA를 접하게 되었다. RPA에 대한 기획을 시작으로 UiPath를 이용하여 대내외 기업들을 대상으로 한 PoC, 프로젝트를 통해 개발과 PM을 진행했다. 현재는 타이드스퀘어에서 데이터 엔지니어이자 RPA 개발자로 빅데이터와 IPA를 연구하고 있다. 신기한 것을 배우고 관심 있는 사람들과 함께 공유하는 것을 좋아해 유튜브 채널 '마개튜브'를 운영하여 RPA에 대한 강의를 제공하고 있다.

 추천사

주 52시간제, 재택근무, 긱 이코노미, 개발자의 몸값 상승, 유럽 국가의 주 4일 근무제 도입.
우리의 업무환경은 하루가 다르게 변화하고 있습니다. 업무에 대한 기존의 생각도 자연스럽
게 바뀔 수밖에 없겠죠. 어쩌면 기성세대에게는 너무 빠르게 변화하는 환경이 두려움으로
다가올 수도, MZ세대에게는 새로운 기회가 열리는 중일지도 모르겠습니다.

좋든 싫든 받아들일 수밖에 없는 새로운 형태의 동료도 있습니다. 바로 소프트웨어 로봇입
니다. 단순히 로봇 라이선스를 팔고 있는 입장에서 말씀드리는 것은 아닙니다. 오히려 이런
산업에 몸 담고 있기에, 우리나라의 대기업들이 얼마나 빠른 속도로 로봇 라이선스를 도입
하고 있는지 그리고 또 얼마나 자동화를 잘 사용하고 있는지 매일 목격하고 먼저 놀라고 있
습니다.

우리나라에서 이름 한 번 들어봤을 법한 대기업, 중견기업들은 디지털 혁신, DX, DT 또는
AI 부서를 두고 어떻게 하면 기업의 체질을 바꾸고 디지털화된 업무 환경 속에서 사람들의
일하는 방식을 바꿀 것인가에 대해 매일 치열하게 고민하고 있습니다.

이들은 AI, 머신러닝, 빅데이터 등 다양한 최신 기술을 검토합니다. 그중에 빠지지 않는 것
이 바로 RPA입니다. 가장 먼저 소프트웨어 로봇을 채용하고 시범적으로 돌려보고 직원들과
정말 궁합이 맞는지 확인하는 사람들이 계시죠. 저희는 이 분들을 CoE(Center of Excel-
lence, 자동화 전담자)라고도 부릅니다.

각 기업에서 CoE는 직원들과 자동화가 친해지도록, 처음에는 직원들이 가장 힘들어하는 단
순 반복 업무를 접수받아서 자동화를 해줍니다. 로봇을 두려워했던 직원들도 자신의 단순
업무가 줄어드니 환호합니다. 그리고 더 많은 아이디어를 갖고 와서 자동화해달라고 요청을
합니다.

CoE는 너무 많이 밀려드는 자동화 요구를 모두 다 받아줄 수 없고, 개발자들의 손도 상당히
모자라니 정말 과중한 업무만 RPA로 자동화를 대신해주고, 조금 작은 단위업무는 현업이
직접 자동화해볼 것을 권장합니다. 물론, 교육 과정도 제공합니다.

개발 경험이 없는 현업들은 처음에는 당황하지만, 개발 능력이 거의 없어도 약간의 교육으로 간단한 자동화 설계를 할 수 있으니 시도를 해보게 됩니다. 하나의 자기계발에 해당하는 것 같기도 하고요.

처음에는 UiPath StudioX라는 조금 쉬운 툴을 사용하다가, 대략적으로 자동화를 짜는 방법이 익숙해지면, Studio에 도전하기도 합니다. 마치 그림판을 사용하다가 더 많은 기능이 필요해서 포토샵을 배우는 것처럼 말이죠.

기업마다 기간에 차이는 있지만, 위와 같은 변화가 계속 늘어나고 있습니다. 우리나라만 이러한 변화가 일어나는 것일까요? 미국과 유럽, 동남아 국가에서도 유사한 패턴으로 점점 자동화가 소프트웨어 로봇이 업무에 스며들고 있습니다.

지난 2년간 이런 변화가 일어났고, 앞으로 2년은 훨씬 더 빠르고 강력한 변화가 일어날 것이라고 생각합니다. '당신의 칼퇴를 도와주는 UiPath 업무 자동화'는 다가오는 변화에 미리 준비하고 자신의 업무 방식을 혁신하려는 분들께 친절한 참고서가 될 것입니다. 이력서에 빛나는 RPA 스펙을 원하시는 분께 추천 드립니다.

UiPath Korea CTO 이봉선

추천사

2018년부터 한국 IT 시장에서 본격적으로 사업을 시작한 RPA는 현재 공공, 금융, 제조, 유통, 물류 등 전 산업 영역에서 활발히 프로젝트가 진행되고 있는 기술입니다. 그중 특히 글로벌 1위 제품인 UiPath는 국내에서도 가장 많은 고객사를 가지고 있습니다. 이 말은 RPA 개발자들 중 UiPath를 공부하고 사용하는 인원이 가장 많다는 의미입니다. 그동안 UiPath를 온라인 동영상 강의뿐만 아니라 책을 통해 배우고자 하는 요청이 많았으나 시중에 마땅한 서적이 없었던 것이 현실이었습니다.

이 책의 저자는 UiPath Studio를 활용한 각종 자동화 기능을 유튜브에 공유한 전문가로서 본업이 있음에도 불구하고 별도의 시간과 노력을 들여 본인의 개발 노하우를 유튜브에 공개하였습니다. 저는 현업을 위한 개발도구인 StudioX를 저자와 동영상 교육자료로 제작하는 업무로 인연을 맺었으며, 당시 책임감 있게 컨텐츠를 만드는 모습에 감동하였습니다. 그런 와중에 또 다른 채널인 책이라는 수단을 통해 UiPath 개발자들에게 도움을 주고자 바쁜 와중에도 열심히 집필 활동을 하여 값진 UiPath 개발서를 내놓았습니다.

본 개발서는 전문 RPA 개발자분들뿐만 아니라 개발을 해본 적이 없는 일반인들도 쉽게 따라할 수 있도록 UiPath의 기능을 매우 상세히 잘 설명했습니다. 하나하나 천천히 잘 따라하다 보면 본인의 비핵심 업무는 로봇이 대신 수행하고 본인은 핵심 업무에 집중할 수 있게 되는 놀라운 업무 효율성을 몸소 체험할 수 있을 것입니다. 본 개발서가 한국 직장인들의 업무 효율과 생산성 증가에 큰 기여를 할 수 있기를 기대합니다.

LG CNS AI-RPA **사업팀장 임은영**

베타 리더 리뷰

제가 UiPath 공부를 시작할 때 이 책의 저자가 운영하는 유튜브가 많은 도움이 되었기 때문에 이 책의 출간 소식을 들었을 때 반가운 마음이 들었습니다. UiPath가 처음이신 분이라면 유튜브를 먼저 보신 후 좀 더 자세히 알고 싶을 때 이 책을 읽는 것도 좋은 방법일 것 같습니다. 책을 읽나 보면 많은 경험이 없으면 모를 정보들과 다른 곳에서는 보지 못했던 팁들을 알려주고 있습니다. 실제 업무에 들어가시는 분들에게 이 책이 많은 도움이 되리라 생각합니다.

김홍석

다소 생소한 UiPath을 처음 접하는 독자 입장에서 이 책이 좋은 기회가 되었던 것 같습니다. 설치 과정 및 활용법에 대해서 메뉴얼처럼 쉽게 풀어서 설명해주고 있습니다. 동일한 기능을 가지고 있는 많은 소프트웨어가 있는데, 그중에서 비교해보고 좀 더 효율적인 방법을 선택하기 위한 좋은 가이드를 제공합니다.

박찬웅

4차 산업 혁명 시대에 살고 있는 우리들은 앞으로 인공지능과 우리의 미래 일자리를 놓고 경쟁해야 할 수도 있습니다. 해외의 유명한 보고서들은 미래의 직업 세계에 관하여 전망하는 바는 유사합니다. 많은 직업이 자동화로 인해 사라질 것이라 전망하고 있으며 대부분의 인력이 로봇으로 대체될 가능성이 크다고 이야기합니다. 우리들이 능동적으로 앞으로 다가올 변화에 적극적으로 현명하게 대처하고 살아남을 수 있는 방법 중 하나는 이 책에서 설명하고 있는 업무 자동화에 빨리 익숙해지는 것이라 생각됩니다.

단순하며 반복되는 일상의 업무들은 UiPath와 같은 업무 자동화 솔루션으로 자동화하여 좀 더 창의적인 업무에 집중하거나 여유 시간을 좀 더 자신을 위하여 투자하는 삶을 영위하는 데 이 책이 상당한 기여를 할 것이라 생각됩니다. 또한 이 책은 다양한 그림들과 함께 UiPath에 대해 체계적으로 서술되어 있어서 글을 읽고 이해하는 데 부담이 없으며 분량도 적절하여 마음만 먹는다면 단 며칠 내에 마스터할 수도 있으리라 여겨집니다.

이동원

목차

PART 1
RPA와 UiPath

PART **2** 액티비티

RPA와 UiPath

CHAPTER 1

RPA란?

1.1 RPA 소개

RPA는 "Robotic Process Automation"의 줄임말로, 한글로는 로봇 처리 자동화라고도 합니다. 흔히 로봇이라고 하면 공장에 있는 하드웨어 기계 로봇을 생각할 수 있지만, RPA는 하드웨어 로봇이 아니라 사무실에서 사람들이 PC를 이용하여 하는 작업들을 따라 하는 소프트웨어 로봇이라고 생각하시면 됩니다. 그렇다면, RPA는 왜 사용할까요? 예를 들어 설명해 보겠습니다.

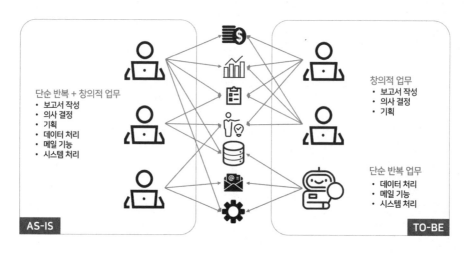

[그림 1-1] RPA란?

현재 우리가 사무실에서 하는 업무는 사내 시스템이나 웹에 있는 데이터를 처리하는 업무, 데이터를 이용해 엑셀 자료를 만들고 메일을 보내는 업무, PDF 파일들을 시스템에 있는 데이터와 검증하는 단순 반복적인 업무부터 시작하여 기획 업무나 보고서를 작성하여 의사결정을 하는 창의적인 업무까지 진행하고 있습니다. 많은 사람이 단순 반복적인 업무에 시간을 적잖이 쓰기 때문에 창의적인 업무에 대해서는 상대적으로 많은 시간을 투자하지 못하고 있는 상황입니다. 그래서 등장한 것이 업무자동화 도구인 RPA입니다.

기획이나 의사결정이 필요한 업무처럼 사람이 판단하고 결정하는 업무는 로봇이 대신해 줄 수 없지만, 단순 반복적인 업무는 RPA을 이용해서 자동으로 처리하게 하고 사람들은 창의적인 업무에 시간을 더 투자할 수 있게 해주는 것이 RPA의 사용 목적입니다.

1.2 자동화 진화 단계

RPA가 어느 날 갑자기 하늘에서 뚝 떨어진 개념은 아닙니다. RPA는 자동화의 개념에서 발전되어 왔습니다. 자동화는 예전부터 있던 기술이고, 다방면에서 이용되어 왔습니다. 이번에는 이러한 자동화의 진화 단계를 살펴보도록 하겠습니다.

[그림 1-2] 업무 자동화 진화 단계(출처: pwc)

자동화의 단계는 위와 같이 5단계로 분류됩니다. 현재 RPA는 2단계이고, 인공지능(AI)의 발전과 함께 점점 진화하고 있습니다. 각 단계별로 내용을 살펴보겠습니다.

1.2.1 매크로

첫 단계로 매크로입니다.

매크로라고 하면 흔히 엑셀에서 사용하는 매크로나 웹페이지에서 사용할 수 있는 매크로를 떠올릴 수 있습니다. 이처럼 규칙 기반에 단순 반복적인 작업을 자동으로 수행할 수 있는 것을 의미합니다. 이 매크로는 단일 응용 프로그램에서만 진행할 수 있다는 특징이 있습니다(엑셀에서의 매크로는 엑셀에서, 웹에서의 매크로는 웹에서만 가능합니다).

1.2.2 로봇 처리 자동화(RPA)

두 번째 단계로는 로봇 처리 자동화(RPA)입니다.

"RPA와 매크로의 다른 점은 무엇인가요?" RPA를 처음으로 소개했을 때 많이 받는 질문 중 하나가 바로 이것입니다. 필자도 처음 RPA를 접했을 때 매크로와 상당히 헷갈렸습니다. 매크로의 경우 단일 응용 프로그램에만 접근하여 작업을 한다는 특징이 있지만, RPA의 경우 이러한 매크로의 단점을 벗어나 여러 응용 프로그램에 동시에 접근하여 작업을 할 수 있게 해준다는 특징이 있습니다. 그리고 RPA는 약간의 개발로 사람이 작업하는 것을 그대로 따라하여 전체적인 워크플로우를 자동화할 수 있다는 특징이 있습니다.

1.2.3 프로세스 통합

세 번째로는 프로세스 통합입니다.

RPA를 더 효율적으로 사용하기 위해서는 프로세스 통합 과정이 필요합니다. 예를 들어, 같은 업무를 진행하는 직원이 40명 있다고 가정합시다. 분명 같은 업무를 진행하지만 40명이 서로 본인의 편의를 위해 각기 다른 엑셀 양식을 이용하고 있는 상황입니다. 이 상태에서 RPA를 개발하게 되면 RPA는 40개의 프로세스를 만드는 것과 같은 경우인 것입니다. 프로세스 통합은 이러한 과정을 효율적으로 사용하기 위해 시스템과 프로세스를 통합하고, 인력을 재구성하고, 워크플로우를 최적화하여 기존 프로세스를 재설계 하는 단계입니다.

1.2.4 지능형 자동화

네 번째로는 지능형 자동화입니다.

IPA라고 부르는 부분입니다. IPA는 "Intelligence Process Automation"의 약자로, RPA에 AI를 접복하는 형태를 말합니다. 현재 RPA는 사람이 정해놓은 규칙 기반에서만 작동하는 것이 원리라면, IPA는 AI를 통해 사용자의 패턴을 식별 및 학습하고 예측을 수행하며 비즈니스 프로세스를 최적화해줍니다.

1.2.5 자율지능

마지막으로, 자율지능입니다.

자율지능은 사람의 개입이 전혀 없는 상태에서 단순 반복적인 업무뿐만 아니라 창의적인 업무도 수행하는 것으로, 의사결정도 자동으로 하는 단계를 말합니다.

1.3 RPA 특징 및 기대 효과

- 24 * 7 * 365 작업
- 창의적 업무로 인력 배치
- 인수인계 기간이 필요 X

연속성

- 규칙 기반의 작업 실행
- 판단이 들어가는 작업 X

규칙 기반

- 정보 유출 방지
- 휴먼 에러 감소

보안

- 사용자 PC에 자유로움
- 기존 시스템 변경 X

유연성

[그림 1-3] RPA 특징 및 기대 효과

지금까지 업무 자동화 진화 단계를 살펴보았습니다. 이제 RPA의 특징 및 기대효과에 대해 알아보겠습니다.

1.3.1 연속성

RPA의 가장 큰 특징은 연속성입니다. 이는 사람이 아닌 소프트웨어 로봇이어서 24시간, 1주일, 365일 작업이 가능하다는 점입니다. 특히 주 52시간 근무제가 생기면서 많은 기업들이 이에 대한 고민을 하고 있습니다. 주 52시간 넘게 일하는 경우, 단순 반복적이지만 분량이 많아서 늦게까지 야근을 하시는 분들이 많습니다(필자도 데이터 추출이나 엑셀 작업 등의 사항이 많아 주 52시간을 넘긴 적이 많았습니다). 이러한 부분에 대해 해결해줄 수 있는 방법이 RPA이어서, 여러 기업들이 찾고 있습니다. 또한, 기존 업무를 담당하던 담당자가 휴가를 내거나 퇴사를 하여 공백이 생길 때는 인수인계 기간이 필요하지만 RPA를 이용하면 별도의 인수인계 기간이 필요 없이 바로 작업을 진행할 수 있습니다.

1.3.2 규칙기반(Rule-based)

다음으로는 규칙기반입니다.

RPA는 아직 매크로보다는 여러 응용 프로그램에서 수행을 할 수는 있지만 그렇게 똑똑한 단계는 아닙니다. 사람의 판단이 들어가는 작업에 대해서는 개발이 힘들고 정확도가 떨어지기 때문에 규칙기반(Rule-based)인 작업에서 실행되어야 합니다.

1.3.3 보안

세 번째로는 보안입니다.

똑같은 작업이라도 천 번, 만 번 이상 반복하다 보면 어쩔 수 없이 실수를 하는 것이 사람입니다. RPA는 이러한 휴먼 에러를 감소시켜줄 수 있습니다. 또한, 비밀번호 같은 중요한 정보가 담긴 문서를 잃어버릴 경우 크나큰 손실이 올 수 있는데 RPA는 프로그램 내부 또는 오케스트레이터라는 관리 프로그램에 중요 정보를 담을 수 있기 때문에 유실될 가능성이 줄어듭니다.

1.3.4 유연성

마지막으로는 유연성입니다.

RPA는 사용자의 PC를 변경하지 않아도 그대로 사용할 수 있습니다. 또한, PC뿐만 아니라 오피스나 ERP 등의 프로그램 버전도 현재 있는 버전을 그대로 사용할 수 있다는 장점이 있습니다.

1.4 RPA 적용 분야

- 데이터 입력
- 이메일 기능

공통

- 선적 문서 자동 인식
- 수출 적용환율 확인 및 반영

SCM

- 회계전표/증빙처리
- 세무 데이터 관리
- 마감 결과 대사

재무/회계

- 주문/가격 입력
- 거래처 데이터 입력

영업/마케팅

[그림 1-4] RPA 적용 분야

RPA의 적용 분야입니다. RPA는 현재 여러 분야에서 다양하게 적용되고 있지만, 여기서는 몇 가지만 살펴보도록 하겠습니다.

1.4.1 공통 업무

가장 많이 적용될 수 있는 부분이 공통 업무에 있습니다. 데이터를 입력하거나 출력을 하고 결과를 메일로 보내는 업무가 상당 부분에서 이용되고 있습니다. 필자가 진행했던 프로젝트 중에서 사람이 한 달 중 2주의 시간을 데이터를 입력하는 단순 반복적이지만 대량으로 하는 업무가 있었습니다. 이러한 부분에 RPA를 적용해서 그 사람에게 2주라는 시간을 벌 수 있게 되었습니다.

1.4.2 SCM

다음은 SCM입니다.

수출입의 경우 선적 문서를 주고받는 프로세스가 있습니다. 이렇게 주고받은 선적 문서의 내용을 읽어서 시스템에 입력하는 작업 또는 매일 변하는 환율의 정보를 웹에서 크롤링해서 반영하는 작업 등으로 이용될 수 있습니다.

1.4.3 재무/회계

세 번째로는 재무/회계입니다.

월말, 월초에 전표, 증빙 등을 처리하는 것이 가장 많은 시간을 투자하는 부분입니다. 같은 방식으로 처리되는 전표, 증빙이 많다면 RPA로 진행하는 것도 하나의 방법입니다. 전표 처리뿐만 아니라 대사 작업을 하는 것도 RPA로 전환한다면 시간도 절약하고 오류를 줄일 수 있습니다.

1.4.4 영업/마케팅

마지막으로 영업/마케팅입니다.

주문을 입력한다거나 거래처에 대한 데이터를 시스템에 입력할 때도 RPA를 이용한다면 쉽고 빠르게 입력할 수 있고 그만큼 고객을 만날 시간을 확보할 수 있습니다.

1.5 RPA 솔루션

Figure 1. Magic Quadrant for Robotic Process Automation

[그림 1-5] RPA 제공 업체 평가표 (출처 : 2020년 가트너 보고서)

이번에는 전 세계에 존재하는 RPA 솔루션에 대해서 알아보겠습니다. 미국 최대의 IT 컨설팅펌인 가트너에서는 매년 IT 부문별로 보고서를 발표하는데, [그림 1-5]는 2020년에 발표한 보고서 가운데 RPA 부문 자료입니다. 해당 자료는 전 세계 RPA 솔루션들을 비전과 실행 능력 기준에 따라 평가한 것으로, 우리에게도 익숙한 기업인 마이크로소프트나 SAP도 있고 대한민국 기업인 삼성 SDS도 있는 것을 확인하실 수 있습니다. 이 많은 솔루션들 중에서 글로벌 탑3 솔루션들을 비교해보겠습니다.

		AUTOMATION ANYWHERE	blueprism Robotic Process Automation Software	UiPath
국가		미국	영국	미국
Trial 제공 여부		Y	Y	Y
서비스 지원		한국 지사 (2018년 7월 설립)	한국 지사 (2021년 1월 설립)	한국 지사 (2018년 5월 설립)
과금 방식		Per Process	Per Bot	Per Bot
기능	개발 에디터	좋음	좋음	매우 좋음
	3rd Party 연계	좋음	좋음	매우 좋음
	Bot 스케줄링	좋음	매우 좋음	매우 좋음
	보안	좋음	매우 좋음	매우 좋음
	OCR	좋음	매우 좋음	매우 좋음
	머신러닝	좋음	좋음	매우 좋음

[그림 1-6] 솔루션 비교

Automation Anywhere, Blueprism, Uipath입니다. 3개의 솔루션이 글로벌 RPA 분야에서 1, 2, 3위를 차지하고 있는데, 그중에서 UiPath가 1위입니다(2위는 Automation Anywhere, 3위는 Blueprism). 현재 3개 회사 모두 한국에 지사를 설립한 상태로, 서비스 지원을 받을 수 있습니다. UiPath가 개발 에디터나 3rd Party 연계, Bot 스케줄링이 가장 좋은 만큼 현업 사용자들도 개발을 할 수 있는 환경이 구성되어 있습니다. 그뿐만 아니라 구글과 협력하여 머신러닝을 이용한 IPA를 준비하고 있어 전 세계적으로 사랑받고 있습니다.

Chapter 1에서는 RPA에 대한 소개 및 특징과 적용 분야, 그리고 솔루션들에 대해서도 알아보았습니다. Chapter 2부터는 글로벌 1위 솔루션인 UiPath에 대해 살펴보고, 여러 예제를 통해 업무 자동화를 경험해보도록 하겠습니다.

CHAPTER 2

UiPath 소개

앞서 RPA에 대한 소개, 특징 등에 대해 설명을 하고 RPA 솔루션을 비교해보았습니다.
이번 장에서는 앞으로 우리가 사용할 솔루션인 UiPath에 대해서 알아보도록 하겠습니다.

2.1 UiPath 연혁

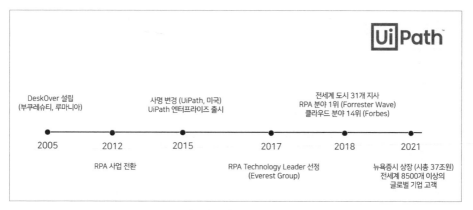

[그림 2-1] UiPath 연혁

UiPath는 2005년에 루마니아 부쿠레슈티라는 도시에서 "DeskOver"라는 이름으로 설립이 되었습니다. 처음에는 자동화 스크립트를 개발하는 회사로 시작하였다가 2012년에는 RPA 사업으로 전환하였고, 2015년에는 현재의 사명인 "UiPath"로 사명을 변경하여 UiPath 엔터프라이즈를 출시하였습니다. 2018년에는 Forrester Wave가 선정한 RPA 분야 1위 기업으로 선정되었고 2021년 현재 전 세계 8,500개 이상의 글로벌 고객을 확보하면서 더욱 성장하고 있습니다. (출처 : https://ir.uipath.com/)

UiPath는 RPA 사업으로 전환한 지 오래 되지 않았지만, 글로벌 1위로 선정될 만큼 **빠른** 성장을 이루고 있습니다. 이런 UiPath는 어떻게 구성이 되어있고, 제공하는 서비스는 어떤 것들이 있는지 알아보겠습니다.

2.2 UiPath Platform 구성

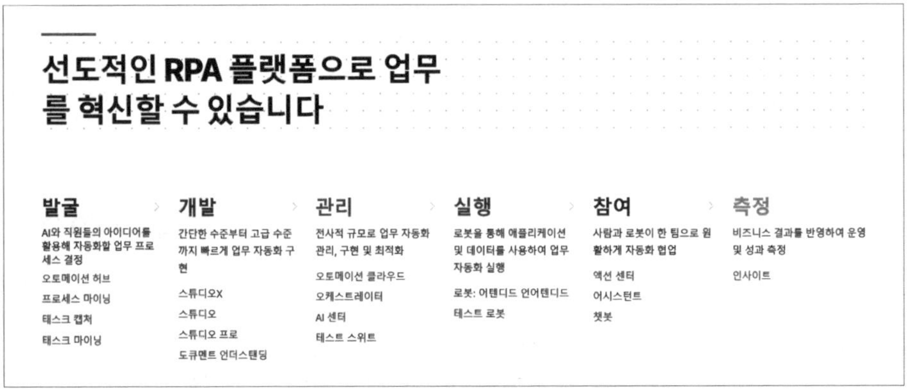

선도적인 RPA 플랫폼으로 업무를 혁신할 수 있습니다

발굴	개발	관리	실행	참여	측정
AI와 직원들의 아이디어를 활용해 자동화할 업무 프로세스 결정	간단한 수준부터 고급 수준까지 빠르게 업무 자동화 구현	전사적 규모로 업무 자동화 관리, 구현 및 최적화	로봇을 통해 애플리케이션 및 데이터를 사용하여 업무 자동화 실행	사람과 로봇이 한 팀으로 원활하게 자동화 협업	비즈니스 결과를 반영하여 운영 및 성과 측정
오토메이션 허브	스튜디오X	오토메이션 클라우드	로봇: 어텐디드 언어텐디드	액션 센터	인사이트
프로세스 마이닝	스튜디오	오케스트레이터	테스트 로봇	어시스턴트	
테스크 캡처	스튜디오 프로	AI 센터		챗봇	
테스크 마이닝	도큐멘트 언더스탠딩	테스트 스위트			

[그림 2-2] UiPath 플랫폼(이미지 출처: UiPath 공식 홈페이지)

UiPath는 여러 서비스를 제공하고 이를 통틀어 플랫폼이라고 하고 있습니다. 초기에 UiPath 플랫폼은 Studio, Orchestrator, Robot 3가지가 전부였습니다. 그러나 현재 UiPath는 매우 **빠른** 속도로 성장해서 발굴 단계부터 측정 단계까지 End To End로 각 단계에서 다양한 서비스를 제공하고 있습니다. 개발 에디터인 Studio에도 StudioX, Studio Pro가 생기고, Test Robot이 생기는 등 다양하게 확장하고 있습니다. 이러한 서비스들이 RPA를 진행하는데 많은 도움을 주지만 모든 서비스가 반드시 필요한 것은 아닙니다. 본서에서는 최소한으로 필요한 서비스들을 이용하여 진행하겠습니다.

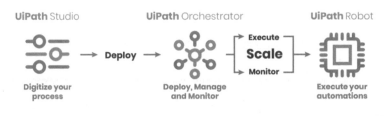

[그림 2-3] UiPath 플랫폼 구성(이미지 출처: UiPath 공식 홈페이지)

UiPath 플랫폼의 가장 큰 핵심 서비스는 UiPath Studio, UiPath Orchestrator, UiPath Robot 3가지입니다. Studio는 Robot이 실행될 자동화 프로세스를 만들기 위한 개발 에디터이고, Orchestrator는 Studio에서 개발된 내용을 배포하고 로봇들을 통합 관리하는 중앙 집중형 솔루션입니다. 그리고 Robot은 Studio를 통해 개발된 프로세스를 실제로 실행하는 주체를 말합니다. 위의 UiPath 플랫폼 [그림 2-3]에서 Orchestrator는 없어도 실행이 되기 때문에 필수 요소는 아니지만 대규모 프로젝트를 진행할 때는 필수 요소가 될 만큼 중요한 역할을 합니다. 3개의 서비스에 대해서 차근차근 상세하게 살펴보겠습니다.

2.2.1 Studio

Studio는 자동화 프로세스를 만들기 위한 개발 에디터입니다. 전문가 수준의 복잡한 코딩 기술이 필요 없고 Drag & Drop 방식으로 쉽게 개발할 수 있다는 것이 큰 장점입니다. 또한, 다양한 use case를 제공하여 필요하다면 이를 이용해 개발할 수 있습니다.

현업 사용자

개발자가 아니지만 자체적으로 간단한 작업을 자동화하고 싶은 경우 스튜디오 X를 사용하면 쉽게 가능합니다.

Ui|Path StudioX

→ Visit the UiPath StudioX webpage

RPA 개발자

스튜디오를 사용하여 어텐디드 로봇이나 언어텐디드 로봇을 통해 실행되는 고급 자동화를 구현할 수 있습니다.

Ui|Path Studio

→ Read the UiPath Studio brochure

전문 개발자

스튜디오 프로에서 AI, 고급 RPA 기능, 테스트 툴 및 정교한 코딩 서비스를 사용해 자동화를 구현할 수 있습니다.

Ui|Path Studio Pro

→ Learn more about Studio Pro for testing

[그림 2-4] Studio 종류(이미지 출처: UiPath 공식 홈페이지)

Studio에는 StudioX, Studio, Studio Pro 3가지 종류가 있습니다.

StudioX는 현업 사용자들을 위한 Studio로 코딩이 전혀 필요없고 완전한 Drag & Drop 방식으로 개발이 가능하다는 것이 장점입니다. 그와 반면에 복잡한 프로세스를 구현하기에는 적절하지 않고 Studio나 Studio Pro에 비하면 제공되는 기능이 적다는 것이 단점입니다(디버그, Orchestrator 이용, 협업 관리 등은 불가능합니다). 초기 StudioX에 비해 기능들은 지속적으로 추가되고 있어 이러한 단점도 추후에 커버될 것으로 생각됩니다.

Studio는 RPA 개발자를 위한 Studio로 가장 먼저 나온 에디터입니다. StudioX와 Studio Pro가 이 Studio를 기반으로 특수하게 설계된 에디터들입니다. Studio는 필요하다면 코딩이 어느 정도 요구됩니다. 이러한 코딩이 추가되어 복잡한 프로세스나 Orchestrator와의 연동 등이 가능합니다. Studio Pro에 비해 모바일 자동화나 Testing 기능은 불가능합니다.

Studio Pro는 전문 개발자들을 위한 에디터로 고도의 프로그래밍 지식을 요구합니다. 이러한 지식이 요구되는 만큼 정교한 서비스를 제공할 수 있고 AI, 모바일 자동화, Testing을 가능하게 합니다.

2.2.2 오케스트레이터(Orchestrator)

오케스트레이터(Orchestrator)는 중앙 집중형 솔루션으로 모든 로봇을 프로비저닝,

구현, 트리거, 모니터링, 측정 및 추정을 하고 보안을 유지하는 기능을 제공합니다. Robot을 한두 대가 아닌 수십, 수백 대의 전사적인 규모로 운영하게 되면 모든 Robot 을 이 Orchestrator에 전부 연결하여 관리하는 것이 효과적입니다. Orchestrator 는 웹페이지를 통해 실행되는데 웹 서버는 On-Premise(사내 서버)나 Cloud 모두 구 현 가능합니다. 뿐만 아니라, Orchestrator는 안드로이드, iOS 모바일에서 "UiPath Orchestrator" 어플을 제공하여 언제 어디서든 Orchstrator를 사용 가능하도록 기능 을 제공하고 있습니다.

2.2.3 로봇(Robot)

로봇(Robot)은 Studio를 통해 개발된 RPA 프로세스를 실행하는 역할을 합니다.

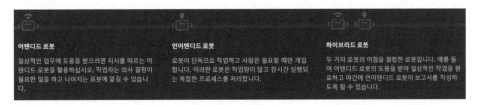

[그림 2-5] Robot의 형태(이미지 출처: UiPath 공식 홈페이지)

Robot의 형태는 어텐디드(Attended) 로봇, 언어텐디드(Unattended) 로봇, 하이브리 드(Hybrid) 로봇 3가지가 있습니다.

어텐디드 로봇은 하나의 워크스테이션(PC나 서버)에서 사용자가 직접 실행을 명령하 여 동작하는 로봇입니다. 직접 실행을 명령해야 하지만 언어텐디드 로봇에 비해 저렴 한 비용으로 수행할 수 있습니다.

언어텐디드 로봇은 어텐디드 로봇에 비해 비싼 비용으로 수행되지만 Orchestrator에 의해 통제를 받아 무인 시스템에서 자동으로 프로세스를 실행할 수 있습니다.

하이브리드 로봇은 어텐디드와 언어텐디드의 이점을 모두 이용하는 형태의 로봇을 말 합니다.

2.3 UiPath Platform Trial 유형

	커뮤니티 클라우드 개인참조, 내부 트레이닝용 사용해 보기 교육, 해커톤, 개인참조 및 내부 트레이닝 용입니다. 언제든지 엔터프라이즈 버전으로 업그레이드 할 수 있습니다.	Studio 온프레미스 엔터프라이즈용 사용해 보기 UiPath Studio를 사용해보고자 하는 엔터프라이즈 개발자용입니다.	엔터프라이즈 클라우드 엔터프라이즈용 사용해 보기 전체 RPA 엔터프라이즈 플랫폼 (Studio, Robot, Orchestrator)의 클라우드 기반 버전입니다. 프리미* ❶	엔터프라이즈 온프레미스 엔터프라이즈용 사용해 보기 전체 엔터프라이즈 자동화 플랫폼(Studio, Robot, Orchestrator)의 온프레미스 버전입니다.
무료 평가판 기간	무료 다운로드 가능	60일	60일	60일
Studio ⓘ	라이선스 2개	라이선스 1개	라이선스 2개	
로봇 포함*** ❷	Attended 2개; Unattended 1개*** ❷	Attended 1개	Attended 2개; Unattended 1개*** ❷	
추가 로봇	해당 없음 (엔터프라이즈로 원활하게 이동)	—	라이선스, 필요한 만큼 무제한	라이선스, 필요한 만큼 무제한
AI Computer Vision	30메가픽셀/분	—	240메가픽셀/분	인프라에 따라 다름
자동화 역량	로봇 3개	—	UiPath 엔터프라이즈 클라우드의 엔터프라이즈 범위	인프라를 포함하는 엔터프라이즈 범위
가용성	99.5% 이상	—	99.5% 이상, UiPath 지원 포함	가용성 높은 아키텍처 이용 가능
사용자 관리			중앙집중식 엔터프라이즈 사용자 관리	중앙집중식 엔터프라이즈 사용자 관리
업데이트	UiPath 관리 업데이트	자체 관리 업데이트	공동 관리 업데이트** ❸	자체 관리 업데이트
교육	UiPath Academy를 통한 온라인 교육 및 인증	UiPath Academy를 통한 온라인 교육 및 인증 + 공식 교육 파트너를 통한 현장 교육 옵션	UiPath Academy를 통한 온라인 교육 및 인증 + 공식 교육 파트너를 통한 현장 교육 옵션	UiPath Academy를 통한 온라인 교육 및 인증 + 공식 교육 파트너를 통한 현장 교육 옵션
지원	무료 포럼 지원 ❹	SLA를 포함한 유료 지원 ❹	SLA를 포함한 유료 지원 ❹	SLA를 포함한 유료 지원 ❹
활성화	온라인 전용	온라인 및 오프라인	온라인 전용	온라인 및 오프라인

[그림 2-6] UiPath Platform Trial 유형(이미지 출처: UiPath 공식 홈페이지)

다음은 UiPath Platform의 유형입니다. 크게는 개인 참조/내부 트레이닝용(커뮤니티 에디션 버전)과 엔터프라이즈용이 있습니다. 엔터프라이즈용에는 Studio 온프레미스, 엔터프라이즈 클라우드, 엔터프라이즈 온프레미스 3가지로 나누어집니다. 엔터프라이즈용은 유료 버전이기 때문에 무료 평가판은 60일 제한이 걸려 있습니다. 평가판이 아니라 정식으로 이용하려면 UiPath에 문의해서 유료로 사용해야 합니다. 커뮤니티 에디션 버전의 경우 커뮤니티 클라우드를 제공하는데, 개인이나 교육 등의 목적으로 이용할 때는 무제한으로 이용이 가능합니다. 상세한 차이는 [그림 2-6]을 참고하시길 바랍니다. 본서에서는 커뮤니티 클라우드를 이용하여 진행해보도록 하겠습니다.

2.4 UiPath 제공 서비스

지금부터 UiPath에서 제공하는 서비스 몇 가지를 보겠습니다.

2.4.1 UiPath Academy

[그림 2-7] UiPath Academy

첫 번째로 Academy입니다(https://www.uipath.com/ko/rpa/academy). UiPath는 온라인으로 무료 강의를 제공하고 있습니다. 위의 사이트에서 "모든 교육 과정 보기"를 클릭해보겠습니다.

[그림 2-8] UiPath Academy

새로운 창과 함께 UiPath Academy가 뜨는데, 상단에 "Courses" 메뉴 버튼을 클릭하면 [그림 2-8]과 같은 화면이 나옵니다. 기초 개발부터 Orchestrator 사용법 등 다양한 분야에 대한 교육 자료가 있으니 필요한 교육은 들어보시길 바랍니다.

2.4.2 UiPath Forum

[그림 2-9] UiPath Forum

두 번째로 Forum입니다(https://forum.uipath.com/). Forum은 전 세계 개발자들과 UiPath 직원들이 질문과 답을 주고받는 커뮤니티 사이트입니다. 모르는 것들이 있으면 여기서 검색하여 확인하거나, 한국 개발자를 위한 공간도 있으므로 한글로 질문을 올려서 답을 받을 수도 있습니다.

2.4.3 UiPath Documentation

마지막으로는 Documentation입니다(https://docs.uipath.com/). UiPath를 이용하는데 있어 각 서비스에 대한 사용법이나 설명이 담긴 공식 문서입니다. IT 솔루션들은 설치부터 시작하여 사용법들에 대한 가이드를 공식 문서로써 제공하고 있습니다. UiPath에 대한 내용도 이 공식 문서를 통해 찾아보고 이용하면 됩니다.

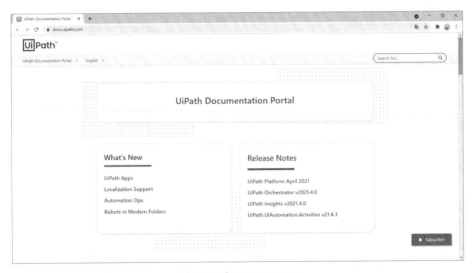

[그림 2-10] Documentation

이번 장에서는 UiPath에 대한 간략한 소개와 제공 서비스들에 대한 내용을 소개하였습니다. Chapter 3부터는 본격적으로 UiPath를 설치하여 개발하기 위한 준비를 해 보겠습니다.

CHAPTER 3

UiPath Studio 설치

이번 장에서는 UiPath Platform 커뮤니티 클라우드(커뮤니티 버전)를 설치하여 개발을 위한 준비를 하도록 하겠습니다. 설치를 하기 위해서는 UiPath Automation Cloud를 먼저 알아야 합니다. 이에 접속하고 소개를 하겠습니다.

3.1 UiPath Automation Cloud 접속

UiPath 공식 홈페이지에 접속합니다(URL : https://www.uipath.com/ko/).

[그림 3-1] UiPath 홈페이지

UiPath 무료 Trial을 이용하기 위해 우측 상단에 "무료 UiPath 체험" 버튼을 클릭합니다.

[그림 3-2] 무료 트라이얼 목록

해당 페이지로 넘어오면 여러 가지 Trial 버전이 존재하는데 우리는 평생 무료 버전인
"커뮤니티 클라우드"를 사용할 것이기 때문에 해당 부분에 "사용해 보기"를 클릭합니
다.

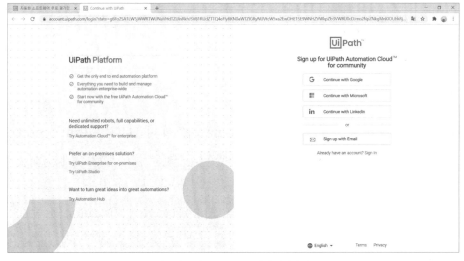

[그림 3-3] 로그인 또는 회원 가입하기

클릭하면 회원 가입(Sign Up)을 하라고 나옵니다. 여기서 본인의 계정에 맞게 회원 가입을 하면 됩니다. 이메일을 통해서 회원 가입을 하면 인증 메일이 발송되는데, 메일 본문에 있는 "Verify Email"을 클릭하여 인증 완료합니다. 인증 완료를 하면 UiPath Automation Cloud가 뜨게 됩니다.

3.2 UiPath Automation Cloud 소개

[그림 3-4] UiPath Automation Cloud Home 화면

회원 가입을 하고 로그인하면 위와 같이 Home 화면이 나옵니다. UiPath는 Studio 뿐만 아니라 홈페이지도 업데이트를 자주 합니다. 그래서 위의 화면과 현재의 화면이 조금 다를 수가 있는데 집필 당시의 기준으로 따릅니다(2021년 02월).

Home 화면에 대해 잠시 설명을 드리면, 가운데의 "License Allocation"을 통해서 라이선스 현황을 알 수 있습니다. 현재 저희는 커뮤니티 클라우드를 이용하기 때문에 Users탭에서 Attended 2개, RPA Developer Pro 2개가 할당되어 있는 것을 확인하실 수 있습니다.

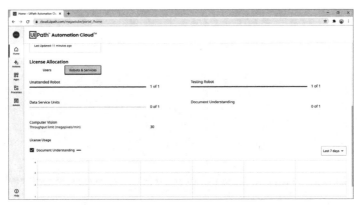

[그림 3-5] Robots & Services 현황

Robots & Services 탭에서는 Unattended Robot 1개, Testing Robot 1개, Data Service Units 1개, Document Understanding 1개가 부여되어 있는 것을 확인하실 수 있습니다. 만약, 커뮤니티 에디션이 아닌 엔터프라이즈 버전을 이용하신다면 해당 개수가 다를 수 있습니다.

다시 Home 화면으로 돌아와 "Download UiPath Studio" 버튼을 클릭하여 설치 파일을 다운로드합니다.

3.3 UiPath Studio 설치

[그림 3-6] UiPath 설치 화면

다운로드된 설치 파일을 실행하면 위와 같이 나옵니다. UiPath Automation Cloud
에 로그인이 되어있다면 별다른 설정 없이도 설치가 완료됩니다.

[그림 3-7] 로그인하기

로그인이 되어 있지 않다면 위와 같이 로그인하라는 창이 뜹니다. "로그인" 버튼을 누
르면 웹페이지가 뜨고 로그인 작업을 합니다.

[그림 3-8] 로그인 완료

인터넷 창이 새로 뜨면서 로그인을 진행하면 위와 같이 되면 로그인이 완료됩니다. 완
료되면 "Continue" 버튼을 클릭하여 설치를 진행합니다.

Tip 로그인 에러 원인과 해결 방법

UiPath를 새로 설치하거나 업그레이드를 하면서 로그인을 하는데 다음과 같은
에러가 발생하실 수 있습니다.

[그림 3-9] 로그인 에러

에러 내용을 보면 이 tenant(사용자)에서는 로그인이 상호작용으로 되지 않는다
는 뜻입니다. 다른 PC에서 해당 계정으로 로그인되어 있는 UiPath Studio가 있다
면 현재 PC에서는 로그인이 되지 않는 원인입니다.

해당 에러에 대해 해결 방법은 UiPath 유튜브에도 상세히 나와있는데 이를 토대
로 알아보겠습니다(참고 URL: https://youtu.be/_1PN9DYgfjg)

해당 내용은 오케스트레이터에서 설정을 수정하여 원인을 해결할 수 있습니다.
UiPath Automation Cloud의 "Home" 메뉴로 돌아가보겠습니다.

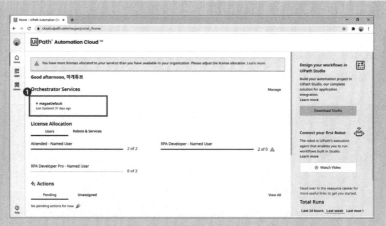

[그림 3-10] "Home" 메뉴에서 Orchestrator 접속하기

① Home 화면의 중간을 보시면, "Orchestrator Services" 부분이 있습니다. 이를 클릭하면 UiPath Orchestrator로 연결이 되는데 Orchestrator에 대한 내용은 Chapter 16에서 진행해보고, 지금은 에러를 해결하기 위해 이용해보겠습니다. 먼저, Orchestrator Services 아래에 있는 "magaeDefault"를 클릭합니다 (필자의 경우 "magaeDefault"지만 여러분은 다를 수 있습니다).

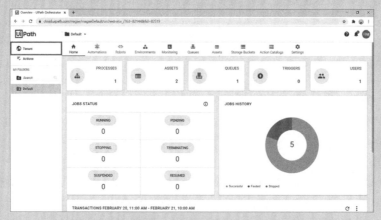

[그림 3-11] Orchestrator 메인 화면

Orchestrator가 뜨면 위와 같은 메인 화면을 확인하실 수 있습니다. 여기에서 좌측 상단에 "Tenant"를 클릭합니다.

[그림 3-12] Tenant

"Tenant"를 클릭하면 상단 메뉴들이 바뀌는데 여기서 우측 마지막에 "Settings" (톱니바퀴 모양)을 클릭합니다.

[그림 3-13] Settings

"Settings"를 클릭하면 [그림 3-13]과 같이 나오는데 여기서 중간 상단에 있는 "Security" 탭을 클릭합니다.

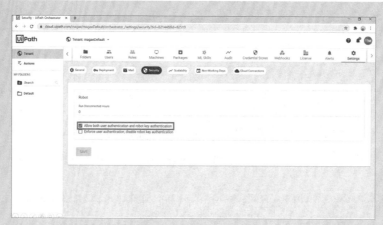

[그림 3-14] Security

"Security"를 클릭하면 [그림 3-14]와 같이 나오는데 중간에 있는 "Allow both user authentication and robot key authentication"를 체크하고 "Save" 버튼을 클릭합니다. 저장이 잘 되면 다시 진행해봅시다.

[그림 3-15] 다시 계정 연동하기

다시 UiPath 설치로 넘어와서 "계속" 버튼을 클릭합니다.

[그림 3-16] 설치 에러

그래도 위와 같이 에러가 발생할 수 있습니다. 이는 현재 유저에 어떠한 Robot도 설정되지 않았기에 발생한 에러입니다. 이를 해결하기 위해 다음 작업을 진행해 봅시다.

[그림 3-17] Users

다시 Orchestrator로 돌아와서 상단 메뉴에 "Users"를 클릭합니다.

[그림 3-18] Users 편집

"Users"를 클릭하면 3개의 User가 확인될 것입니다("administrators"와 각자의 계정, "robot1"). 여기에서 각자의 계정명(가입한 이메일 계정)에 맨 우측에 ⋮ 을 누르고 "Edit"를 클릭합니다.

[그림 3-19] Users

"Users"를 클릭하면 위와 같이 나오는데 좌측 중앙에 "Attended Robot"를 클릭합니다.

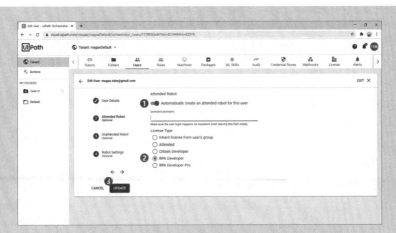

[그림 3-20] Attended Robot

"Attended Robot"를 누르면 [그림 3-20]과 같이 나오게 됩니다.

① "Automatically create an attended robot for this user"를 활성화시킵니다.

② "License Type"을 "RPA Developer"를 클릭하여 변경합니다.

③ 하단에 "UPDATE" 버튼을 클릭하여 업데이트시킵니다.

[그림 3-21] Try Again

다시 설치로 돌아와 "Try Again" 버튼을 클릭합니다.

[그림 3-22] 프로필 선택

로그인 이후 에러 없이 잘 넘어오면 "프로필 선택"으로 넘어오게 됩니다. 여기서는 "UiPath Studio"와 "UiPath StudioX"가 있는데, 본서에서는 StudioX는 다루지 않기 때문에 "UiPath Studio"를 클릭합니다.

[그림 3-23] 설치 중

해당 프로필을 클릭하면 위와 같은 화면과 함께 설치가 진행됩니다. 해당 화면을 보면 우측 하단에 버전이 "2021.4.0"인 것을 확인하실 수 있습니다. UiPath는 지속적으로 업데이트가 되므로 항상 버전을 확인해 주십시오. 본서에서는 해당 버전인 2021.4 버전으로 진행됩니다.

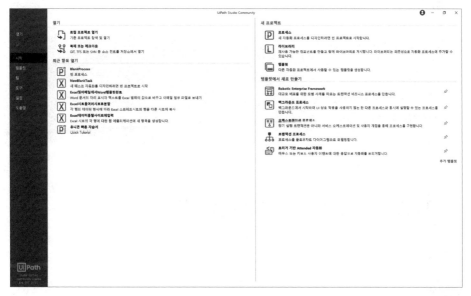

[그림 3-24] 설치 완료

설치가 완료되면 앞에서처럼 UiPath Studio가 실행된 것을 확인하실 수 있습니다.

이번 장에서는 UiPath Studio를 설치하기 위해 Automation Cloud에 접속하고 Studio를 설치해보았습니다. Chapter 4에서는 이 Studio에 대해 알아보고, 사용해 보도록 하겠습니다.

CHAPTER 4

UiPath Studio 사용법 익히기

이번 장에서는 우리가 Chapter 3에서 설치한 UiPath Studio에 대한 사용법을 알아보고, 모든 프로그래밍 언어의 입문인 "Hello World"를 찍어보도록 하겠습니다. 본서에 있는 예제들은 모두 다운로드 하실 수 있습니다. "부록 A. 예제 파일 받기"에서 내용을 확인하고 다운로드 하여 이용하시길 바랍니다.

4.1 UiPath Studio 프로젝트 생성하기

우선, UiPath Studio를 실행시키겠습니다.

[그림 4-1] UiPath Studio 메인 화면

UiPath Studio를 시작하면 처음 화면은 [그림 4-1]과 같이 보일 수 있습니다. 새로운 프로젝트를 만들 때는 우측 상단에 있는 "프로세스"를 클릭합니다.

[그림 4-2] 새 프로세스 만들기

클릭을 하면 위와 같이 "새 빈 프로세스" 팝업창이 뜨는데 "이름"은 프로젝트명, "위치"
는 프로젝트가 저장될 위치, "설명"은 프로젝트에 대한 설명입니다. 해당 내용을 지정
하고 하단에 "만들기" 버튼을 클릭하면 프로젝트 생성이 진행됩니다. 여기서는 아무것
도 지정하지 않고 기본 값으로 놓고 생성해보겠습니다.

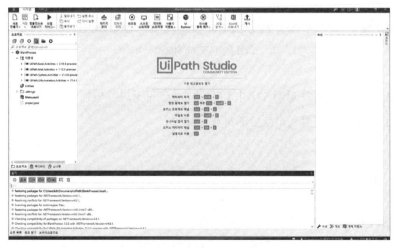

[그림 4-3] UiPath Studio 메인 화면

생성을 하면 [그림 4-3]과 같은 화면이 나옵니다. [그림 4-3]과 같이 하단에 "출력" 공간이 보이지 않는다면, 좌측 하단에 있는 "출력" 부분을 클릭해주시면 됩니다. "Hello World"를 찍기 전에 UiPath Studio에 대한 설명을 드리겠습니다.

4.2 UiPath Studio 구성

[그림 4-4] UiPath Studio 구성

UiPath Studio는 위와 같이 5가지의 큰 영역으로 구성되어 있는 것을 확인할 수 있습니다. 1번부터 5번까지 알아보도록 하겠습니다.

4.2.1 리본 탭

리본 탭의 경우 프로젝트의 전반적인 기능들(생성, 저장, 실행 등)을 이용할 수 있습니다. 리본 탭에는 "홈", "디자인", "디버그" 3가지가 있습니다.

▶ 홈

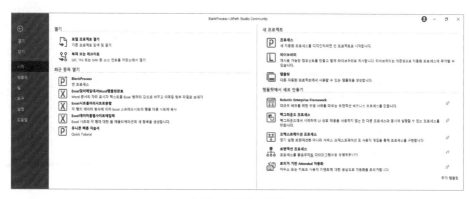

[그림 4-5] [홈] - [시작]

홈은 "Backstage View"라고도 부르는데 이를 누르면 처음에 프로젝트를 생성할 때 와 같은 모습이 나옵니다. 이 홈의 좌측에 있는 메뉴를 보면 "열기", "닫기", "시작", "템 플릿", "팀", "도구", "설정", "도움말"이 있습니다.

"열기"와 "닫기"는 프로젝트를 열고 닫는 기능입니다. "시작"은 앞서 만들었던 것처럼 프로젝트 또는 템플릿을 생성하거나 UiPath에서 제공해주는 프레임워크를 이용하는 메뉴입니다.

[그림 4-6] [홈] - [템플릿]

다음은 템플릿입니다. 템플릿은 UiPath를 처음 개발할 때 맨 바닥에서 하면 어렵기 때문에 이를 도와주기 위한 가이드라고 보면 됩니다. 예를 들어 처음에 있는 "Robotic Enterprise Framework"를 클릭해봅시다.

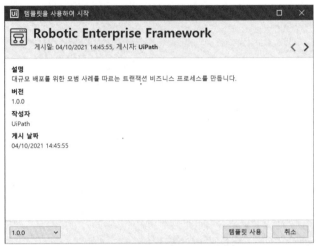

[그림 4-7] Robotic Enterprise Framework 템플릿

이처럼 팝업이 뜨면 우측 하단에 "템플릿 사용" 버튼을 클릭합니다.

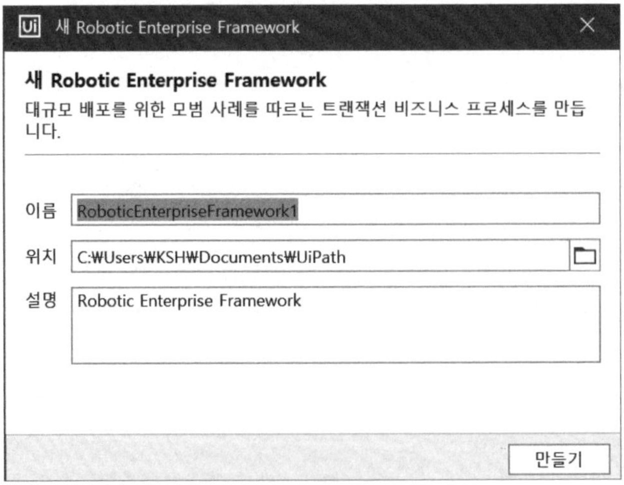

[그림 4-8] 새 Robotic Enterprise Framework 만들기

여기서는 기본 이름으로 정하고 "만들기"를 클릭합니다.

[그림 4-9] Robotic Enterprise Framework 템플릿 생성

생성이 완료되면 위와 같이 뜨는데 중간에 있는 "기본 워크플로우 열기"를 클릭합니다.

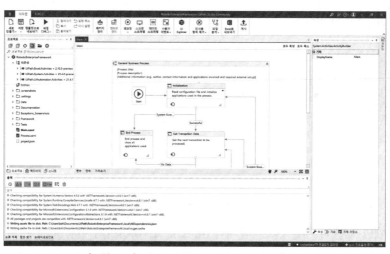

[그림 4-10] Robotic Enterprise Framework 템플릿

워크플로우가 열리면 위와 같은 템플릿이 나오는 것을 확인하실 수 있습니다. 이제 UiPath에서 제공해주는 이 템플릿을 이용하면 됩니다. 이외에도 다른 필요한 템플릿이 있다면 앞선 방법으로 사용해보실 것을 추천드립니다.

[그림 4-11] [홈] - [팀]

다음은 "팀"입니다. "팀"의 경우 프로젝트를 진행하면서 필요한 소스의 형상관리를 지원해주는 부분입니다. GIT, TFS, SVN을 지원하며 형상관리 서버가 있다면, 바로 연결하여 사용하실 수 있습니다.

[그림 4-12] [홈] - [도구]

다음은 "도구"입니다. UiPath에서는 기본으로 지정된 개발 환경이 있습니다. 예를 들면 웹 개발을 할 때 기본 웹브라우저는 Internet Explorer입니다. 이때, IE가 아니라 크롬으로 진행을 하고 싶다면 이 메뉴에서 "UiPath Extension"에 있는 "Chrome"을 클릭하여 크롬에서도 개발이 가능한 환경을 만들어줘야 합니다. 이외에도 Java나 원격을 위한 확장도구도 제공하고 있습니다.

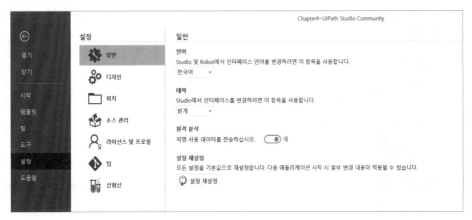

[그림 4-13] [홈] - [설정]

다음은 "설정"입니다. 설정의 경우 "일반", "디자인", "위치", "소스 관리", "라이선스 및 프로필", "팀", "실험실"이 있습니다. "일반"에서는 일반적인 설정, 언어나 테마 등을 설정할 수 있는 화면입니다. 평소에 다크 테마를 좋아하시면 다크 테마를 이용해보시길 바랍니다.

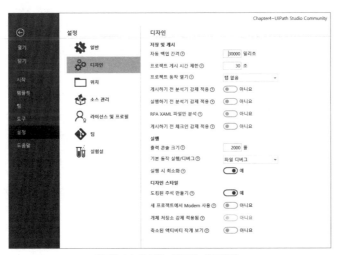

[그림 4-14] [홈] - [설정] - [디자인]

"디자인"의 경우 프로젝트를 개발하는데 필요한 설정을 하실 수가 있습니다. 자동 백업 간격이나 콘솔 크기 등을 설정할 수가 있습니다.

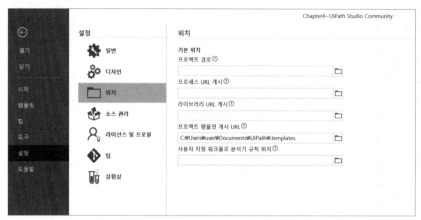

[그림 4-15] [홈] - [설정] - [위치]

"위치"는 프로젝트를 진행할 때 프로젝트나 라이브러리 경로를 기본적으로 세팅할 수 있는 메뉴입니다.

[그림 4-16] [홈] - [설정] - [소스 관리]

다음은 "소스 관리"입니다. UiPath를 진행하는 데 있어 중요한 것 중 하나가 패키지인데, 패키지 소스의 경로와 URL을 수정할 수 있는 메뉴입니다. 이 패키지에 대해서는 Chapter 5에서 살펴보도록 하겠습니다.

[[그림 4-17] [홈] - [설정] - [라이선스 및 프로필]

"라이선스 및 프로필"입니다. UiPath를 이용하는 라이선스와 프로필의 정보를 확인하고 변경할 수 있는 메뉴입니다.

[그림 4-18] [홈] - [설정] - [팀]

"팀"입니다. [홈] - [팀] 메뉴에 있는 소스 형상관리 툴인 "GIT", "SVN", "TFS"의 사용 여부를 설정할 수 있는 메뉴입니다.

[그림 4-19] [홈] - [설정] - [실험실]

"실험실"입니다. 실험실은 정식으로 릴리즈되기 전에 사용할 수 있는 일종의 베타버전을 사용할 것인지 설정하는 것입니다.

[그림 4-20] [홈] - [도움말]

마지막으로 "도움말"입니다. 도움말은 Chapter 2에서 설명을 드렸던 UiPath에서 지원하는 서비스(아카데미, 포럼 등)로 이동할 수 있는 링크가 연결이 되어 있습니다. 그리고 우측에는 PC에 설치한 UiPath에 대한 버전 정보를 확인할 수 있습니다.

▶ 디자인

[그림 4-21] 디자인

디자인 부분입니다. UiPath는 .xaml 파일로 실행이 되는데 디자인은 프로젝트 안에서 새로운 .xaml 파일을 생성하거나 실행, 패키지 관리 또는 많이 사용하는 기능(레코딩, 스크린 스크래핑, 데이터 스크래핑 등)을 제공하는 부분입니다.

▶ 디버그

[그림 4-22] 디버그

디버그 부분은 개발을 하는데 필요한 디버깅 기능을 제공합니다. 특정 액티비티에 브레이크 포인트를 걸어 확인을 하거나, RPA가 실행된 로그를 볼 수 있도록 제공해주는 부분입니다. 이 부분은 Chapter 15(디버그와 로그)에서 자세히 다뤄보겠습니다.

4.2.2 좌측 영역

좌측에는 프로젝트에 관련된 버전을 보여주는 "프로젝트", 사용 가능한 액티비티를 나타내는 "액티비티" 그리고 여러 예제를 보여주는 "스니펫" 패널이 있습니다.

▶ 프로젝트

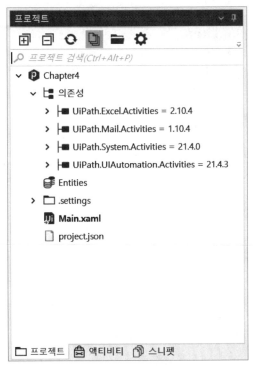

[그림 4-23] 프로젝트 패널

프로젝트 패널의 경우 해당 프로젝트를 진행함에 있어 사용되는 패키지들의 버전을 확인하고 관리할 수 있습니다. 기본 프로젝트를 만들면 "UiPath.Excel.Activities", "UiPath.Mail.Activities", "UiPath.System.Activities", "UiPath.UIAutomation. Activities" 패키지들이 설치되어 있는 것을 확인하실 수 있습니다. 각 패키지 옆에 있는 숫자는 버전을 의미합니다.

"Main.xaml"은 UiPath가 실행되는 기본 파일이라고 보시면 됩니다. UiPath를 실행하면 기본으로 설정되어 있는 이 파일이 실행됩니다.

▶ 액티비티

[그림 4-24] 액티비티 패널

UiPath Studio는 모든 것들이 이 "액티비티"를 중심으로 돌아갑니다. 클릭을 하는 이벤트나 타이핑을 하는 이벤트 등 모든 행위들이 액티비티라는 것으로 돌아갑니다. 그래서 그런 액티비티에 대한 정보를 제공해주고 개발에 필요한 액티비티가 있는지를 이 패널에서 확인할 수 있습니다. "즐겨찾기"에는 웹브라우저처럼 사용자가 즐겨쓰는 액티비티를 지정하면서 이용할 수 있고 "최근 항목"은 최근에 사용한 액티비티 목록, "사용 가능"은 사용 가능한 액티비티 목록을 확인하실 수 있습니다. 원하는 액티비티가 "사용 가능"에 없다면 패키지를 추가하여 이용할 수 있는데 이는 Chapter 5.1 패키지 관리에서 알아보겠습니다.

▶ 스니펫

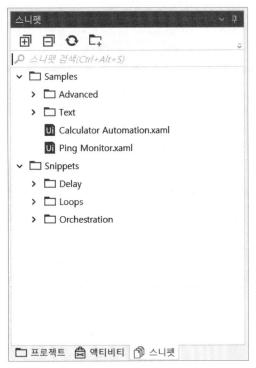

[그림 4-25] 스니펫 패널

스니펫은 UiPath에서 제공해주는 샘플 예제입니다. 샘플이 많지는 않지만 필요한 것이 있을 때는 여기서 찾아보는 것도 하나의 방법입니다.

4.2.3 디자이너 패널

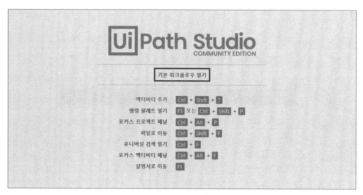

[그림 4-26] 디자이너 패널

가장 메인이 되는 패널입니다. Studio를 통해 개발한 것들의 전체적인 흐름을 여기서 확인할 수 있는데, 처음에 프로젝트를 생성하면 위와 같은 모습을 보실 수 있습니다. 중앙에 "기본 워크플로우 열기"를 눌러보겠습니다.

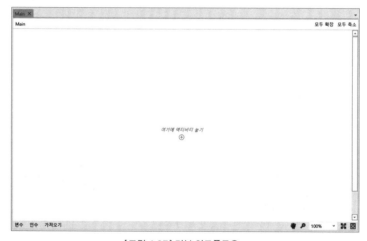

[그림 4-27] 기본 워크플로우

기본 워크플로우가 열리면 위와 같이 아무것도 없는 형태로 나오는 것을 확인할 수 있습니다. UiPath는 워크플로우 형태로 개발이 진행되는데, 액티비티 패널에 있는 액티비티를 디자이너 패널로 Drag & Drop 하면서 개발을 진행하시면 됩니다.

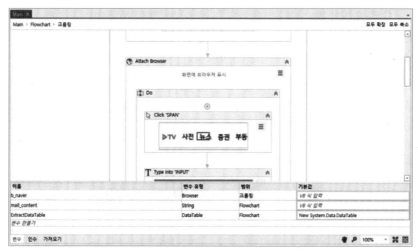

[그림 4-28] 워크플로우 예시

위는 예시로 만들어본 워크플로우입니다. "Attach Browser", "Click", "Type into" 등 여러 액티비티가 보이는 것을 확인하실 수 있습니다. 이러한 형태처럼 액티비티를 이용해서 디자이너 패널에 워크플로우를 만드는 것입니다. 그리고 디자이너 패널 하단 부분에는 "변수", "인수", "가져오기" 패널이 있습니다.

▶ 변수 패널

UiPath 프로젝트 내에서 이용되는 변수를 생성 · 삭제 · 관리하는 곳입니다.

▶ 인수 패널

UiPath도 다른 프로그래밍 언어처럼 어떤 프로젝트에서 다른 특정 프로젝트를 호출할 수 있도록 기능을 제공합니다. 이럴 경우, 서로 주고받는 파라미터가 있을 수 있는데 그럴 때 이 인수 패널에 지정하면 됩니다.

▶ 가져오기 패널

UiPath 프로젝트에서 사용된 VB.NET 네임스페이스 정보를 가져옵니다.

4.2.4 우측 영역

우측에는 각 액티비티에 대한 속성을 나타내는 "속성" 패널, 프로젝트의 전반적인 구조를 트리 구조로 보여주는 "개요" 패널, 직접 라이브러리를 만들어서 다른 프로젝트에도 사용할 수 있게 해주는 "개체 저장소" 패널, "리소스" 패널이 있습니다.

▶ 속성 패널

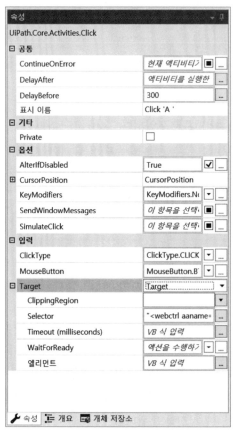

[그림 4-29] 속성 패널

UiPath는 액티비티 중심으로 돌아간다고 이야기한 바 있습니다. 각 액티비티에는 각

기의 다른 속성을 가지고 있습니다. 예를 들어 Click 액티비티는 클릭하는 요소를 지정하는 속성이 있고 Type Into 액티비티는 타이핑할 내용을 작성하는 속성이 있는 등 여러 가지 속성이 있습니다. 앞으로 각 액티비티를 개발하면서 이러한 속성들을 살펴보겠습니다.

▶ 개요 패널

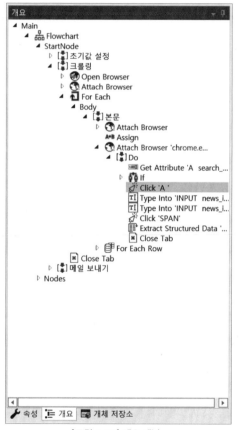

[그림 4-30] 개요 패널

개요 패널은 프로젝트 내에 있는 액티비티들을 전체적으로 트리 구조의 형태로 보여줘서 흐름을 알 수 있는 패널입니다.

▶ 개체 저장소 패널

[그림 4-31] 개체 저장소 패널

개체 저장소는 프로젝트를 개발하다가 직접 만들어놓은 기능을 다른 프로젝트에도 사용하고 싶을 때 라이브러리로 저장하고 다른 프로젝트에서도 사용할 수 있게 제공해주는 것입니다. 이 기능을 사용하고자 한다면 "패키지 관리"와 "프로젝트 설정"에서 먼저 작업을 해야 합니다. 우선, 가운데 있는 "패키지 관리" 버튼을 클릭합니다.

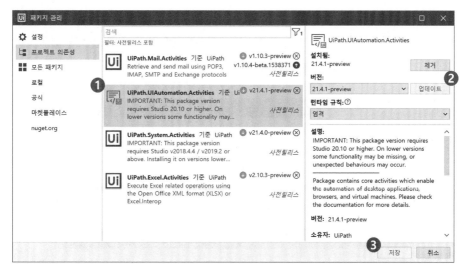

[그림 4-32] 패키지 관리

버튼을 클릭하면 [그림 4-32]와 같은 팝업창이 뜨게 됩니다.

① "프로젝트 의존성" 메뉴에서 "UiPath.UiAutomation.Activities" 패키지를 클릭합니다.

② 우측 버전에서 가장 최상위의 버전을 선택하고 "업데이트" 버튼을 클릭합니다.

③ 하단에 "저장" 버튼을 클릭하면 업데이트가 진행이 됩니다.

[그림 4-33] 프로젝트 설정

패키지를 업데이트했다면 이번에는 "프로젝트 설정"버튼을 클릭합니다. 프로젝트 설정은 [그림 4-33]과 같이 팝업창이 뜨게 됩니다. 좌측 메뉴 중 "일반"을 클릭하고 가장 아래에 "최신 디자인 환경"을 클릭하여 "예"로 설정합니다.

[그림 4-34] 프로젝트 설정

[그림 4-34]와 같이 팝업창이 뜨면 "다시 불러오기" 버튼을 클릭합니다.

[그림 4-35] 개체 저장소

개체 저장소 준비가 완료되면 앞에서와 같은 모습인 것을 확인하실 수 있습니다. 개체 저장소는 여기까지만 알아보겠습니다.

▶ 리소스 패널

[그림 4-36] 리소스 패널

리소스 패널은 Orchestrator에서 사용하는 리소스에 대한 정보를 보여주는 패널입니다. 해당 정보를 보고자 한다면, Orchestrator에 접속해야 합니다.

4.2.5 하단 영역

하단에 있는 패널들은 프로젝트 실행 결과에 대한 정보를 제공해주는 패널들입니다.

▶ 출력 패널

[그림 4-37] 출력 패널

출력 패널은 프로젝트가 실행되는 동안 발생하는 에러나 정보, 출력값 등을 보여주는 패널입니다. 개발할 때 로그를 남기면 로그의 내용도 출력 패널에서 확인이 가능합니다.

▶ 오류 목록 패널

[그림 4-38] 오류 목록 패널

오류 목록은 프로젝트 분석기(Workflow Analyzer)를 이용하여 프로젝트를 분석할 때 나오는 오류나 경고나 메시지 정보를 확인할 수 있는 패널입니다.

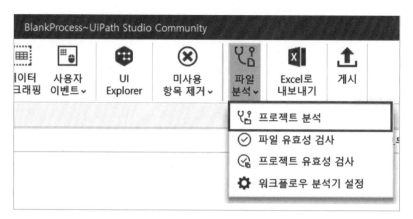

[그림 4-39] 프로젝트 분석

위에서 미리 만들었던 프로젝트를 열고 디자인에서 [파일 분석] - [프로젝트 분석]을 클릭합니다.

[그림 4-40] 오류 목록 패널

잠깐의 시간과 함께 분석이 끝나면 [그림 4-40]과 같이 오류 목록 패널에서 오류나 경고에 대한 내용들을 확인할 수 있습니다. 내용들을 보면 코드, 이름, 설명, 파일이 있는데 이 코드와 이름은 UiPath에서 미리 정해놓은 규칙이라고 보시면 됩니다. 그렇다면 이제 이 코드와 이름에 대한 내용을 한번 살펴보겠습니다.

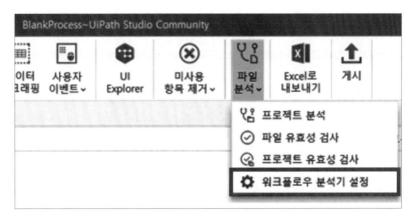

[그림 4-41] 워크플로우 분석기 설정

다시 디자인에서 [파일 분석] - [워크플로우 분석기 설정]을 클릭해보겠습니다.

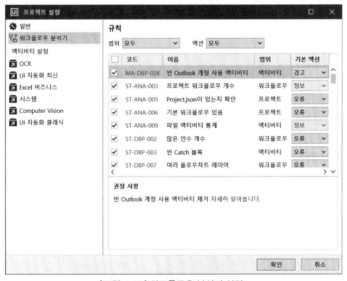

[그림 4-42] 워크플로우 분석기 설정

[그림 4-42]와 같이 워크플로우 분석기가 뜨는데 여기에 코드와 이름, 범위, 기본 액션이 있습니다. 프로젝트의 성격에 따라 설정을 변경해서 이용하실 수 있습니다.

▶ 브레이크포인트 패널

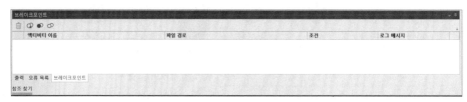

[그림 4-43] 브레이크포인트 패널

브레이크포인트 패널은 개발을 하면서 디버깅을 하기 위해 지정한 브레이크포인트 부분에 대한 정보를 확인할 수 있습니다.

4.3 "Hello World" 출력하기

이제 프로그래밍의 입문인 "Hello World"를 출력해볼 텐데, Message Box 액티비티를 이용해서 팝업창을 띄우는 방법과 Write Line 액티비티를 이용해서 출력 패널에 띄우는 방법, 2가지를 알아보겠습니다. 앞에서 만들었던 UiPath Studio 프로젝트로 돌아오겠습니다.

[그림 4-44] 기본 워크플로우 열기

디자이너 패널에 "기본 워크플로우 열기"를 눌러 개발 준비를 합니다. 이미 "기본 워크플로우 열기"가 열려 있는 분은 다음 작업으로 넘어가면 됩니다.

[그림 4-45] 메인 화면

그러면 위와 같이 화면이 나옵니다. UiPath는 액티비티를 중심으로 돌아간다고 말씀 드렸습니다. 개발을 할 때는 내가 원하는 액티비티를 액티비티 패널에서 찾아서 디자이너 패널로 옮기면 됩니다. 이제 이 방법을 이용해서 개발해보겠습니다. 개발을 시작할 때 처음으로 많이 이용하는 액티비티는 "Flowchart" 액티비티와 "Sequence" 액티비티입니다. 2가지 액티비티에 대해 잠시 살펴보겠습니다.

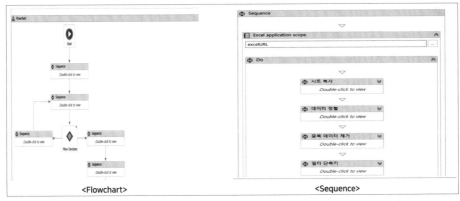

[그림 4-46] Flowchart vs Sequence

[그림 4-46]을 보면 "Flowchart" 액티비티나 "Sequence" 액티비티 둘다 워크플로우를 만들어주는 액티비티입니다. 다른 액티비티들을 이 액티비티 안에 넣어 워크플로우를 만드는 방식으로 개발합니다.

두 액티비티의 다른 점은 "Flowchart" 액티비티의 경우 대규모 단위의 프로젝트를 진행 시 이용하고 "Sequence" 액티비티의 경우 소규모 모듈 단위로 개발할 때 주로 이용합니다. 또한, Sequence의 경우 플로우의 진행이 위에서 아래로만 진행이 되지만 Flowchart는 필요에 따라 위로 다시 올라갈 수 있습니다. 기초 개발 교육이므로 시작은 무조건 Flowchart 액티비티를 이용해서 시작하겠습니다.

[그림 4-47] Flowchart 액티비티 찾기

액티비티를 추가하는 방법은 여러 가지가 있지만 그중 가장 많이 쓰는 방법으로 해보겠습니다. Flowchart 액티비티를 예로 들겠습니다.

① 액티비티 패널 검색에 "flowchart"를 검색합니다. 검색 결과로 해당되는 액티비티가 나오는지 확인합니다(검색 결과가 나오지 않는다면 오타를 냈는지 확인합니다).
② 결과로 나온 "Flowchart" 액티비티를 디자이너 패널로 Drag & Drop으로 옮깁니다.

[그림 4-48] Flowchart 액티비티

그러면 위와 같은 결과가 나타납니다. 디자이너 패널에 Flowchart 액티비티가 생성된 것을 보실 수 있습니다. 이 액티비티에 대한 내용이 잘 안보이기 때문에 우측 상단에 ▼(확장)을 누릅니다.

[그림 4-49] 확장

확장을 누르면 위와 같이 안의 내용을 편하게 볼 수가 있습니다. "Flowchart" 액티비티는 말 그대로 액티비티들을 플로우 흐름으로 보여주고 실행하면 그 플로우 흐름대로 액티비티가 실행됩니다. 그러면 가장 제일 먼저 시작하는 부분은 어디일까요? 바로 "Start"로 되어 있는 부분입니다. "Start" 부분에 마우스를 올려봅시다.

[그림 4-50] Start

위와 같이 "Start" 부분 주위의 상하좌우에 작은 꼭짓점 같은 것들을 보실 수 있습니다. 다른 액티비티들을 가져와서 이 꼭짓점에 놓으면 자동으로 연결이 되면서 플로우가 생성됩니다. 예제를 이어서 만들면서 살펴보겠습니다. "Message Box" 액티비티를 이용해서 "Hello World"를 출력해보겠습니다.

[그림 4-51] Message Box 액티비티

앞서 했던 것처럼 액티비티 패널에 "Message Box"를 검색하여 액티비티가 있는지 확인합니다.

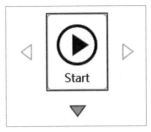

[그림 4-52] 액티비티 옮기기

[그림 4-51]처럼 액티비티 패널에서 "Message Box" 액티비티가 있는 것을 확인했다면, 해당 액티비티를 마우스로 끌어다가 "Start" 쪽에 가져가보겠습니다. 그러면 [그림 4-52]와 같이 좌우하단에 화살표 모양이 생기는데, 마우스를 가운데 하단 화살표 쪽에 놓아봅니다.

[그림 4-53] Message Box 액티비티

그러면 위와 같이 "Start" 아래에 "Message Box" 액티비티가 자동으로 연결된 것을 확인하실 수 있습니다. 이 "Message Box"를 더블클릭해보겠습니다.

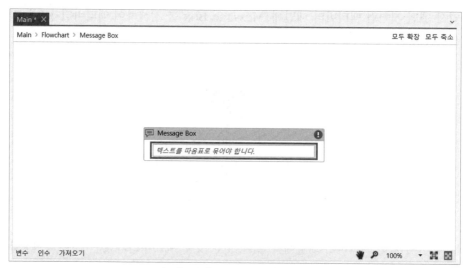

[그림 4-54] Message Box 액티비티

그러면 위와 같이 보실 수가 있는데 "Message Box" 액티비티의 가운데 박스 부분에 출력하고자 하는 내용을 작성하시면 됩니다. 저희는 "Hello World"를 띄울 것이기 때문에 아래와 같이 작성하면 됩니다.

[그림 4-55] Message Box에 "Hello World" 작성하기

글씨를 넣고 싶을 때는 큰따옴표(" ") 안에 작성해야 합니다. 이제 실행해보겠습니다. F5를 눌러서 실행시킵니다.

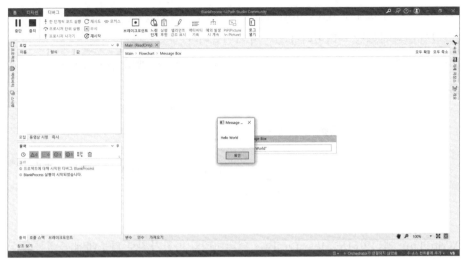

[그림 4-56] 실행 결과

실행시키면 위와 같은 결과를 보실 수 있습니다. Message Box 액티비티는 내가 입력한 값을 팝업창을 띄우면서 보여주는 액티비티입니다. 안에 내용은 "Hello World"라고 했기 때문에 결과로 팝업창이 뜨면서 "Hello World"라고 뜨는 것을 확인하실 수가 있습니다. 팝업창의 "확인" 버튼을 누르면 종료가 되는 것을 확인하실 수 있습니다.

이제, "Write Line" 액티비티를 이용하여 출력 패널에 출력해보겠습니다.

[그림 4-57] Write Line 액티비티

① 액티비티 패널에서 "write line"을 검색합니다.

② 검색 결과에 해당 액티비티가 있는지 확인합니다.

③ 액티비티가 있으면 해당 액티비티를 Message Box 액티비티 아래에 Drag & Drop 합니다.

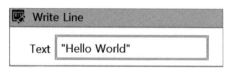

[그림 4-58] Write Line 액티비티

Write Line 액티비티도 Message Box 액티비티와 마찬가지로 가운데에 출력하고 싶은 내용을 입력합니다. 내용에는, 마찬가지로 "Hello World"를 입력하고 다시 F5를 눌러 실행시켜보겠습니다.

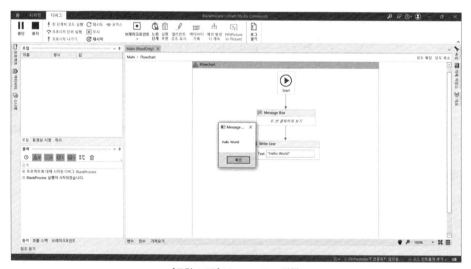

[그림 4-59] Message Box 실행

실행시키면 Message Box 액티비티에 해당되는 팝업창이 먼저 뜨는 것을 확인하실 수 있습니다.

[그림 4-60] Write Line 결과

확인 버튼을 누르면 프로젝트가 종료되는데 출력 패널을 확인해보면 중간에 "Hello World"가 적힌 것을 확인하실 수 있습니다. 이처럼 눈에 보이지는 않았지만 Write Line 액티비티가 실행되었던 것입니다. 결과에서 보듯이 "Write Line" 액티비티는 출력 패널에 원하는 내용을 출력하는 액티비티입니다.

이렇게 "Hello World"를 2가지 방법을 이용해서 출력해보았습니다. 이번 실습을 통해 확인할 수 있었던 것은 Flowchart는 화살표의 흐름에 따라 액티비티가 실행되어 Message Box 액티비티가 먼저 실행되고 이후에 Write Line 액티비티가 실행되는 것을 확인하실 수 있습니다.

이번 장에서는 UiPath Studio에 대해 사용법을 익히고, 간단한 예제를 만들어서 실행해보았습니다. Part 2에서는 주제별로 다양한 액티비티들을 확인하면서 예제를 만들어보도록 하겠습니다. 액티비티들을 확인하고 예제를 만드실 때는 앞서 만들었던 것처럼 Flowchart 액티비티를 먼저 생성하고, 그 안에 Start 부분에 액티비티를 연결해서 만들어보시길 바랍니다.

액티비티

CHAPTER 5

기본 액티비티

Chapter 5에서는 공통적으로 많이 이용하는 액티비티들에 대해 알아보겠습니다. 앞서
UiPath는 모두 액티비티를 통해 진행된다고 말한 바 있는데, 본격적으로 액티비티를 살펴
보기 전에 설명드릴 부분이 있습니다.

5.1 패키지 관리

UiPath는 전 세계 기업 또는 개인 개발자들이 필요한 액티비티를 직접 개발하고 패키
지 형태로 공유하여 이용할 수 있도록 만든 일종의 마켓 플레이스가 있습니다.

예를 들어 하나 살펴보도록 하겠습니다. 처음에 UiPath 프로젝트를 생성하면 액티비
티 패널에서 보이는 액티비티들이 있습니다.

[그림 5-1] 액티비티 패널

여기 있는 액티비티들은 프로젝트를 생성했을 때 UiPath에서 기본적으로 제공하는 액티비티들입니다. 그런데 여기서 사용하고자 하는 액티비티를 검색했는데 없는 경우도 있습니다. 예를 들어, 액티비티 패널에 "pdf"를 검색해보겠습니다.

[그림 5-2] PDF 액티비티 검색

검색하면 앞에서와 같이 아무런 결과가 없는 것을 확인하실 수 있습니다. 이럴 때 한 가지 확인해봐야 할 것이 있습니다. 바로 "패키지 관리"입니다. 패키지는 액티비티들의 모음을 패키지라고 보면 되는데 패키지 관리는 이러한 패키지들을 설치하거나 삭제하고 업데이트하는 등 관리를 할 수 있는 곳이라고 보면 됩니다. 이 패키지 관리를 살펴보겠습니다.

[그림 5-3] 패키지 관리

패키지 관리는 디자인 탭에 있는데 클릭해보겠습니다.

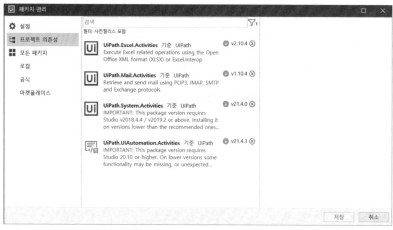

[그림 5-4] 패키지 관리

패키지 관리를 실행하면 위와 같이 새 창이 뜨는 것을 확인할 수 있습니다. 좌측 메뉴를 잠깐 보겠습니다.

- 설정: 기본 패키지 소스와 사용자 정의 패키지 소스를 지정할 수 있는 부분입니다.
- 프로젝트 의존성: 현재의 프로젝트에서 이용 중인 패키지들을 보여주고 그들의 버전도 확인이 가능하며 버전의 업그레이드와 다운그레이드를 할 수 있습니다.

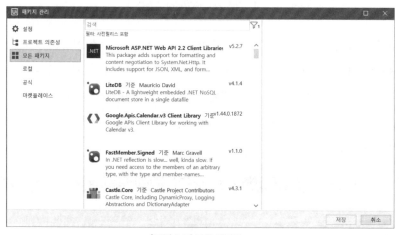

[그림 5-5] 모든 패키지

- 모든 패키지: 현재 프로젝트에는 존재하지 않지만 프로젝트에 추가할 수 있는 패키지들을 확인할 수 있습니다.

앞서 찾지 못했던 "pdf"를 여기서 찾아보겠습니다.

[그림 5-6] "pdf" 검색

① 검색란에 "pdf"를 작성하여 검색합니다.

② 검색 결과에서 UiPath 공식 패키지인 "UiPath.PDF.Activities"를 클릭합니다.

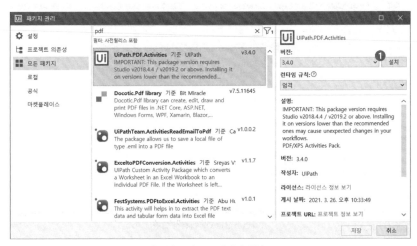

[그림 5-7] PDF 패키지 설치

① UiPath 공식 패키지를 클릭하면 우측에 해당 패키지에 대한 설명이 나오고 버전 정보, 라이선스 정보 등을 제공합니다. 여기서 버전을 선택하고 "설치" 버튼을 클릭합니다(기본으로 세팅되어 있는 버전으로 하겠습니다).

[그림 5-8] PDF 패키지 설치

①"설치" 버튼을 클릭하면 해당 패키지 부분에 시계 모양이 뜨는 것을 확인할 수 있습니다. 이는 설치할 준비가 되었다는 뜻입니다.

②우측 하단에 "저장" 버튼을 클릭합니다.

[그림 5-9] PDF 패키지 설치

위와 같이 설치하는 모습이 나오면서 시간이 지나면 설치가 완료됩니다. 설치가 완료되면 액티비티 패널에서 다시 "pdf"를 검색해보겠습니다.

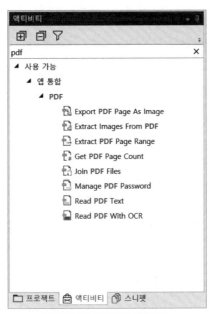

[그림 5-10] PDF 관련 액티비티

검색하면 아까와 다르게 사용 가능한 액티비티들이 나오는 것을 확인하실 수 있습니다. 이와 같이 우리가 사용하고자 하는 액티비티나 기능이 보이지 않을 때는 위와 같은 방법으로 패키지 관리를 찾아보는 것이 하나의 방법입니다. 패키지 관리에 대한 설명은 드렸고 이제 많이 사용하는 액티비티들을 하나씩 살펴보겠습니다.

5.2 Click 액티비티

Click 액티비티는 제일 많이 사용하는 액티비티입니다. 액티비티 이름에서 알 수 있듯, 마우스 클릭하는 기능을 제공합니다.

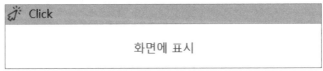

[그림 5-11] Click 액티비티

액티비티 패널에서 "Click"을 검색하고 Click 액티비티를 옮겨서 보면 위와 같습니다. 가운데 파란색 글씨로 "화면에 표시"라고 되어 있는 부분은 Click 액티비티뿐만 아니라, 다른 여러 액티비티에서도 확인을 할 수 있는데 이는 해당 액티비티가 실행되는 영역(Selector나 이미지, 좌표 등)을 지정하는 기능입니다. Click 액티비티를 실습해보기 위해 메모장을 하나 열어놓겠습니다.

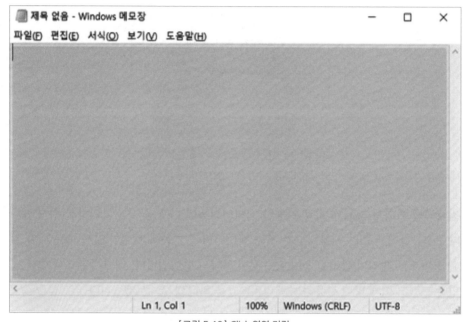

[그림 5-12] Click 영역 지정

Click 액티비티의 "화면에 표시"를 클릭하고 마우스를 메모장으로 이동시켜보겠습니다. 그러면 위와 같이 파란색 박스가 나오는 것을 확인하실 수 있습니다. 이 파란색 박스는 앞서 이야기한 것처럼 액티비티가 실행되는 영역을 나타내는 것입니다. Click 액티비티를 실행시키고자 하는 영역을 마우스로 선택하여 클릭합니다.

[그림 5-13] Click 액티비티

필자는 예로 들어 메모장 좌측 상단에 "파일" 버튼을 영역으로 지정하였습니다. 그러면 [그림 5-13]의 결과와 같이 메모장이 캡처 이미지로 남고 지정한 영역("파일" 버튼)은 빨간색 박스로 처리가 됩니다. 이 이미지를 통해 Click 액티비티는 "파일" 버튼을 클릭한다는 것을 확인하실 수 있습니다.

[그림 5-14] 영역 재설정하기

만약에 영역을 잘못 지정해서 다시 지정하고 싶을 때는 액티비티 우측 상단 쪽에 ☰ 버튼을 클릭하면 [그림 5-14] 박스와 같은 메뉴가 뜹니다. 여기에서 "화면에 표시" 메뉴를 선택하면 아까와 같은 영역을 지정하는 화면이 다시 나타납니다. 그 상태에서 영역을 다시 지정해주면 됩니다. 이렇게 지정을 하고 메모장을 띄워놓은 채로 실행하면 "파일" 버튼을 클릭하고 종료되는 것을 확인하실 수 있습니다.

Tip "화면에 표시"의 유용한 기능들

"화면에 표시" 버튼을 클릭하고 영역을 선택할 때 좋은 기능의 단축키를 보겠습니다.

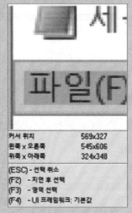

[그림 5-15] 영역 선택 시 좋은 기능

"화면에 표시" 버튼을 클릭하면 한쪽 구석에 위와 같은 모습을 확인하실 수 있습니다. 각 단축키와 기능에 대해 보겠습니다.

ESC: 영역 선택 기능을 취소합니다.

F2: 내가 선택하고자 하는 영역이 모니터 화면에 나오지 않을 때 F2를 누르면 3초간의 여유가 생깁니다(3초는 우측 하단에 보면 카운트가 진행됩니다). 이 사이에 선택하고자 하는 영역을 화면에 띄우면 됩니다. 3초가 지난 후에는 영역을 선택하는 화면이 다시 나옵니다.

F3: 내가 선택하고자 하는 영역이 상세하게 잡히지 않고 전체가 잡힐 때 F3을 누르고 마우스로 영역을 드래그해서 박스 형태로 만들어주면 됩니다. 그러면 해당 영역에서 액티비티가 실행됩니다.

F4: 영역 선택 방법을 선택합니다. "기본값"으로 되어있는데 F4를 누를 때마다 변경됩니다.

다음으로 Click 액티비티의 속성에 대해 알아보겠습니다.

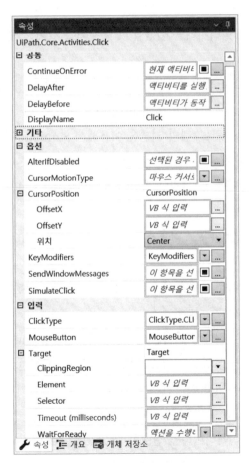

[그림 5-16] Click 액티비티 속성

- ContinueOnError: 액티비티가 실행될 때 에러가 발생해도 프로세스가 종료되지 않고 해당 액티비티는 무시하고 다음 액티비티를 실행합니다(Boolean 설정).

- Delay Before/After: 해당 액티비티를 기준으로 전/후에 딜레이를 설정합니다(밀리초로 설정).

- AlterIfDisabled: 지정된 영역이 비활성화된 경우에도 시뮬레이션된 클릭을 실행할지 설정합니다(Boolean 설정).

- OffsetX, OffsetY: 마우스의 위치를 X, Y 좌표로 설정합니다(Integer 값).

- 위치: 선택된 영역에서 마우스의 위치를 설정합니다(Center, TopLeft, TopRight, BottomLeft, BottomRight).

- KeyModifiers: 해당 액티비티를 실행할 때 특수키를 같이 누를지 설정합니다(특수키 체크).

- SendWindowMessages: 액티비티가 실행될 프로그램에 특정 메시지를 보내서 액티비티가 진행되도록 설정합니다(Boolean 설정).

- SimulateClick: 응용 프로그램의 기술을 이용해서 Simulate 작업을 할지 설정합니다. 백그라운드에서 진행되기 때문에 빠릅니다.

- ClickType: 클릭의 종류를 설정합니다(CLICK_SINGLE, CLICK_DOUBLE, CLICK_DOWN, CLICK_UP).

- MouseButton: 클릭할 마우스 버튼 설정(BTN_LEFT, BTN_RIGHT, BTN_MIDDLE)입니다.

- ClippingRegion: 영역을 선택할 때 단축키 F3을 이용해 선택된 영역의 좌표값을 나타냅니다(왼쪽, 위쪽, 오른쪽, 아래쪽).

- Element: 다른 액티비티에서 선택한 영역이 담긴 UiElement 변수를 지정합니다.

- Selector: 액티비티가 실행될 영역 요소를 xml 형태로 표현한 것을 말합니다.

- Timeout: 해당 액티비티가 실행될 때의 최대 시간을 설정합니다(여기서 설정한 밀리초가 지났는데도 실행이 안 될 경우에는 에러가 발생됩니다).

- WaitForReady: 해당 액티비티를 실행할 때 Selector나 Element 요소가 나타날 때까지 기다릴 것인지 설정합니다(None – 기다리지 않고 실행합니다 / Interactive, Complete –기다렸다가 해당 요소가 나오면 실행합니다).

Click 액티비티에 속성이 매우 많은데, 모든 속성들을 필수적으로 사용해야 하는 것은 아닙니다. 상황에 따라 필요한 속성들만 이용하면 되는데 실습을 진행하면서 필요한 속성들은 그때마다 살펴보겠습니다.

5.3 Get Text 액티비티

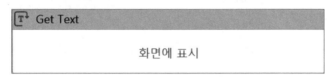

[그림 5-17] Get Text 액티비티

Get Text 액티비티는 기본적으로 Text 글자를 가져오는 액티비티입니다. Click 액티비티에서 본 것이랑 같게 "화면에 표시"가 있습니다. 이 또한 "화면에 표시"를 클릭하고 영역을 지정하면 지정된 영역의 글자를 가져오는 액티비티입니다. 속성을 살펴보겠습니다.

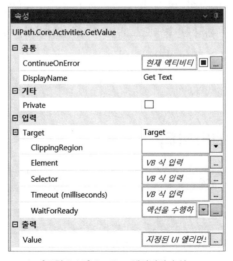

[그림 5-18] Get Text 액티비티 속성

Get Text 액티비티의 속성인데 앞에서 중복되는 부분은 생략하겠습니다. 다른 부분은 출력에 있는 "Value" 속성입니다. 이것은 Get Text 액티비티를 이용해 글자를 가져오고 그 결괏값을 담아놓을 변수를 지정해주는 곳입니다. 미리 만들어 놓은 변수가 있다면 이 부분에 해당 변수를 작성하고, 아니면 이 부분에 마우스 커서를 놓은 상태에서 Ctrl + k를 눌러서 변수를 생성하면 됩니다.

[그림 5-19] 변수 생성

Ctrl + k를 누르면 위와 같이 "변수 설정: "이 표기됩니다. 이 상태에서 변수명을 작성하고 엔터를 클릭하면 해당 변수명으로 변수가 생성됩니다. 이렇게 생성한 변수에는 Get Text를 통해 가져온 값이 저장됩니다.

5.4 Set Text 액티비티

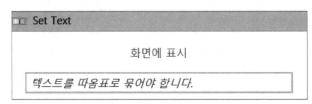

[그림 5-20] Set Text 액티비티

다음은 Set Text 액티비티입니다. Get Text와 반대로 지정한 영역에 Text를 입력하는 기능입니다. Text를 입력하는 액티비티는 기본적으로 2가지를 많이 이용하는데 Set Text 액티비티와 Type Into 액티비티입니다. 앞으로 설명할 Type Into 액티비티와 비교해서 살펴보시길 바랍니다.

Set Text 액티비티의 기본적인 구성은 "화면에 표시"와 아래 텍스트를 입력하는 공간입니다. 내가 지정한 영역에 아래에 작성한 텍스트를 입력하겠다는 뜻입니다.

[그림 5-21] Set Text 액티비티 속성

속성의 경우 맨 아래 "Text"가 있습니다. 여기에 입력한 내용이 액티비티가 실행될 때 입력되는 내용이라고 보시면 됩니다. Set Text 액티비티와 Type Into 액티비티의 가장 큰 차이점은 특수키입니다. Set Text 액티비티에서는 특수키와 관련된 속성을 볼 수가 없는데, Type Into 액티비티는 특수키를 사용할 수 있습니다. Type Into 액티비티를 보겠습니다.

5.5 Type Into 액티비티

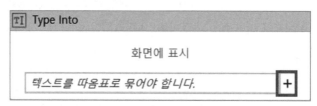

[그림 5-22] Type Into 액티비티

Set Text 액티비티와 기본적인 기능은 같은 Type Into 액티비티입니다. 지정한 영역
에 원하는 Text를 작성하는 것인데 Set Text 액티비티와는 다르게 텍스트 입력 칸 옆
에 "+" 버튼이 있습니다. 해당 버튼을 클릭해보겠습니다.

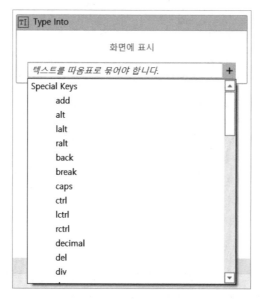

[그림 5-23] Type Into 액티비티에서 사용하는 Special Keys

Type Into 액티비티는 앞에서와 같이 Special Keys(CTRL, ENTER와 같은 특수키)를
설정할 수 있도록 제공합니다. 예를 들어 스크롤을 내려서 "enter"를 선택해봅니다.

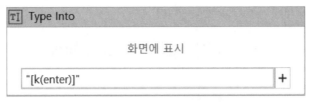

[그림 5-24] Special Keys 이용하기

[그림 5-24]처럼 "[k(enter)]"가 생성된 것을 보실 수 있는데 이는 ENTER키를 이용한다는 뜻입니다. 특수키는 굳이 "+" 버튼을 누르지 않고 직접 타이핑해도 적용이 됩니다. "[k(특수키)]"의 형태로 작성하면 적용이 됩니다.

Tip 특수키에 대한 Q & A

Q. Set Text 액티비티에서도 저렇게 작성하면 특수키가 적용되는 것 아닌가요?

» **A.** Set Text 액티비티는 해당 형태를 특수키로 인식하는게 아니라, 글자 그대로 인식하고 작성하게 됩니다. 그렇기 때문에 특수키는 적용되지 않습니다.

Q. ( ) 앞에 있는 k는 무엇인가요?

» **A.** 저기서 k는 key입니다. 기능은 ( ) 안에 있는 특수키를 한 번 누른다고 보시면 됩니다. 추가로 여기에는 k 대신에 d와 u도 넣을 수 있습니다. d는 down, u는 up으로 키를 누르고 떼는 것을 말합니다.

Q. 그러면 이것은 어떻게 사용을 하나요?

» **A.** 예를 들어, 어떠한 것을 복사/붙여넣기를 하려고 합니다. 사람이 직접 복사/붙여넣기를 한다고 생각해보면 됩니다. 복사를 할 때 CTRL 버튼을 누른 채로 c를 누르고 CTRL 버튼을 뗍니다. 이것을 컴퓨터로 생각해보면 [CTRL Down] → c → [CTRL Up]의 형태가 되겠죠. 이를 UiPath로 바꾸면 "[d(ctrl)]c[u(ctrl)]"이 됩니다. 반대로 붙여넣기도 같은 형태지만 중간에 알파벳 c 대신 v가 들어가게 됩니다. 이러한 부분이 필요하면 직접 타이핑하는 것도 하나의 방법입니다.

Type Into 액티비티의 속성을 보겠습니다.

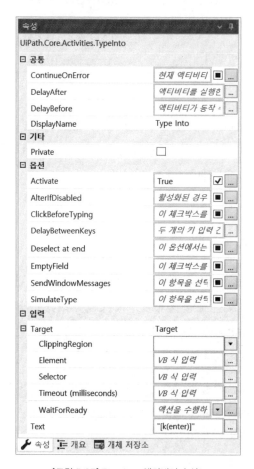

[그림 5-25] Type Into 액티비티 속성

Set Text와는 다르게 속성이 많은데 앞에서 살펴보지 못한 속성만 보겠습니다.

• **Activate**: 해당 액티비티가 실행되는 작업을 포어그라운드에서 보여줄지 백그라운드에서 진행할지의 여부를 체크합니다(Boolean 설정).

• **ClickBeforeTyping**: 글자를 작성하는 Typing 작업을 하기 전에 해당 영역을 클릭합니다(Boolean 설정). 글자를 입력하려는 영역이 마우스 포커싱 되지 않으면 글자를

작성하지 않는 경우가 있기 때문에 필요한 경우 이 속성을 체크하여 마우스 포커싱을 하고 타이핑하면 됩니다.

- DelayBetweenKeys: 글자를 타이핑할 때 한 글자 한 글자 사이의 딜레이(밀리초)를 설정합니다. Set Text는 글자를 입력할 때 복사/붙여넣기 한 것처럼 진행되지만 Type Into는 한 글자 한 글자를 직접 치는 것처럼 실행되기 때문에 필요하다면 글자 사이의 딜레이를 설정합니다.
- Deselect at end: 텍스트 입력 후 완료 이벤트를 추가합니다. SimulateType이 True로 설정된 경우에만 적용됩니다.
- EmptyFields: 글자를 입력하기 전에 해당 영역을 지우고 실행합니다. 로그인할 때 ID가 저장되어 있는 경우에 체크하여 입력되어 있는 ID를 지우고 다른 ID를 입력할 수 있도록 사용하기도 합니다.
- SendWindowMessages: 이 항목을 선택하면 특정 메시지를 타깃 애플리케이션에 보내 입력을 실행합니다.
- SimulateType: 이 항목을 선택하면 타깃 애플리케이션의 기술을 이용하여 입력을 시뮬레이션합니다.

Type Into 액티비티 예제를 진행해보겠습니다. 예제를 진행함에 있어 메모장을 하나 열어놓고 진행하겠습니다.

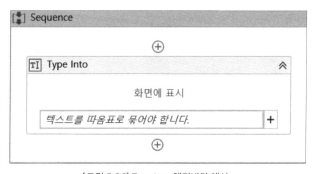

[그림 5-26] Type Into 액티비티 예시

Sequence 액티비티를 하나 만들고 그 안에 Type Into 액티비티를 넣습니다.

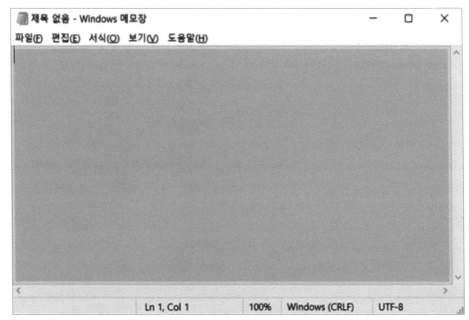

[그림 5-27] 메모장

Type Into 액티비티에서 "화면에 표시"를 클릭하고 메모장을 선택합니다.

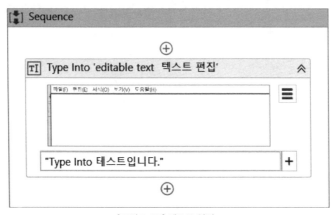

[그림 5-28] 텍스트 입력

메모장을 선택하고 Text에는 "Type Into 테스트입니다."를 작성합니다. 작성을 완료
했다면 실행해보겠습니다.

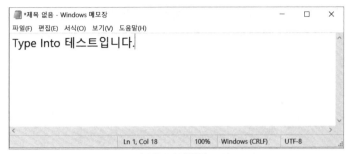
[그림 5-29] 결과

실행하면 앞에서처럼 메모장에 타이핑이 되면서 작성이 되는 것을 보실 수 있습니다.

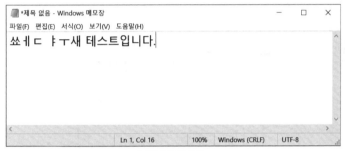
[그림 5-30] 에러

실행했는데 제대로 작성이 되지 않고 위와 같이 작성되는 분들이 있으실 겁니다. 이는 Type Into 액티비티를 진행 시 한영키 때문에 발생한 문제입니다.

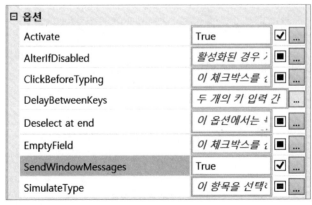
[그림 5-31] Type Into 속성

한영키에 영향을 받지 않으려면 Type Into 액티비티의 속성에서 "SendWindow-Messages" 속성을 체크하여 True로 놓고 다시 실행하면 정상적으로 작성이 됩니다. 이번에는 특수키를 이용해보겠습니다.

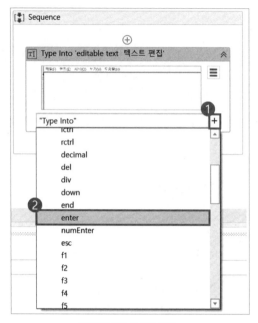

[그림 5-32] 특수키 입력

① "Type Into"까지 글자를 작성하고 "+" 버튼을 클릭합니다.
② 특수키에서 "enter"를 찾아 선택합니다.

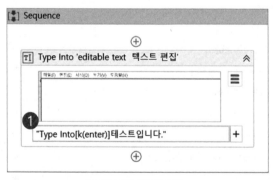

[그림 5-33] 텍스트 입력

① "enter"를 선택하면 텍스트에 "[k(enter)]"가 생성되는데, 이후 "테스트입니다."를 작성하고 실행해보겠습니다.

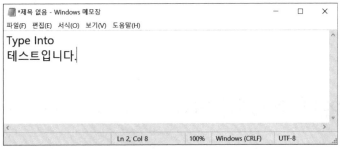

[그림 5-34] 결과

결과를 보면 "Type Into"가 작성되고 다음 줄에 "테스트입니다."가 작성되는 것을 확인하실 수 있습니다.

5.6 Send Hotkey 액티비티

Type Into 액티비티에서 특수키를 이용하여 복사/붙여넣기 하는 형태를 말씀드렸습니다. 하지만 UiPath에서는 이러한 단축키를 편리하게 이용할 수 있는 액티비티가 있습니다. 그것은 Send Hotkey 액티비티입니다.

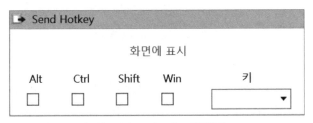

[그림 5-35] Send Hotkey 액티비티

"화면에 표시"는 다른 액티비티들과 같고 Alt, Ctrl, Shift, Win 키를 체크하여 이용할 수 있고 오른쪽에 있는 키 부분에서는 스페셜키를 선택하거나 복사/붙여넣기처럼 직

접 알파벳을 작성해도 됩니다. Space Bar는 따로 없어서 키 부분에서 직접 큰따옴표
(" ") 공백을 하나 만들면 됩니다(큰따옴표는 보여드리기 위해 작성했을뿐 실제로는 공백만
넣으면 됩니다). 속성의 경우 지금까지 봐왔던 속성과 같은 부분이기 때문에 생략하겠
습니다.

5.7 Input Dialog 액티비티

해당 액티비티는 RPA 실행 시작 전이나 중간에 사용자로부터 특정 데이터를 입력받
기 위해 사용되는 액티비티입니다. 팝업창을 띄워 사용자로부터 데이터를 입력받거
나 선택받도록 하는 기능입니다.

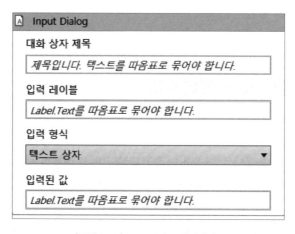

[그림 5-36] Input Dialog 액티비티

액티비티를 보면 위에 "대화 상자 제목"은 팝업창의 타이틀이 되고 아래 "입력 레이블"
은 팝업창의 내용이 됩니다. "입력 형식"은 "텍스트 상자"와 "다중 선택" 2가지가 있습
니다. "입력된 값"은 사용자가 입력한 값을 담을 변수를 말합니다.

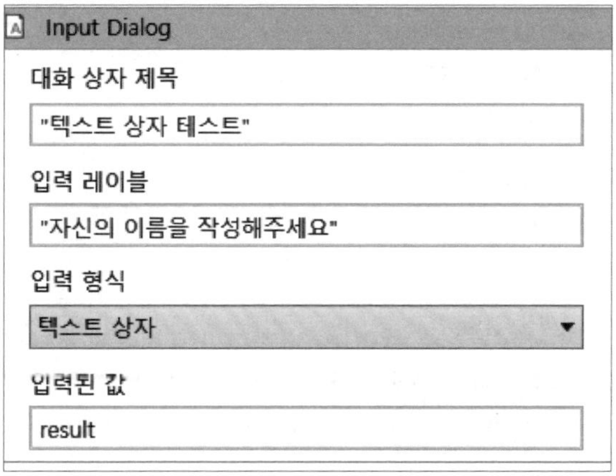

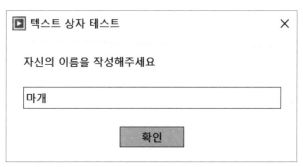

[그림 5-37] 텍스트 상자

"입력 형식"을 "텍스트 상자"로 놓고 내용들은 다음과 같은 예시를 만듭니다(입력된 값에는 "result"라는 변수를 하나 만들어서 입력합니다). 해당 내용을 실행하면 [그림 5-38]과같이 팝업창이 뜹니다.

[그림 5-38] 텍스트 형식

위의 팝업창에 입력란에 내용을 입력하고 "확인" 버튼을 누르면 해당 내용이 위에서지정한 "result"라는 변수에 저장됩니다. 이후에 이 변수는 Message Box 액티비티를이용해서 출력한다거나 다른 시스템에 Type Into 액티비티를 이용해서 입력하는 등여러 방법으로 이용될 수 있습니다. 이번에는 "텍스트 상자"말고 "다중 선택"을 이용해서 해보겠습니다.

[그림 5-39] 다중 선택

"입력 형식"에서 "다중 선택"을 선택하고 "옵션 입력"을 작성합니다. 옵션에는 ";"(세미 콜론)을 기준으로 작성하고 싶은 옵션을 넣어줍니다. 요일을 선택하기 위해 위와 같이 옵션들을 넣고 실행합니다.

[그림 5-40] 다중 선택

실행하면 위와 같은 팝업창이 뜨게 됩니다. 가운데에 선택하는 요소를 클릭합니다.

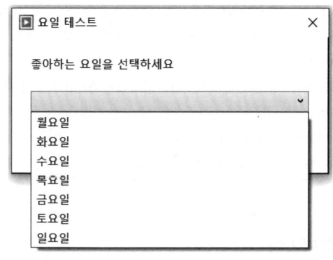

[그림 5-41] 요일 선택

실행시키면 선택을 할 수 있는 란이 나오고, 클릭하면 요일들이 나옵니다. 여기서 선택한 결과가 "result" 변수에 담기게 됩니다.

Input Dialog 액티비티의 속성은 다음과 같습니다.

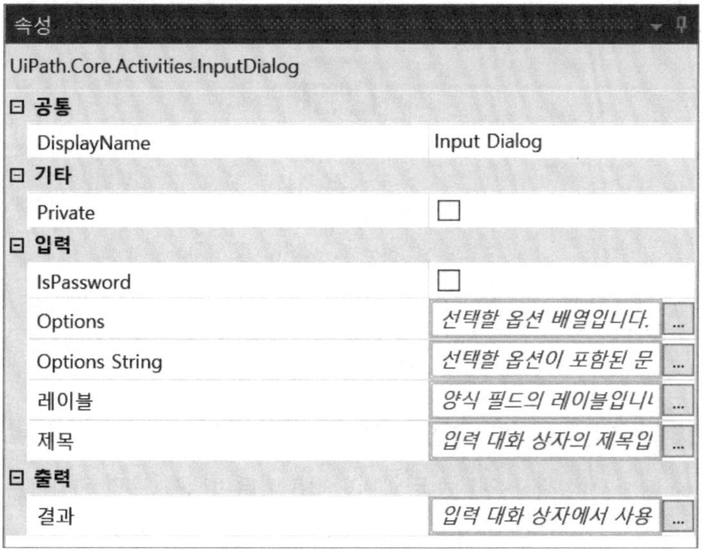

속성	
UiPath.Core.Activities.InputDialog	
공통	
DisplayName	Input Dialog
기타	
Private	☐
입력	
IsPassword	☐
Options	선택할 옵션 배열입니다.
Options String	선택할 옵션이 포함된 문
레이블	양식 필드의 레이블입니
제목	입력 대화 상자의 제목입
출력	
결과	입력 대화 상자에서 사용

[그림 5-42] Input Dialog 액티비티 속성

- IsPassword: 사용자로부터 입력받을 내용이 패스워드 형태인지 체크합니다. 비밀번호를 입력받을 때는 보안의 문제가 발생할 수 있기 때문에 체크합니다.
- 레이블: 팝업창의 내용을 나타냅니다(텍스트).
- Options: 몇 가지 보기를 만들어 선택받는 팝업창을 만들고 싶을 때 보기의 내용을 배열 형태로 설정합니다.
- 제목: 팝업창의 타이틀을 나타냅니다(텍스트).
- 결과: 사용자가 입력한 값을 담을 변수를 지정합니다.

5.8 IF 액티비티

5.8.1 단일 IF문

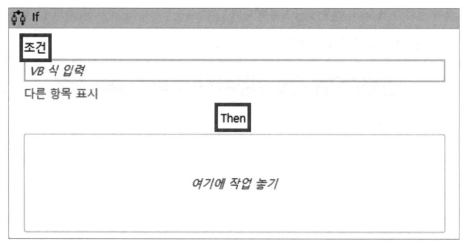

[그림 5-43] IF 액티비티

IF 액티비티는 조건문입니다. 조건문에서 지정한 조건이 참일 때와 거짓일 때 진행할 액티비티를 따로 지정하는 액티비티입니다. IF 액티비티를 보면 위와 같은데 여기서 사용할 조건은 "조건" 부분에 입력을 합니다. 이 "조건" 부분에 있는 조건이 참이면 아래 "Then" 안에 있는 액티비티들이 실행됩니다. 그렇다면, 조건이 거짓일 때는 어떻게 진행이 될까요?

IF 액티비티 "조건" 부분 아래에 "다른 항목 표시"를 클릭해보겠습니다.

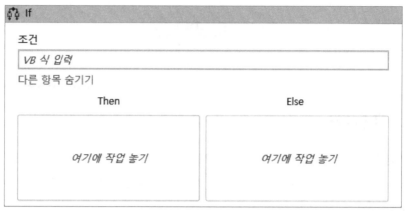

[그림 5-44] IF 액티비티

"다른 항목 표시"를 클릭하면 "Else" 부분이 생겨난 것을 확인하실 수 있습니다. 조건이 거짓일 때 실행할 액티비티들은 이 부분에 입력을 하시면 됩니다. 예를 들어서 살펴보겠습니다.

[그림 5-45] IF 액티비티

위와 같이 IF 액티비티에 입력을 해보면 조건에는 "0 〉 2"로 "0이 2보다 크다"이라는 조건을 작성하였습니다. 이 조건의 결과는 거짓이기 때문에 Else에 있는 액티비티가 실행되어 아래와 같은 결과가 나오는 것을 확인할 수 있습니다.

[그림 5-46] 결과

5.8.2 다중 IF문

IF 조건문을 여러 번 사용하는 경우가 발생할 수 있습니다. UiPath가 아닌 보통 프로그래밍 언어에서는 다중 IF문을 사용하기 위해서는 아래와 같이 if / else if문을 이용합니다(언어마다 문법은 다릅니다).

```
if (조건1) {
        실행1
} else if (조건2) {
        실행2
}
........
else if (조건n) {
        실행n
} else {
        실행
}
```

UiPath에서는 다중 IF문을 위한 액티비티가 따로 있는 것이 아니고 IF 액티비티를 여러 번 사용합니다.

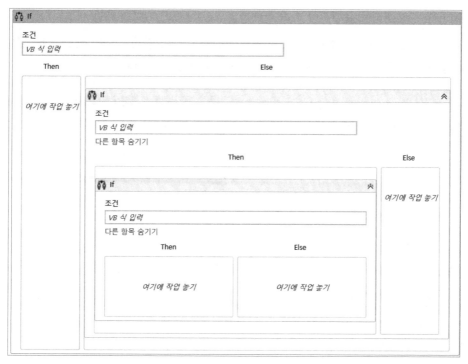

[그림 5-47] 다중 IF문

다중 IF문의 경우 위와 같이 IF 액티비티 안에 원하는 방향(Then, Else)에 IF 액티비티를 넣어 이용하면 됩니다.

5.9 Switch 액티비티

Switch	
Expression	*VB 식 입력*
Default	활동 추가
새 case 추가	

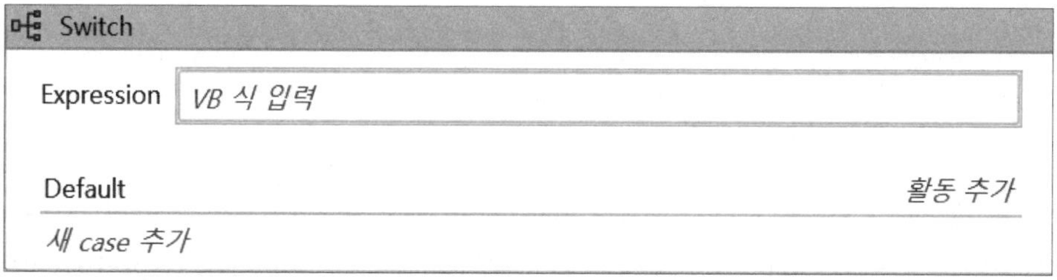

[그림 5-48] Switch 액티비티

Switch문은 어떠한 표현식이 미리 정해놓은 case에 해당된다면 해당 액티비티를 실행시키는 문입니다. "Expression" 부분은 case를 나누는 기준이 되는 변수나 표현식이 들어갑니다. 그리고 아래에 "새 case 추가"를 눌러보겠습니다.

[그림 5-49] Switch 액티비티

"새 case 추가"를 누르면 [그림 5-49] 왼쪽처럼 case값을 입력할 수 있도록 합니다. case로 넣을 값, 여기서는 1을 넣고 엔터키를 누르면 [그림 5-49] 오른쪽처럼 나옵니다. 이 부분에는 이 Case에서 실행될 액티비티를 "여기에 작업 놓기"에 추가하면 됩니다. 예를 들어보겠습니다.

[그림 5-50] Switch 액티비티 예시

예시로 위와 같이 만들어봤는데 Expression에는 "3"을 입력하였습니다. 그리고 아래 Case는 1, 2, 3으로 3가지 케이스를 만들고 각각의 값을 출력하는 Message Box 액티비티를 추가하였습니다. 이렇게 작성을 하고 실행해보겠습니다.

[그림 5-51] 결과

실행을 해보면 Expression이 3이기 때문에 Case 3에 있는 Message Box 액티비티가 실행되는 것을 확인할 수 있습니다. 예제에는 Expression에 숫자 3을 입력하였는데 실제로 이용할 때는 변수를 많이 입력합니다. 변수가 바뀌는 값에 따라 해당 Case에 있는 액티비티들이 실행되도록 개발을 합니다. 그리고 Expression에 있는 변수나 값이 위와 같이 숫자인 Int32 자료형이 아니라 다른 자료형이면 Switch 액티비티 속성에서 변경을 해야 합니다. 변수에 대한 내용은 Chapter 6에서 다룹니다.

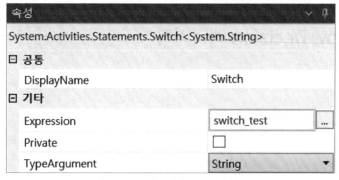

[그림 5-52] Switch 액티비티 속성

이 속성에서 "TypeArgument" 값을 해당되는 자료형으로 변경하고 case에서도 변경하여 사용하면 됩니다.

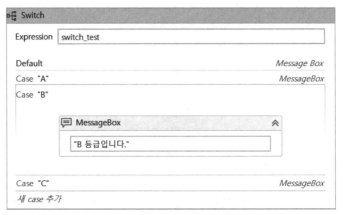

[그림 5-53] Switch 액티비티 예제 (String)

String 자료형을 가지는 "switch_test"에 기본값 "B"를 넣고 Switch 액티비티를 이용해보았습니다. 변수에 대해서는 아직 다루지 않았으므로, 예제를 보고 실행해보시길 바랍니다.

5.10 Flow Decision 액티비티

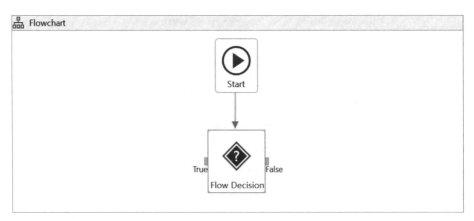

[그림 5-54] Flow Decision 액티비티

Flow Decision 액티비티도 조건문인데 True 부분이랑 False 부분에 꼭짓점이 있는 형태입니다. 이는 IF문과 비슷하게 Flow Decision 속성 중 Condition(조건)에 따라 참이면 True 부분에 연결된 액티비티가 실행되고 거짓이면 False 부분에 연결된 액티비티가 실행됩니다. 예를 들어보겠습니다.

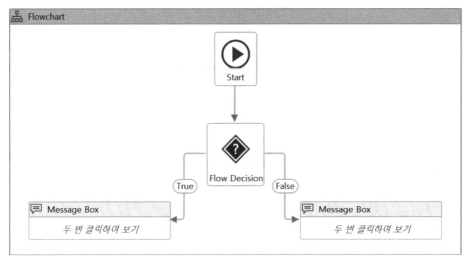

[그림 5-55] Flow Decision 예시

Flow Decision 액티비티의 Condition에는 위에 IF 액티비티에서 만들었던 "0 〉 2"을 조건으로 넣고 True와 False 부분에 Message Box 액티비티를 연결하였습니다.

결과는 IF 액티비티 예제와 같기 때문에 생략합니다. 주의해야할 것은 Flow Decision 액티비티는 Sequence 액티비티 안에서는 생성할 수 없고 Flowchart 액티비티 안에서만 생성을 할 수 있다는 특징이 있습니다. Flow Decision 액티비티를 이용하면 조건 결과에 따라 Flow를 위로 올려서 위에서 진행되었던 액티비티를 다시 실행시킬 수 있습니다. 예를 들면, 로그인 프로세스를 만들 때 로그인 실패하면 다시 로그인 작업을 하도록 만들 수 있습니다.

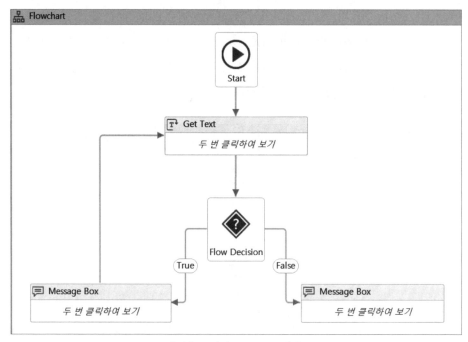

[그림 5-56] Flow Decision 예시

5.11 While 액티비티

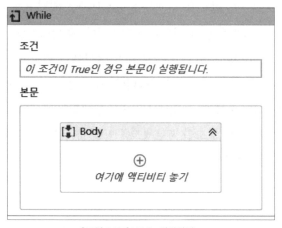

[그림 5-57] While 액티비티

첫 번째 반복문 관련 액티비티입니다. While 액티비티는 "조건"에는 IF 액티비티와 같은 조건이 들어가고 해당 조건이 False(거짓)가 될 때까지 Body에 있는 액티비티가 실행하게 됩니다. 예를 들어보겠습니다.

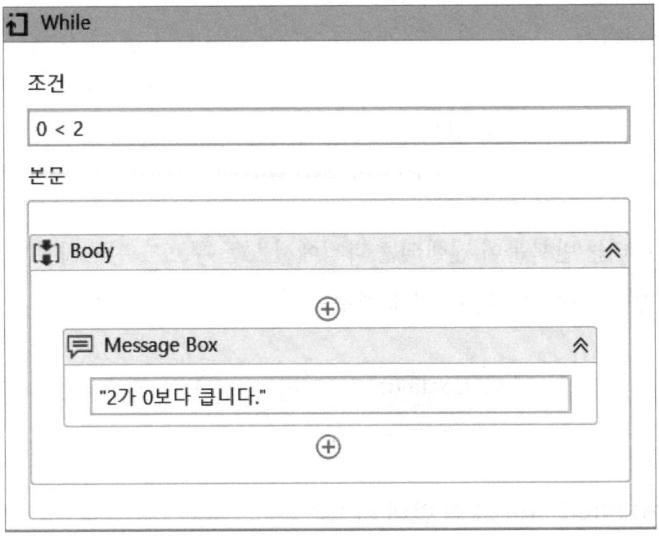

[그림 5-58] While 액티비티 예시

While 액티비티 조건에 "0 < 2"를 작성하고 Body에는 Message Box 액티비티로 결과를 출력하였습니다. 이 조건은 참이고 조건이 바뀌지 않기 때문에 실행하면 Body에 있는 Message Box 액티비티가 무한 반복하여 실행됩니다.

반복문을 만들 때 주의해야할 점이 위와 같이 조건이 변경되지 않는 형태로 만들면 무한 반복이 진행됩니다. RPA를 개발할 때 무한 반복이 진행되면 큰 문제가 됩니다. 예를 들어, 클릭 액티비티가 무한 루프에 걸리면 계속 클릭을 하여 통제가 어렵게 됩니다. UiPath는 이럴 때를 대비해서 프로세스를 중지시키는 기능이 있습니다. 바로 F12 버튼을 여러 번 클릭해서 실행 중이던 프로세스를 중지시키거나, 디버그에 있는 중지 버튼을 클릭하는 것입니다. 실제 프로젝트에서 반복문을 이용할 때는 이러한 무한 반복이 진행되지 않도록 주의해야 합니다.

5.12 Break / Continue 액티비티

Break 액티비티와 Continue 액티비티는 반복문 안에서 사용하는 액티비티입니다. 2개의 액티비티 모두 특정 속성이 없고, 원하는 부분에서 해당 액티비티를 생성해주기만 하면 됩니다.

[그림 5-59] Break 액티비티

Break 액티비티는 반복문이 진행되는 과정에서 모든 루프가 진행되지 않았지만 원하는 부분에서 반복문을 벗어날 수 있게 해주는 액티비티입니다.

[그림 5-60] Continue 액티비티

Continue 액티비티는 Break의 반대 기능을 하는 액티비티입니다. 원하는 부분에 액티비티를 놓으면 아래에 남은 액티비티는 진행하지 않고 다음 반복으로 진행하도록 해주는 액티비티입니다.

2개의 액티비티 모두 반복문 안에서 IF 액티비티 같은 조건을 넣어 해당 조건을 만났을 때 실행되는 형태로 만들 수 있습니다.

5.13 Delay 액티비티

Delay 액티비티는 액티비티와 액티비티 사이에 특정 시간 간격을 두어 지연시키는 역할을 해주는 액티비티입니다.

[그림 5-61] Delay 액티비티

Delay 액티비티의 생김새는 위와 같고 속성에서 지정해야 하는 부분은 얼마의 시간 간격을 지정할 것인지만 지정하면 됩니다.

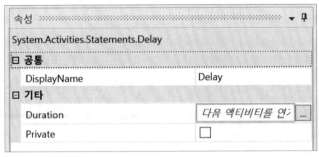

[그림 5-62] Delay 액티비티 속성

Duration 속성에 시간만 지정하면 되는데, 다른 액티비티에서 보인 DelayAfter, DelayBefore 속성처럼 밀리초를 지정하는 것은 아니고 시간을 나타내는 형태와 같이 "시:분:초"의 형태로 지정해야 합니다. 예를 들면 2분이면 "00:02:00"이, 3시간이면 "03:00:00"의 형태가 됩니다.

5.14 Parallel 액티비티

RPA를 개발하다 보면, 병행 실행이 되는지 안되는지에 대해 궁금해하는 사람들이 많습니다. 병행 실행을 위한 액티비티로, Parallel 액티비티가 있습니다.

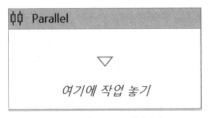

[그림 5-63] Parallel 액티비티

Parallel 액티비티는 위와 같이 생겼는데 다음과 같이 이용할 수 있습니다.

[그림 5-64] Parallel 액티비티 예시

메모장에 글씨를 쓰는 것을 예제로 만들었는데 Parallel 액티비티 안에 Type Into 액티비티를 가로로 3개 놓았습니다. 글씨는 "A", "B", "C" 3개를 입력하였습니다. 일반적인 액비티비로는 순서대로 진행되어 결과가 "ABC"가 나오겠지만 해당 액티비티를 실행하면 결과가 다르게 나옵니다.

[그림 5-65] 결과

위와 같이 "BCA"가 나오거나 또 다르게 나올 수 있습니다. 이는 실행할 때마다 결과가 다르게 나오게 됩니다. 직접 실행해보시길 바랍니다.

5.15 Pick / PickBranch 액티비티

병행 실행을 하는 Parallel 액티비티가 있는데 Parallel 액티비티는 모든 액티비티를 실행하게 됩니다. Pick 액티비티는 그와 반대로 병행 실행을 실행하는데 하나의 구역이 실행 완료되면 다른 구역에 있던 액티비티들의 실행은 취소가 되는 기능입니다. Pick 액티비티는 PickBranch 액티비티와 같이 이용됩니다. PickBranch는 이 구역을 말합니다.

[그림 5-66] Pick / PickBranch 액티비티

Pick과 PickBranch 액티비티를 이용하여 위와 같이 만들어보았습니다. 왼쪽 Pick-Branch는 1초의 Delay를 두고 Write Line이 실행되고 오른쪽 PickBranch는 3초의 Delay를 두고 Write Line이 실행됩니다. 이를 실행시켜보겠습니다.

> ⓘ 프로젝트에 대해 시작된 디버그: Chapter5
> ⓘ Chapter5 실행이 시작되었습니다.
> ⓘ 1초 실행
> ⓘ Chapter5 실행이 종료되었습니다. in: 00:00:02

[그림 5-67] 결과

결과는 위와 같이 1초 실행의 PickBranch만 실행이 되고, 프로세스는 종료되는 것을 확인할 수 있습니다.

CHAPTER 6

변수

이번 장에서는 변수 및 자료형에 대해서 알아보겠습니다. 다른 프로그래밍 언어와 마찬가지로 UiPath에서도 변수가 필요할 때가 있습니다. 여기서 변수를 생성하는 방법과 자료형을 설정하는 법을 알아보겠습니다.

6.1 변수 선언

이름	변수 유형	범위	기본값
varInt	Int32	Flowchart	100
varBoolean	Boolean	Flowchart	True
varString	String	Flowchart	*VB 식 입력*
varGeneric	GenericValue	Flowchart	*VB 식 입력*
varArray	String[]	Flowchart	*VB 식 입력*
varDateTime	DateTime	Flowchart	*VB 식 입력*
변수 만들기			

변수 인수 가져오기   100%

[그림 6-1] 변수 선언 방법

변수를 선언하는 방법에는 크게 2가지가 있습니다.

첫 번째로는 변수 패널을 이용하는 방법입니다. 변수 패널을 눌러보면 [그림 6-1]처럼 뜨는데 "변수 만들기"가 있습니다. 이를 클릭하여 이름(변수명), 변수 유형(자료형), 범위(변수 범위), 기본값(초기값)을 세팅하는 방법입니다.

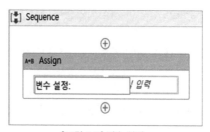

[그림 6-2] 변수 설정

두 번째로는 액티비티 안에서 변수를 만드는 방법입니다. 액티비티 안에서 변수가 필요한 경우에 변수를 생성하고자 하는 곳에 마우스 커서를 놓고 변수 생성 단축키 (ctrl+k)를 누르면 "변수 설정 : "이 나오게 됩니다. 이때 변수명을 작성하고 엔터를 누르면 변수가 만들어집니다(범위는 변수 패널에서 재설정을 해주셔야 합니다).

Tip Assign 액티비티를 이용하여 값 설정

변수를 생성한 이후, 값을 처음 설정하거나 변경해야 하는 경우가 있습니다. 이럴 때 많이 사용하는 액티비티가 Assign 액티비티입니다. Assign 액티비티를 보겠습니다.

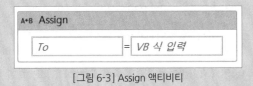

[그림 6-3] Assign 액티비티

액티비티는 위와 같이 간단한 모습입니다. 좌측의 "To"는 값을 입력하고자 하는 변수명을 작성하면 되고 우측의 "VB 식 입력"은 변수에 넣을 값을 지정하면 됩니다. Assign 액티비티는 변수의 값을 변경할 때에도 많이 이용합니다.

6.2 변수 유형(자료형)

자료형	설명
Boolean	참, 거짓을 나타냄
Int	정수를 나타내는 자료형으로 크기에 따라 Int16, Int32, Int64가 존재
String	문자열을 나타내는 자료형. 문자는 Character
GenericValue	Text, Numbers 등 다양한 형식을 포함한 자료형
Array	배열을 나타내는 자료형으로 같은 자료형의 배열만 가능함
DateTime	날짜와 시간을 담는 자료형
DataTable	데이터베이스나 스프레드시트 형식의 데이터 구조를 나타내는 자료형

[그림 6-4] 기본적인 변수의 유형(자료형) 종류

앞에서 "변수 유형"이라고 말씀을 드렸는데 이는 변수가 어떠한 형태의 변수인지를 말하는 것입니다. 숫자면 숫자 유형의 변수, 문자면 문자 유형의 변수, 날짜이면 날짜 유형의 변수 등 여러 유형이 있는데 UiPath는 .NET Framework 문법을 따르기 때문에 .NET Framework 유형을 모두 지원합니다. 가장 기본적인 변수 유형은 위와 같은 것들이 있습니다. 앞에서 나열한 유형 이외에도 여러 가지의 유형이 있습니다. 이를 좀 더 살펴보겠습니다.

[그림 6-5] 다른 변수 유형 찾아보기

변수 패널의 변수 유형을 클릭하였는데 원하는 유형이 없을 때가 있습니다. 이럴 경우, 맨 아래 "형식 찾아보기"를 클릭하면 됩니다.

[그림 6-6] 다른 변수 유형 검색하기

① 클릭하면 ".Net 형식 찾아보기 및 선택" 팝업창이 나옵니다. 해당 창에서는 .Net에서 지원하는 모든 형태의 변수 유형이 나옵니다. 여기서 찾고자 하는 자료형을 검색하고 아래 리스트에서 선택한 후에 확인을 누르면 됩니다.

변수의 유형은 종류가 너무 많기 때문에 필요한 유형들은 앞으로 진행할 예제들을 통해 보겠습니다.

6.3 변수 범위

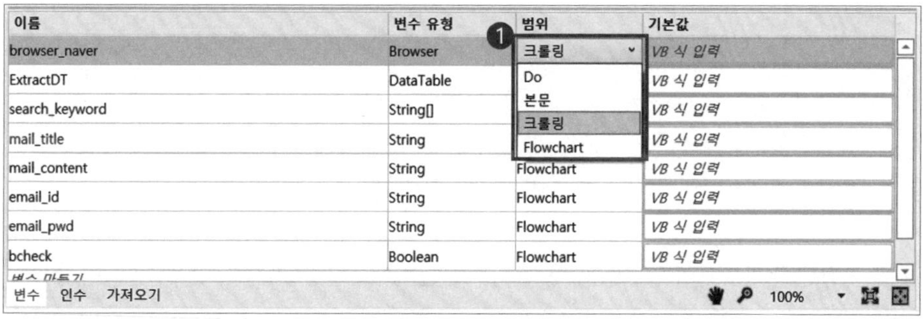

이름	변수 유형	범위	기본값
browser_naver	Browser	크롤링 ▾	VB 식 입력
ExtractDT	DataTable	Do	VB 식 입력
search_keyword	String[]	본문	VB 식 입력
mail_title	String	크롤링	VB 식 입력
mail_content	String	Flowchart	VB 식 입력
email_id	String	Flowchart	VB 식 입력
email_pwd	String	Flowchart	VB 식 입력
bcheck	Boolean	Flowchart	VB 식 입력

변수   인수   가져오기   🖐 🔍 100% ▾ 🔲 🔲

[그림 6-7] 변수 범위

마지막으로 변수의 범위입니다. UiPath에서는 일반 프로그래밍 언어처럼 지역변수, 전역변수를 사용할 수 있습니다. 지역변수는 내가 지정한 영역에서만 해당 변수를 사용해서 다른 영역에서는 사용하지 못하는 변수이고 전역변수는 모든 영역에서 사용할 수 있는 변수를 말합니다. UiPath에서는 변수 패널에 범위를 클릭하면 여러 가지가 나오는데 이는 액티비티들의 이름이 나오게 됩니다. 이것을 보고 최상위에 있는 액티비티를 선택하면 전역변수가 됩니다.

그외 나머지는 지역변수로 선언하는 것입니다(그림 6-7에서 최상위 범위는 맨 아래에 있는 "Flowchart"입니다).

6.4 실습하기

지금까지 변수의 선언부터 유형, 범위까지 살펴보았습니다. 이제, 변수를 이용한 예제를 진행하면서 사용 방법에 대해 알아보겠습니다.

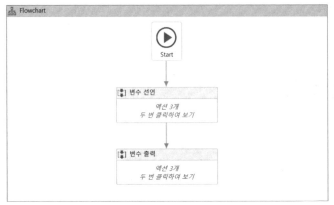

[그림 6-13] 변수 패널

예제는 간단하게 2개의 Sequence 액티비티를 놓고 진행합니다. 첫 번째 Sequence 액티비티("변수 선언")에는 변수들을 선언하고, 두 번째 Sequence 액티비티("변수 출력")에는 선언한 변수들을 출력합니다. 첫 번째 Sequence 액티비티를 살펴보겠습니다.

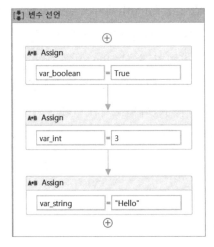

[그림 6-9] 변수 선언

첫 번째 Sequence 액티비티("변수 선언")에서는 위와 같이 Assign 액티비티들을 이용해서 3개의 변수를 만듭니다. 각자 위의 변수들을 직접 생성하고 선언해보시길 바랍니다. 변수 패널을 이용하는 방법과 Assign 액티비티에서 변수 설정(Ctrl+k)을 이용해서 생성합니다("var_boolean"은 Boolean 유형, "var_int"는 Int32 유형, "var_string"은 String 유형입니다).

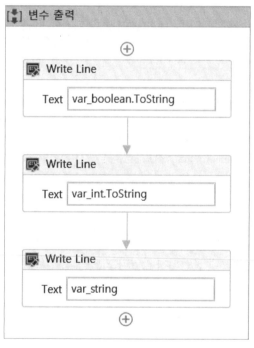

[그림 6-10] 변수 출력

두 번째 Sequence 액티비티("변수 출력")에는 위와 같이 Write Line 액티비티를 이용해서 3개의 변수를 출력합니다. var_boolean, var_int 변수 뒤에 ".ToString"이라고 적은 것은 두 변수는 String 유형이 아닌데 출력을 하기 위해서 String 유형으로 변경하는 작업입니다. 앞에서와 같이 그대로 작성합니다. 모두 작성되면 실행시킵니다.

> ① 프로젝트에 대해 시작된 디버그: Chapter6
> ① Chapter6 실행이 시작되었습니다.
> ① True
> ① 3
> ① Hello
> ① Chapter6 실행이 종료되었습니다. in: 00:00:01

[그림 6-11] 결과

실행을 하면 위와 같이 각 변수에 대한 값이 출력 패널에 나온 것을 확인하실 수가 있습니다.

> ⚠ Main.xaml: "var_string" 식을 처리하는 동안 컴파일러 오류가 발생했습니다.
>   'var_string'이(가) 선언되지 않았습니다. 해당 보호 수준으로 인해 액세스할 수 없습니다.
> ⚠ Main.xaml: "var_int.ToString" 식을 처리하는 동안 컴파일러 오류가 발생했습니다.
>   'var_int'이(가) 선언되지 않았습니다. 해당 보호 수준으로 인해 액세스할 수 없습니다.
> ⚠ Main.xaml: "var_boolean.ToString" 식을 처리하는 동안 컴파일러 오류가 발생했습니다.
>   'var_boolean'이(가) 선언되지 않았습니다. 해당 보호 수준으로 인해 액세스할 수 없습니다.

[그림 6-12] 에러 발생

반면, 실행했는데 [그림 6-12]와 같이 에러가 발생할 수 있습니다. 에러 내용을 보면 분명히 변수들을 선언했는데 선언되지 않았다고 뜨는 것을 보실 수 있습니다. 원인을 찾기 위해 첫 번째 Sequence 액티비티에서의 변수 패널과 두 번째 Sequence 액티비티에서의 변수 패널을 보겠습니다.

[그림 6-13] 변수 패널

첫 번째 Sequence 액티비티("변수 선언")에서의 변수 패널을 눌러보면 변수가 있는 것을 보실 수가 있습니다. 두 번째 Sequence 액티비티를 보겠습니다.

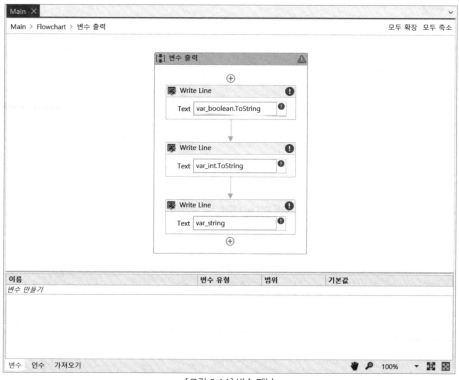

[그림 6-14] 변수 패널

두 번째 Sequence 액티비티에서 변수 패널을 보면 선언했던 변수들이 아무것도 없는 것을 보실 수 있습니다. 이는 변수의 범위 문제입니다. 첫 번째 Sequence([그림 6-13])을 다시 보면 변수들의 범위가 "변수 선언"이라고 되어 있는 것을 확인하실 수 있습니다. 이는 해당 변수들이 지역변수로 "변수 선언" 액티비티 안에서만 사용할 수 있다는 뜻입니다. 해당 변수들을 전역변수로 변경하기 위해 이 범위를 선택해서 "Flow-chart"로 변경하고 실행을 시키면 에러 없이 진행됩니다.

이번 장에서는 변수를 선언하여 이용하는 방법에 대해 살펴보았습니다. UiPath를 개발할 때 변수는 필요한 사항이지만 복잡한 기술을 요구하지는 않습니다. 그렇기에 이 정도의 지식을 습득하고 개발을 진행하면서, 여러 종류의 변수를 경험하면 됩니다.

CHAPTER 7

웹 자동화

이번 장에서는 웹브라우저 상에서 이루어지는 자동화를 개발할 때 이용하는 액티비티들을 알아보도록 하겠습니다. 웹브라우저 상에서 이루어지는 자동화는 보통 웹페이지에 있는 정보를 가져오기 또는 정보 입력하기가 가장 많습니다. 기본적인 액티비티들부터 알아보겠습니다.

7.1 Open Browser 액티비티

[그림 7-1] Open Browser 액티비티

가장 기본적인 액티비티로 명칭에서 알 수 있듯이 브라우저를 실행하는 액티비티입니다. "여기에 URL을 삽입합니다. 텍스트를 따옴표로 묶어야 합니다." 이 부분에 접속하고자 하는 웹페이지의 URL을 입력합니다. 만약에 이 부분에 "https://www.naver.com/"를 작성하고 이 액티비티를 실행하면 네이버 창이 뜨게 됩니다. "Do" 부분 안에는 이 웹브라우저에서 실행될 액티비티를 넣습니다.

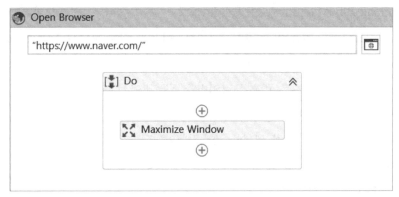

[그림 7-2] Open Browser 액티비티 예시

예를 들어, 위와 같이 "Maximize Window" 액티비티를 이 부분에 추가할 수 있습니다. Maximize Window 액티비티는 최대화를 하는 액티비티인데 위와 같이 만들고 실행을 시켜봅니다. 그러면 인터넷 익스플로러 IE에 네이버 창이 뜨면서 최대화가 되고 종료되는 것을 확인하실 수 있습니다. Open Browser 액티비티의 속성을 살펴보도록 하겠습니다.

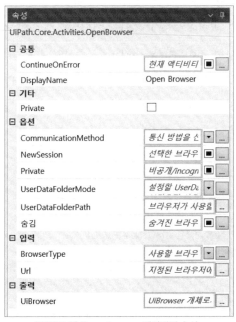

[그림 7-3] Open Browser 액티비티 속성

- CommunicationMethod: 통신 방법을 선택할 수 있습니다. 선택사항은 Native 와 Web Driver가 있습니다. 앞서 4.2에서 [홈] - [도구에 대해서 살펴보았습니다. Chrome이나 FireFox, Edge의 Extensions을 설치하고 이용하는 것이 "Native"입니다. 반면, 이렇게 하지 않고 웹 드라이버를 직접 받아서 이용하려면 "Web Driver"를 선택하면 됩니다.
- NewSession: 브라우저의 새 세션을 열어 진행합니다.
- Private: 비공개 세션을 엽니다.
- UserDataFolderMode: 이 모드는 특정 사용자 데이터 폴더가 있는 브라우저를 시작하는데 사용합니다(DefaultFolder: 기본 브라우저 폴더를 사용합니다. Automation : PIP 모드는 기본 폴더가 아닌 UserDataFolderPath에 지정한 폴더를 사용합니다. CustomFolder : UserDataFolderPath에 지정한 폴더를 사용합니다).
- UserDataFolderPath: 위의 UserDataFolderMode에서 지정한 선택에 따라 브라우저 폴더 경로를 지정합니다.
- BrowserType: 웹브라우저의 타입을 정합니다.
- UiBrowser: Open Browser 액티비티를 통해 열린 브라우저를 변수에 저장하는 것입니다. 해당 속성에서 지정한 변수는 다른 액티비티에서 사용될 수가 있습니다.

여기서 눈여겨 보서야할 것이 "BrowserType" 속성입니다. 기본 설정은 인터넷 익스플로러인 IE인데 모질라의 Firefox, 구글의 Chrome, MS의 Edge가 있습니다. 개인이 선호하는 브라우저를 설정하여 이용하시면 됩니다. 여기서는 Chrome으로 설정하고 다시 실행해보겠습니다.

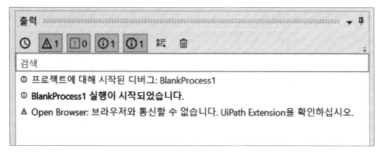

[그림 7-4] Open Browser 에러

실행하면 출력 패널에 앞에서와 같은 에러 메시지가 발생할 수가 있습니다. UiPath는 기본적으로 IE 환경 위에서 돌아가도록 되어 있습니다. IE가 아닌 Chrome, Firefox, Edge 웹브라우저를 이용하여 개발하고자 한다면 확장 프로그램을 설치하거나 웹드라이버를 이용해서 진행해야 합니다. 이는 UiPath가 IE외 다른 웹브라우저에 접근하기 위해서 필요한 과정입니다. 여기서는 확장 프로그램을 설치해서 진행해보겠습니다. UiPath Studio에서 [홈] - [도구]로 이동합니다.

[그림 7-5] UiPath Extension

[도구]에는 위와 같이 있는데 중간에 "UiPath Extension" 부분이 있습니다. 이 부분이 확장 프로그램을 설치할 수 있는 부분인데 여기에서 "Chrome"을 클릭합니다.

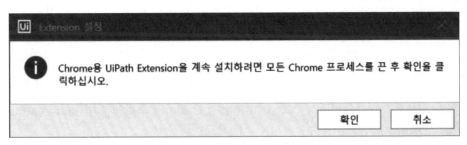

[그림 7-6] Extension 설정

위와 같은 팝업창이 뜨고, Extension을 설치할지의 여부를 묻습니다. "확인"을 클릭하고 설치를 진행합시다.

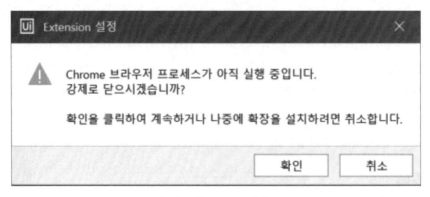

[그림 7-7] Extension 설정

실행 중인 Chrome이 있다면 강제로 종료할지 묻는 것입니다. Chrome을 종료한 후에 설치해야 제대로 설치되기 때문에 모두 종료해주겠습니다. 종료 후에 "확인"을 클릭합니다.

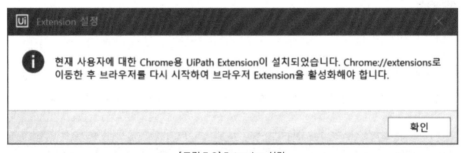

[그림 7-8] Extension 설정

위와 같은 메시지가 뜨면 설치는 완료되었습니다. 이제 Chrome을 실행하여 활성화 작업을 진행하겠습니다. 새로운 Chrome 창을 열고 주소란에 "Chrome://extensions"를 입력하고 들어갑니다.

[그림 7-9] Chrome 설정

UiPath Web Automation을 찾아서 활성화시켜주면 됩니다. Studio로 돌아와서 위에서 만들었던 네이버 페이지를 여는 Open Browser 액티비티의 BrowserType을 Chrome으로 변경하고 다시 실행해봅시다. 그러면 Chrome 창에 네이버가 뜨고 최대화 작업이 되면서 정상적으로 종료되는 것을 확인하실 수 있습니다.

7.2 Attach Browser 액티비티

[그림 7-10] Attach Browser 액티비티

Attach Browser 액티비티는 Open Browser 액티비티와 다르게 열려있는 웹브라우저에 접근하여 제어하는 액티비티입니다. "화면에 브라우저 표시" 버튼을 클릭하고 제어하고자 하는 브라우저(탭)를 지정합니다. 그리고 "Do" 안에는 이 브라우저(탭)에서 제어하려는 액티비티를 넣어줍니다. 예를 들면 메뉴를 이동하기 위해서는 메뉴를 클릭하는 Click 액티비티를 이 안에 넣어주면 됩니다. Attach Browser 액티비티 속성을 살펴보겠습니다.

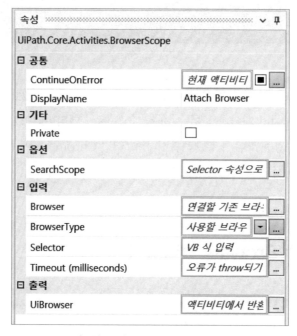

[그림 7-11] Attach Browser 속성

- Browser: 접근하고자 하는 UiBrowser 변수입니다. 브라우저에 접근하는 방법에는 "화면에 브라우저 표시"를 통해서 브라우저를 지정하는 방법도 있고 이 속성에 생성해놓은 UiBrowser 변수를 넣어도 작동합니다.

- BrowserType: 웹브라우저 타입입니다. IE, Firefox, Chrome, Edge, Custom이 있습니다.

- UiBrowser: Attach Browser를 통해 지정한 브라우저를 변수에 저장하는 것입니다. 해당 브라우저를 추후에도 이용할 것이면 변수로 지정하고 다른 Attach Browser 액티비티에서 "Browser" 속성에 넣어주면 됩니다.

7.3 Close Tab 액티비티

[그림 7-12] Close Tab 액티비티

Open Browser 액티비티 반대로 Browser 탭을 닫는 액티비티입니다.

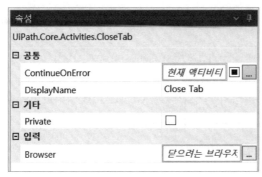

[그림 7-13] Close Tab 액티비티 속성

속성은 위와 같은데, Close Tab 액티비티를 이용하는 방법은 첫째, "Attach Browser" 액티비티 "Do" 안에 넣어서 이용하는 방법과 둘째, "Attach Browser" 액티비티 밖에서 사용할 때는 "Browser" 속성에 Browser 변수를 넣는 방법이 있습니다.

7.4 Navigate To 액티비티

[그림 7-14] Navigate To 액티비티

사이트를 이동할 때 이용하는 액티비티입니다. 기존에 열려있는 웹브라우저를 이용해서 다른 사이트로 이동할 때 이용합니다. 이동하고자 하는 사이트의 URL을 큰따옴표("") 안에 넣으면 이동됩니다.

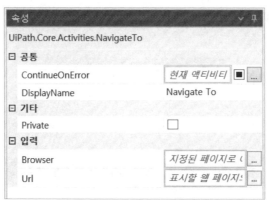

[그림 7-15] Navigate To 액티비티 속성

Navigate To 액티비티의 속성입니다. Close Tab 액티비티와 마찬가지로 사용 방법은 Attach Browser 액티비티 Do 안에 넣고 URL만 작성을 하는 방법과 Attach Browser 액티비티 밖에서 Browser와 URL 속성을 모두 넣는 방법이 있습니다.

7.5 웹 스크래핑

웹 자동화를 진행할 때 가장 많이 개발하는 기능 중에 하나가 스크래핑입니다. 여기서 스크래핑은 필요한 데이터를 추출해 가공하거나 제공하는 기술을 말합니다. 웹 스크래핑을 개발할 때는 파이썬, 자바 등 다양한 언어로 개발을 할 수가 있지만 개발자가 아닌 현업 담당자가 이러한 프로그래밍 언어로 직접 개발을 하는 것은 매우 힘듭니다. 하지만 UiPath에서는 이러한 스크래핑을 손쉽게 할 수 있도록 스크린 스크래핑과 데이터 스크래핑을 제공하고 있습니다. 지금부터 이것들에 대해 알아보도록 하겠습니다.

7.6 스크린 스크래핑

스크린 스크래핑은 선택한 영역(Screen)에서의 데이터를 추출하는 방법을 말합니다.

스크래핑 방법에는 FullText, Native, OCR 3가지 방법이 있습니다. FullText는 지정한 스크린에 숨겨진 텍스트까지 추출할 때 사용되고 Native는 텍스트의 포지션을 추출하고자 할 때 사용합니다. OCR은 Optical Character Recognition의 줄임말로 광학 문자 인식이라고 합니다. 이는 보통 이미지 속에 있는 글자를 추출할 때 사용되는 기술이라고 보면 됩니다. 이 3가지에 대한 차이는 다음과 같습니다.

	속도	정확성	백그라운드 실행 여부	텍스트 포지션 추출 여부	숨겨진 텍스트 추출 여부	Citrix 지원여부
FullText	10/10	100 %	Yes	No	Yes	No
Native	8/10	100 %	No	Yes	No	No
OCR	3/10	98 %	No	Yes	No	Yes

[그림 7-16] 스크린 스크래핑

FullText는 속도의 측면에서 가장 빠르지만 텍스트의 포지션은 추출이 불가하고 Citrix 지원도 불가능합니다. 반면, OCR은 속도 측면에서 가장 느리고 정확성이 98%입니다. 그런데 이 98%는 영어를 읽을 때의 확률이고, 한글을 읽을 때는 정확성이 더 떨어집니다. 원격 환경인 Citrix 환경에서는 OCR만 지원합니다. 이제 이 스크린 스크래핑을 이용해보겠습니다.

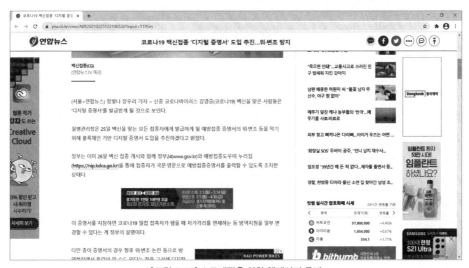

[그림 7-17] 스크래핑을 위한 웹페이지 준비

먼저, 스크래핑을 하고자 하는 웹페이지를 하나 준비합니다.

[그림 7-18] 스크린 스크래핑

웹페이지가 준비되었다면 디자인 패널에 있는 "스크린 스크래핑"을 클릭합니다.

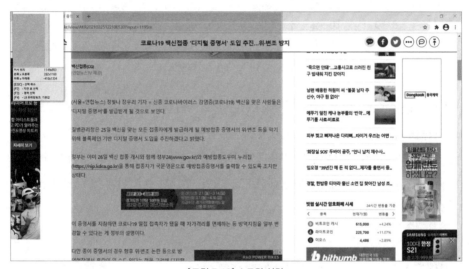
[그림 7-19] 스크린 설정

스크린 스크래핑을 클릭하면 데이터를 읽고자 하는 영역(Screen)을 지정할 수 있습니다. 필자의 경우에는 기사의 내용을 읽기 위해 기사 내용을 영역으로 지정하였습니다.

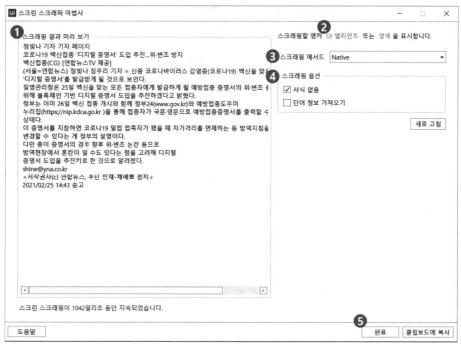

[그림 7-20] 스크린 스크래퍼 마법사

영역을 지정하면 위와 같이 스크린 스크래퍼 마법사 창이 뜨게 됩니다. 잠시 이 마법사에 대해 알아보겠습니다.

① 스크래핑 결과 미리 보기: 스크래핑한 결과 내용을 미리 볼 수 있게 제공하여 내용을 제대로 스크래핑하였는지 확인할 수 있습니다.

② UI 엘리먼트 또는 영역 재설정: 스크래핑을 할 영역(Screen)을 다시 설정할 수 있습니다.

③ 스크래핑 메서드: 스크래핑 메서드(Native, FullText, OCR)를 선택할 수 있습니다.

④ 스크래핑 옵션: 스크래핑 메서드별로 가지는 옵션을 변경할 수 있습니다.

⑤ 완료: 메서드와 옵션을 통해 스크래핑 결과에 이상이 없으면 완료 버튼을 클릭하여 종료합니다.

스크린 스크래퍼 마법사에 대해서는 이렇게 알아보았는데 스크래핑 메서드를 변경하면서 달라지는 것을 보겠습니다. 변경하는 방법은 스크래핑 메서드를 선택하고 옵션을 선택한 후에 "새로 고침" 버튼을 클릭하면 됩니다. 해당 내용의 Native는 위와 같은 결과를 보여주고 있습니다. 이를 FullText로 변경하여 보겠습니다.

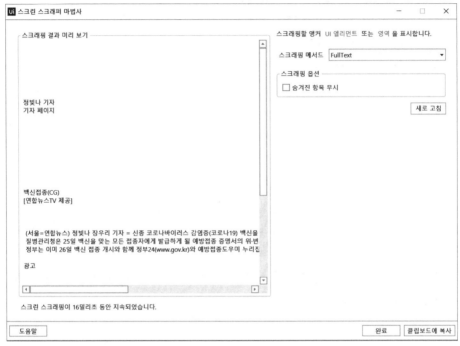

[그림 7-21] FullText

FullText로 변경하고 "새로 고침"을 클릭하면 위와 같이 나옵니다. Native와 다른 점은 웹페이지에서 숨겨진 텍스트까지 추출되었다는 점입니다. 다음으로 OCR로 해보겠습니다.

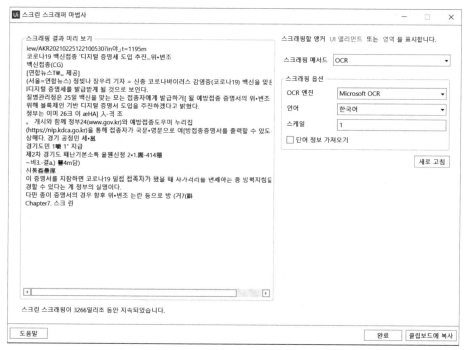

[그림 7-22] Microsoft OCR

위의 결과를 보면 OCR 엔진으로 Microsoft OCR을 이용하여 결과가 나왔는데 보시다시피 정확도가 상당히 떨어지는 편입니다. 정확도를 높이는 방법은 OCR 엔진과옵션을 조절하는 방법이 있습니다. 기본적으로 제공하는 OCR 엔진에는 Microsoft,Tesseract, UiPath Screen 3가지가 있습니다. 현재 한국어는 Microsoft만 설정이되는데 Tesseract의 경우에는 따로 한국어 설정 작업을 해야 합니다. UiPath ScreenOCR은 UiPath에서 API키를 받아서 이용하도록 해야 합니다. OCR은 어렵고 복잡한 내용이기 때문에 자세히 다루지 않겠습니다.

스크래핑 메서드를 다시 Native로 놓고 새로고침을 한 뒤에 "완료" 버튼을 클릭해보겠습니다.

[그림 7-23] 스크린 스크래핑

"완료" 버튼을 클릭하면 "스크린 스크래핑" Sequence 액티비티가 생기게 됩니다. At-tach Browser 액티비티 안에 Get Visible Text 액티비티가 있는데, 이제 이 액티비티 속성에 대해 알아보도록 하겠습니다.

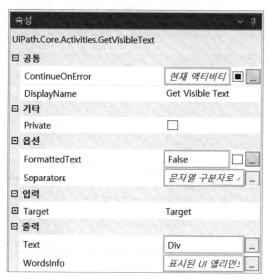
[그림 7-24] 속성

속성을 보면 위와 같은데 우리가 미리 보기를 통해 봤던 내용은 속성에 [출력] – [Text]에 있는 "Div" 변수에 담기게 됩니다. 이 변수를 이용하여 이후에 출력을 하거나 텍스트를 가공을 하여 사용하면 됩니다.

Native 메서드는 Get Visible Text 액티비티를 이용하지만 FullText는 Get Full Text 액티비티, OCR 메서드는 Get OCR Text 액티비티를 이용합니다. 모두 [출력] – [Text] 속성을 이용하여 이후에 데이터를 가공하는 작업을 진행하면 됩니다.

7.7 데이터 스크래핑

데이터 스크래핑은 스크린 스크래핑과 다르게 구조화된 데이터(테이블 형태)를 가져올 때 사용하는 기능입니다. 테이블 형태의 데이터 안에서 필요한 내용들을 골라서 가져오는데 테이블 안에서 각 데이터 간의 규칙을 찾아서 전체 데이터를 가져오는 원리로 진행됩니다. 예를 들어 살펴보겠습니다.

[그림 7-25. 네이버 뉴스

데이터 스크래핑을 하기 위해 뉴스 기사들을 준비하였습니다. 네이버 뉴스탭에서 원하는 키워드로 검색을 하면 위와 같이 기사들에 대한 리스트가 나오는 것을 확인할 수가 있습니다. 데이터 스크래핑을 이용해서 이 기사들의 제목과 내용을 가져오는 것을 해보겠습니다.

[그림 7-26] 데이터 스크래핑

스크래핑할 대상을 준비했다면, 디자인 패널에 "데이터 스크래핑"을 클릭합니다.

[그림 7-27] 추출 마법사

데이터 스크래핑을 클릭하면 [그림 7-27]과 같이 추출 마법사가 뜹니다. "다음" 버튼을
클릭합니다.

[그림 7-28] 첫 번째 기사 제목 선택

"다음" 버튼을 클릭하면 영역을 선택할 수 있게 되는데 기사 제목과 내용 중에서 제목 데
이터를 먼저 가져오겠습니다. 위와 같이 첫 번째 기사의 제목을 영역으로 선택합니다.

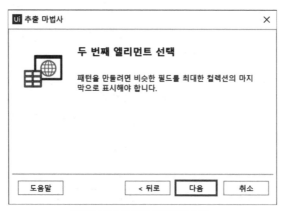

[그림 7-29] 두 번째 엘리먼트 선택

첫 번째 기사 제목을 선택하면 [그림 7-29]와 같이 추출 마법사가 바뀌게 됩니다. 여기에는 "두 번째 엘리먼트 선택"이라고 뜨는데, 이는 두 번째 엘리먼트를 선택해서 첫 번째 엘리먼트와의 규칙을 찾기 위함입니다. "다음" 버튼을 클릭하겠습니다.

[그림 7-30] 두 번째 기사 제목 선택

영역을 선택할 수 있게 되면, 이번에는 두 번째 기사의 제목을 선택합니다.

[그림 7-31] 제목 선택

그러면 UiPath에서는 첫 번째 기사의 제목과 두 번째 기사의 제목을 기반으로 나머지 기사들의 제목을 자동으로 찾아서 위와 같이 색깔로 박스 처리를 해줍니다.

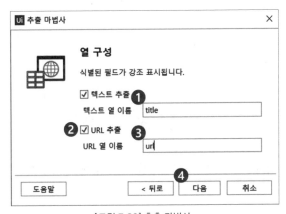

[그림 7-32] 추출 마법사

추출 마법사도 위와 같이 변경이 되는데, 하나씩 확인해보겠습니다.

① 추출한 기사 제목을 저장할 열의 이름을 지정합니다. 필자는 "title"이라고 지정하였습니다.

② 추출한 기사 제목에 엮여있는 URL도 추출하기 위해 체크합니다. URL도 보기 위해 체크하였습니다.

③ 추출한 URL을 저장할 열의 이름을 지정합니다. 여기서는 "url"이라고 지정하였습니다.

④ "다음" 버튼을 클릭합니다.

[그림 7-33] 데이터 미리 보기

"다음" 버튼을 클릭하면 우리가 스크래핑한 데이터(제목, URL)를 확인할 수가 있습니다.

① 스크래핑한 데이터를 미리 볼 수 있습니다.

② 추출한 테이블 데이터에서 추가로 추출하고자 하는 데이터가 있으면 "상호 연결된 데이터 추출" 버튼을 클릭합니다. 기사 내용을 가져오기 위해서 클릭하겠습니다.

[그림 7-34] 첫 번째 기사 내용 선택

이번에는 기사 내용을 가져오기 위해서 첫 번째 기사의 내용을 선택하도록 하겠습니다. 여기서 유의해야 할 점은 기사 제목을 가져왔을 때의 순서와 이번에 추출을 진행할 순서를 같게 해줘야 한다는 것입니다. 제목을 가져올 때 순서를 첫 번째 기사 제목을 가져오고 두 번째 기사 제목을 가져왔으면, 기사 내용을 가져올 때도 첫 번째 기사내용을 먼저 선택하고 두 번째 기사 내용을 가져와야 한다는 것입니다. 순서를 다르게하면 규칙이 바뀌기 때문에 에러가 발생합니다.

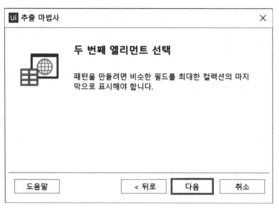

[그림 7-35] 두 번째 엘리먼트 선택

첫 번째 기사 내용을 선택했다면 위와 같이 추출 마법사가 변경되고 "다음" 버튼을 클릭해서 두 번째 엘리먼트를 선택하겠습니다.

[그림 7-36] 두 번째 기사 내용 선택

이번에는 두 번째 기사의 내용을 선택하겠습니다.

[그림 7-37] 내용 선택

그러면 첫 번째 기사 내용과 두 번째 기사 내용을 바탕으로 나머지 기사들의 내용도
자동으로 찾아줍니다.

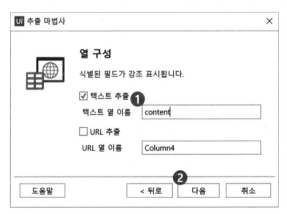
[그림 7-38] 추출 마법사

추출 마법사는 위와 같이 바뀌게 됩니다.

① 추출한 기사 내용을 저장할 열의 이름를 지정합니다. 여기서는 "content"라고 지정하였습니다.

② "다음" 버튼을 클릭하여 진행합니다.

[그림 7-39] 데이터 미리 보기

"다음" 버튼을 클릭하면 위와 같이 데이터 미리 보기가 나옵니다.

① 스크래핑한 데이터들에 이상이 있는지 확인합니다.

② 가져오고 싶은 기사의 최대 개수를 정합니다. 모든 기사를 가져오고 싶으면 0으로 지정하면 되지만, 테스트를 위해 30으로 설정합니다.

③ 이상이 없으면 "완료" 버튼을 클릭합니다.

Tip 데이터 스크래핑 정확도 높이기

[그림 7-40] 에러

데이터 스크래핑을 진행할 때 [그림 7-40]의 ①처럼 데이터를 제대로 가져오지 못하는 경우가 있습니다(다른 책들처럼 선택한 데이터들의 제목 부분에 색상으로 강조 표시가 되어야 제대로 가져온 것입니다.). 이럴 경우, 데이터 스크래핑 작업 중 "두 번째 엘리먼트 선택" 상태에서 두 번째 책의 제목이 아닌 가져오지 못한 책의 제목을 선택하면 됩니다.

[그림 7-41] 수정

데이터를 가져오지 못했던 책의 제목을 다시 선택하면 [그림 7-41]처럼 모두 선택되는 것을 확인하실 수 있습니다. 이후의 작업은 그대로 하면 됩니다.

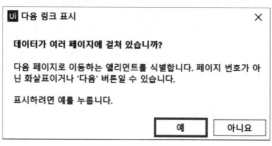

[그림 7-42] 다음 링크 표시

"완료" 버튼을 클릭하면 위와 같은 "다음 링크 표시" 팝업창이 뜹니다. 이는 데이터가 여러 페이지에 나눠져 있을 경우를 대비해서 다음 페이지로 넘어가는 엘리먼트를 지정하는 단계입니다. "예" 버튼을 클릭합니다.

[그림 7-43] 다음 버튼 선택

리스트 하단에서 다음 페이지로 넘어갈 수 있는 다음 버튼을 선택합니다.

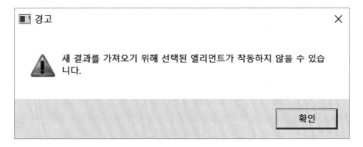

[그림 7-44] 경고

다음 버튼까지 선택 완료하면 위와 같은 경고창이 뜰 수 있는데, 확인 버튼을 클릭합니다.

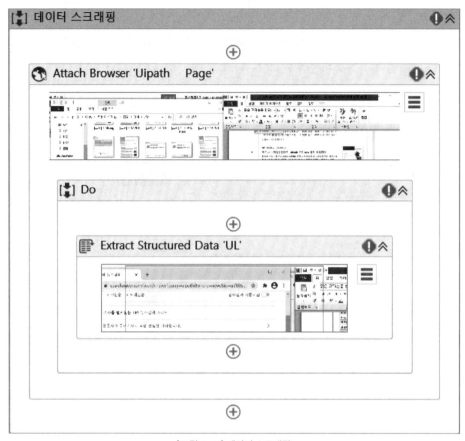

[그림 7-45] 데이터 스크래핑

다음 버튼까지 선택을 완료하면 위와 같이 데이터 스크래핑 Sequence가 생성된 것을 확인하실 수가 있습니다. 이 Sequence에는 Attach Browser 액티비티 안에 Extract Structured Data 액티비티가 생성되어 있는 것을 확인하실 수가 있습니다. 이 액티비티의 속성을 잠시 살펴보겠습니다.

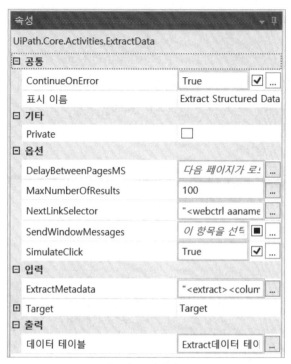

[그림 7-46] 속성

속성은 위와 같은데 살펴보도록 하겠습니다.

- DelayBetweenPagesMS: 다음 버튼을 클릭하여 다음 페이지로 넘어갔을 때 로딩이 완료되길 기다리는 Delay시간(밀리초)입니다.
- MaxNumberOfResults: 스크래핑하려는 데이터의 개수입니다. 0으로 설정하면 전체 를 가져옵니다.
- NextLinkSelector: 마지막에 설정한 "다음" 버튼의 Selector입니다.
- ExtractMetadata: 데이터 스크래핑으로 추출하려고 하는 데이터(위의 예시에서는 제 목과 내용)를 XML 형태로 보여줍니다.
- 데이터 테이블: 스크래핑한 내용을 저장할 변수를 지정합니다.

데이터 스크래핑을 완료해서 Extract Structured Data 액티비티가 생성되면, 속성에서 한 가지 살펴보아야 할 것이 있습니다. 바로 [출력] – [데이터 테이블]입니다. 이 속성 우측에 "···" 버튼을 클릭해보겠습니다.

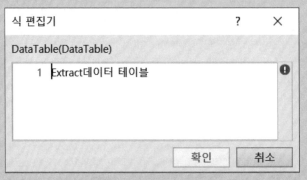

[그림 7-47] [출력] - [데이터 테이블]

위와 같이 "Extract데이터 테이블"이라고 되어 있는 것을 보실 수 있습니다. 데이터 스크래핑이 완료되면 저 변수가 자동으로 생성되면서 속성에 들어가게 됩니다. 그런데 이대로 사용하여 실행하면 에러가 발생합니다([그림 7-47]처럼 우측에 느낌표 경고 표시가 있으면 내용에 문제가 있다는 뜻입니다. 해당 느낌표에 마우스 커서를 올려보면 원인을 알 수 있습니다). 이유는 변수명에 떠어쓰기가 들어가면 안 되기 때문입니다. UiPath Studio 2020.04 버전 때부터 발생했던 문제인데 해결을 하기 위해서는 이 변수명을 수정해야 합니다.

[그림 7-48] 변수 패널

변수 패널을 보면 위와 같이 "Extract데이터 테이블"이라는 변수가 있고 우측에 느낌표 경고 표시가 있는 것을 보실 수 있습니다. 여기서 이 변수의 이름을 변경하거나 띄어쓰기를 제거하고 엔터키를 누르면 문제는 해결됩니다. 위에 예제에서 변수명을 "extract_dt"로 변경하여 해결하였습니다.

이제 이렇게 스크래핑한 데이터를 출력해보겠습니다. "Write CSV" 액티비티를 이용해서 보겠습니다. "Write CSV" 액티비티는 "Extract Structured Data" 액티비티 아래에 놓겠습니다.

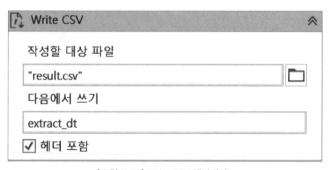

[그림 7-49] Write CSV 액티비티

이렇게 만들어진 내용을 실행하면 네이버 뉴스 리스트의 페이지가 바뀌면서 내용을 스크래핑하게 됩니다. 그리고 스크래핑한 결과는 CSV 파일에 저장이 되는데 이를 보면 확인하실 수가 있습니다.

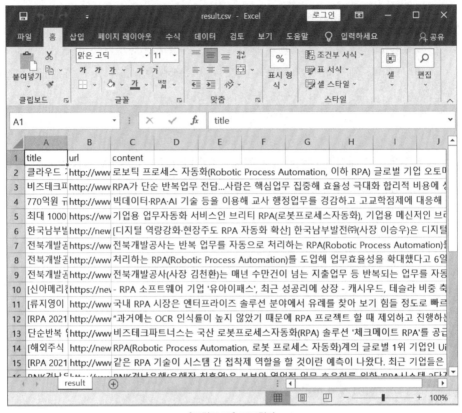

[그림 7-50] CSV 결과

CSV 파일을 확인하면 위와 같이 기사의 제목, URL, 내용이 입력되어 있는 것을 확인하실 수 있습니다. 데이터 스크래핑을 하는 방법을 알아보았는데 이후 이 데이터를 활용하는 방안에 대해서는 Chapter 14에서 예제를 통해 살펴보도록 하겠습니다.

이번 장에서는 웹 자동화를 하는데 필요한 기본적인 액티비티들에 대해 살펴보았습니다. 사내 시스템 중에 웹으로 되어 있는 시스템도 많고, 웹에 있는 외부 데이터를 가져오는 업무도 많습니다. 하지만 웹사이트마다 개발 방법이 다를 수 있으니, 많은 경험을 통해 노하우를 쌓는 것이 중요합니다.

CHAPTER 8

데이터 조작

이번 장에서는 데이터를 다루는 방법에 대해 알아보겠습니다. Chapter 6에서 변수에 대해 알아보았고, UiPath는 액티비티를 Drag & Drop으로 손쉽게 개발할 수 있다는 것에 대해서도 살펴보았습니다. 하지만 일부는 코딩이 필요한 경우가 있습니다. 웹페이지에서 가져온 글자를 자른다거나 오늘의 날짜를 구하는 등 몇 가지 경우가 있는데, Chapter 8에서는 이러한 방법 몇 가지를 데이터 유형에 따라 알아보겠습니다.

8.1 String

8.1.1 ToString

String 유형이 아닌 데이터를 String 유형으로 형 변환을 하는 함수입니다. 여기서 형 변환은 A 유형에서 B 유형으로 타입을 바꾸는 것을 말합니다. 일반적으로 Integer 유형에서 String 유형으로 바꾸거나 String 유형에서 Integer 유형로 바꾸는 것 또는 DateTime 유형를 String 유형로 바꾸는 것 등을 형 변환이라고 말합니다. String 유형으로 형 변환하는 방법은 "변수명.ToString" 형태로 작성하여 사용하면 됩니다. 예를 들어 살펴보겠습니다.

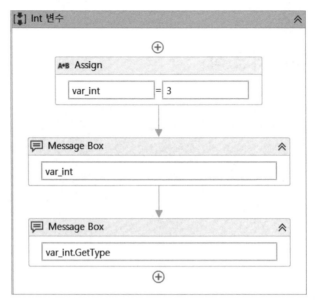

[그림 8-1] Integer 변수 선언

위와 같이 "var_int"라는 Int32 자료형 변수를 생성하고 Assign 액티비티를 이용해서 정수값을 선언합니다. Message Box 액티비티를 통해 결과를 보겠습니다. 첫 번째 Message Box에는 "var_int"값을 출력하고 두 번째 Message Box에는 "var_int. GetType"을 입력합니다. 여기서 "변수명.GetType"은 해당 변수의 유형을 확인하는 메서드입니다. 결과를 보겠습니다.

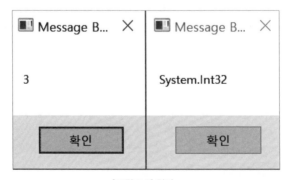

[그림 8-2] 결과

결과에서 볼 수 있듯이 var_int 변수의 값은 지정한 3이 나오고 var_int 변수의 유형은 "System.Int32"으로 정수형인 것을 확인하실 수 있습니다. 이것을 String 유형으로 변환해보겠습니다.

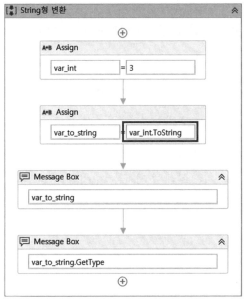

[그림 8-3] String 형 변환

위에서 보듯이 var_int 변수에 ToString 메서드를 이용하여 var_to_string 변수에 저장합니다(var_to_string 변수는 String 유형의 변수입니다). 이번에도 var_to_string 변수의 값과 유형을 확인합니다.

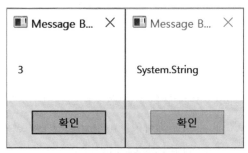

[그림 8-4] 결과

결과에서 볼 수 있듯이 값은 3으로 그대로 보이지만 변수의 유형은 아까와 다르게 "System.String"으로 유형이 바뀐 것을 보실 수 있습니다. 변수 유형이 중요한 이유를 예로 들어보면, String형의 3과 Int형의 3은 다르기 때문입니다.

예를 들어, Int형의 3과 1을 더하면 결과는 4가 나오지만, String형의 3과 1을 더하면 4가 아니라 "31"이 나오게 됩니다. 그렇기 때문에 이러한 형 변환은 매우 중요한 작업입니다.

8.1.2 Equals

문자열 변수의 값이 지정한 문자열과 같은지 비교하는 함수입니다. '문자열변수명.Equals("문자열")' 형태로 작성을 하고 결과는 Boolean 형태로 반환을 합니다. 보통 조건문에서 많이 이용됩니다. 예를 들어보겠습니다.

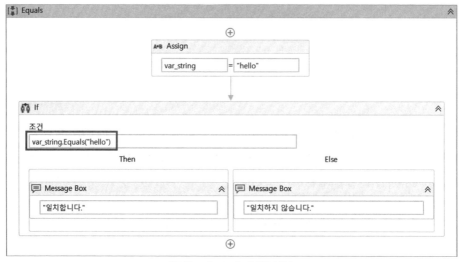

[그림 8-5] Equals 메서드 예시

var_string 변수에 "hello"라는 값을 선언합니다. 그리고 IF 액티비티를 통해 조건에 'var_string.Equals("hello")'를 입력하여 var_string 변수의 값이 "hello"와 일치하는 경우와 일치하지 않는 경우에 따라 다른 MessageBox를 실행합니다. 이제, 실행시켜 보겠습니다.

[그림 8-6] 결과

조건을 충족하기 때문에 결과에는 참조건인 "일치합니다."라고 Message Box가 뜨는
것을 확인할 수 있습니다.

8.1.3 Contains

문자열 변수에 지정한 문자열이 포함되어 있는지 없는지 확인하는 메서드입니다. '문
자열변수명.Contains("문자열")' 형태로 작성을 하면 결과는 Boolean 형태로 반환을 합
니다. "Equals"와 다른 점은 "Equals"는 괄호 안에 문자열과 완전히 일치해야 하지만,
"Contains"는 괄호 안에 문자열이 일부만 포함되도 결과값을 True로 반환합니다. 예
를 들어보겠습니다.

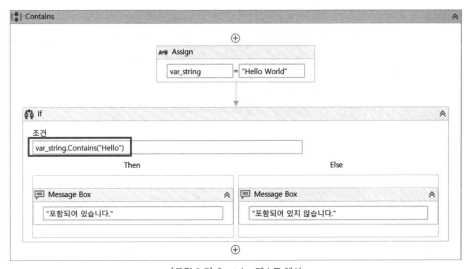
[그림 8-7] Contains 메소드 예시

"Hello World"라는 값을 가지는 var_string 변수가 있습니다. IF 액티비티 조건 안에는 'var_string.Contains("Hello")'를 입력하여 var_string 변수에 "Hello"라는 문자열이 있는지 확인합니다. 이때, 대소문자를 구분해야 합니다. 조건에 따라 Message Box를 생성하였습니다. 이제 이를 실행시켜보겠습니다.

[그림 8-8] 결과

참조건의 결과로 "포함되어 있습니다."라는 Message Box가 뜨는 것을 확인할 수 있습니다.

8.1.4 Substring

Substring은 문자열(변수)에서 지정한 숫자만큼 원하는 글자를 가져오는 기능을 하는 메서드입니다. '문자열변수명.Substring(시작 Index, 자를 만큼의 글자수)'의 형태로 이용하시면 됩니다(여기서 Index는 글자 순번을 말합니다. 첫 번째 글자는 Index가 0이고 그 다음은 1, 2… 이런 식으로 증가되는 순번입니다). 들어보겠습니다.

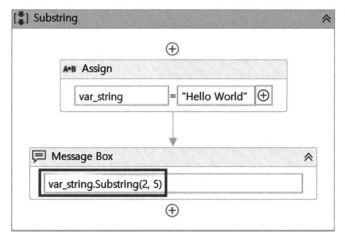

[그림 8-9] Substring 메서드 예시

"var_string" 변수에 "Hello World"라는 값을 넣었고 Substring 메서드를 이용하여 잘라냈습니다. 괄호 안에 (2, 5)로 지정하여 2번째 index부터 5글자를 가져온다는 뜻입니다. 결과를 봅시다.

[그림 8-10] 결과

Index를 2로 했기 때문에 두 번째 Index 글자인 'l'부터 시작해서 5글자를 뽑아옵니다. 근데 실제 결과를 보면 글자는 'llo W'로 4개가 보입니다. 중간에 공백도 하나의 문자로 보기 때문에 결과가 위와 같이 출력됩니다.

8.1.5 Split

특정 구분자를 기준으로 문자열(변수)을 쪼개어 배열(Array)로 나누는 기능입니다. '문자열변수명.Split("특정 구분자")' 형태로 이용합니다. 보통은 PDF나 장문의 텍스트에서 원하는 데이터를 추출할 때 많이 이용하는 방법입니다. 예를 들어 살펴보겠습니다.

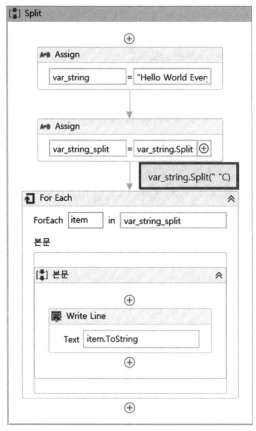

[그림 8-11] Split 메서드 예시

"var_string" 변수에는 "Hello World Everyone !!"이라는 값을 넣어줍니다. 그 아래에는 "var_string_split"이라는 Array(String) 변수를 만들고 값에는 'var_string.Split(" "C)'을 넣어줍니다. 이는 var_string 변수값을 공백을 기준으로 배열로 나누겠다는 의미입니다. " " 뒤에 C는 Char형으로 변환시켜주겠다는 뜻입니다. 그렇게 나누어서 담긴 Array 변수 "var_string_split"을 For Each 액티비티를 통해 각 아이템을 Write Line 액티비티로 출력합니다. 여기서 For Each 액티비티는 Array에 있는 아이템들을 반복하면서 "본문"에 있는 액티비티들을 실행해주는 액티비티입니다. 결과를 보겠습니다.

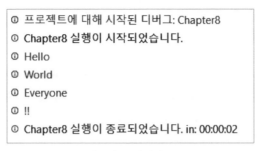

[그림 8-12] 결과

결과를 보시면 공백을 기준으로 나누어져서 "Hello", "World", "Everyone", "!!"이 따로 출력되는 것을 보실 수 있습니다.

Tip Array 변수 만들기

변수 유형에서 String, Int32 유형은 변수 패널에 "변수 유형"에서 쉽게 찾을 수 있는데 Array는 헷갈릴 수 있습니다. 변수 패널에 "변수 유형"을 보겠습니다.

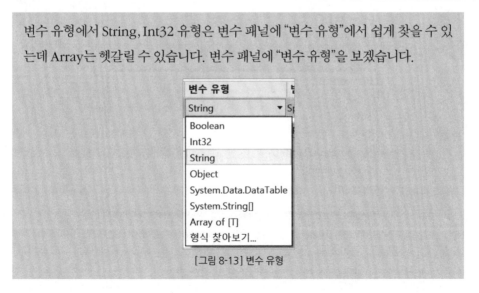

[그림 8-13] 변수 유형

"변수 유형"을 누르면 "Array of [T]"가 있습니다. 이 부분이 Array 유형으로 지정하겠다는 것입니다. 여기에 "[T]"는 어떠한 형태의 Array 변수로 지정할지 정하는 것입니다. T를 String으로 선택하면 String 형태의 Array, Int32로 선택하면 Int32 형태의 Array를 지정하는 것입니다. "Array of [T]"를 클릭해보겠습니다.

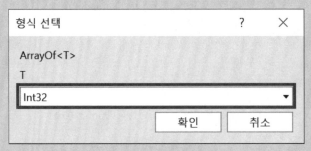

[그림 8-14] 유형 선택

그러면 새로운 팝업창이 뜨는데 Array of [T]의 T를 정하라고 나옵니다. 가운데를 눌러 원하는 형태를 정해주면 됩니다.

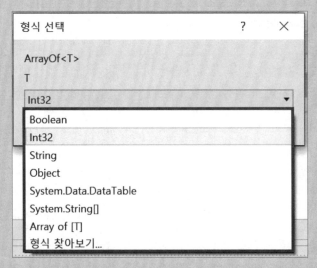

[그림 8-15] T 정하기

여기서 지정하면 지정한 형태의 Array 변수가 선언됩니다.

8.1.6 IndexOf

문자열(변수)에서 찾고자 하는 값이 발견되는 첫 지점의 인덱스를 얻는 기능입니다. '문자열(변수).IndexOf("찾고자 하는 값")' 형태로 이용하면 됩니다. 예를 들어보겠습니다.

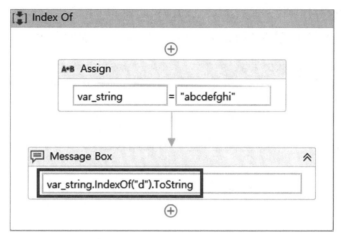

[그림 8-16] IndexOf 메서드 예시

var_string 변수에 "abcdefghi"라는 값을 지정합니다. 여기서 "d"라는 값이 어디 있는지 알기 위해 IndexOf 메서드를 이용합니다. 'var_string.IndexOf("d")'를 이용하면 "d"가 있는 Index(위치)를 나타냅니다. 결과를 보겠습니다.

[그림 8-17] 결과

"d"가 4번째에 있는데 Index로 따지면 3이기 때문에 결과가 3으로 나온 것을 확인할 수 있습니다.

8.2 DateTime

8.2.1 Now

현재의 시간을 나타내는 기능입니다. DateTime 데이터 유형의 Now를 사용하면 되는데 'DateTime.Now' 형태로 이용하시면 됩니다. 예를 들어보겠습니다.

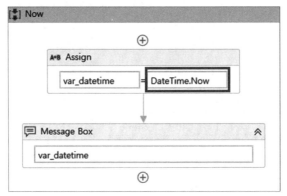

[그림 8-18] Now 메서드 예시

Assign 액티비티를 이용해서 "var_datetime" 변수에 "DateTime.Now" 값을 넣습니다.

[그림 8-19] DateTime

이때 var_datetime의 변수 유형은 DateTime입니다. DateTime 유형도 변수 유형에 바로 보이지 않는데 "형식 찾아보기"를 클릭하고 "DateTime"을 검색합니다. 검색 결과에서 [mscorlib] – [System] – [DateTime]을 선택하고 확인하면 됩니다. 이렇게 선택을 하고 값을 Message Box로 출력해서 결과를 봅니다.

[그림 8-20] 결과

결과를 보면 "월/일/년 시:분:초"의 형태로 결과가 나오는 것을 보실 수 있습니다. 날짜 데이터에 대해서 활용할 때 전체 데이터가 아니라 필요한 데이터만 따로 추출해야 하는 경우가 있습니다. 예를 들면 일자나 시간을 뽑는다든지 등의 여러 경우가 있는데, 이럴 때는 "DateTime.Now" 뒤에 속성을 넣어주면 됩니다. 예를 들어 금일의 날짜를 보고 싶으면 "DateTime.Now.Day"를 지정하면 됩니다. [그림 8-18] 예시에 이어서 살펴보겠습니다.

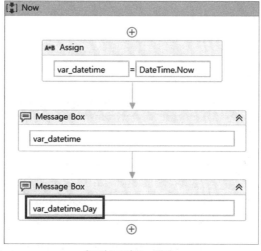

[그림 8-21] Day 예시

[그림 8-21]에서 var_datetime 변수에 금일에 대한 정보를 넣었습니다. 여기서 오늘 날짜를 보고 싶다면 그 뒤에 ".Day"를 붙여 "var_datetime.Day"로 작성을 하면 됩니다. 결과를 보겠습니다.

[그림 8-22] 결과

집필 기준이 4월 16일이므로, 결과는 16이 나오는 것을 확인하실 수 있습니다. 앞서 날짜를 보았는데, 다른 것들도 살펴보겠습니다.

구분	내용	비고
Day	날짜	
DayOfWeek	요일	영어로 결과 출력
DayOfYear	일년 중 몇번째 날	
Date	시분초	00시 00분 00초로 출력
Hour	시간	
Minute	분	
Second	초	
Kind	Timezone	현지 시간(Local), UTC, 특정 timezone
Millisecond	밀리초	
Month	월	
Ticks	틱수	
TimeOfDay	시:분:초.밀리초	00:25:04.6014520

위와 같이 여러 종류가 있기 때문에 필요한 내용에 따라 맞춰서 이용하시면 됩니다.

8.2.2 ParseExact

문자열을 DateTime값으로 형 변환할 때 쓰는 기능입니다. 웹사이트에서 날짜 정보를 크롤링할 때는 String 유형으로 저장됩니다. 이것을 날짜 유형으로 이용할 때 바꿔주는 기능을 한다고 보면 됩니다. "DateTime.ParseExact(String 데이터 변수, 날짜 포맷, System.Globalization.CultureInfo.InvariantCulture)" 형태로 이용됩니다. 예를 들어보겠습니다.

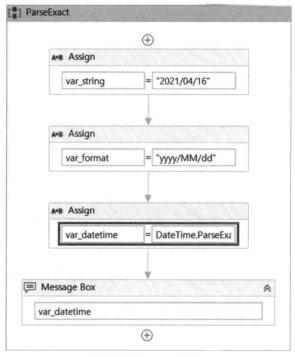

[그림 8-23] ParseExact 예시

var_string 변수에는 "2021/04/16"이라는 String 타입의 날짜 데이터가 있습니다. 이를 이용해서 날짜 계산을 하려면 DateTime 유형으로 변경을 해줘야 날짜 계산이 가능합니다. 이때 var_format 변수에는 var_string과 같은 날짜 데이터 포맷인 "yyyy/MM/dd"로 정해줍니다. 그 아래 var_datetime에는 var_string값을 날짜 형태로 바꾸는 데이터를 저장합니다.

[그림 8-24] ParseExact 예시

위와 같이 "DateTime.ParseExact(var_string, var_format, System.Globalization. CultureInfo.InvariantCulture)"로 작성하여 변경해줍니다. 이를 실행시켜서 결과를 보도록 하겠습니다.

[그림 8-25] 결과

결과를 보면 DateTime 유형으로 변경되고 뒤에 시:분:초까지 자동으로 생긴 것을 보실 수가 있습니다.

8.2.3 ToString

위와 반대로 DateTime값을 문자열 유형으로 변환시켜주는 기능입니다. 'DateTime 변수.ToString("포맷 형태")' 형태로 이용을 합니다. 여기에서 포맷 형태에는 원하는 형태로 작성합니다. 다음과 같은 여러 형태가 있습니다.

구분	설명
M	1부터 12까지의 월
MM	01부터 12까지의 월
d	1부터 31까지의 일
dd	01부터 31까지의 일
HH	01부터 23까지의 시간
hh	01부터 12까지의 시간
ss	00부터 59까지의 초

이를 이용해서 예제를 만들어보겠습니다.

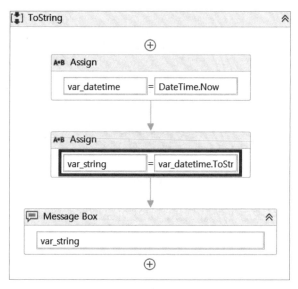

[그림 8-26] ToString 예시

변수 var_datetime에는 "DateTime.Now" 값을 지정하여 현재 날짜, 시간에 대한 정
보를 가져옵니다. 그 아래에 변수 var_string에는 var_datetime을 문자열로 변환시
켜주는 작업을 합니다.

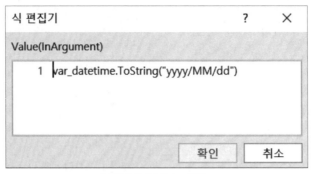

[그림 8-27] ToString 예시

문자열로 변환하는 형 변환은 위와 같이 작성을 하면 됩니다. ToString 뒤에 괄호 안에는 본인이 원하는 포맷을 작성하여 넣어주시면 됩니다. 이렇게 작성을 하고 실행을 해보겠습니다.

[그림 8-28] 결과

결과에는 위와 같이 오늘 날짜를 "연도/월/일"의 포맷으로 맞춰서 출력한 것을 확인하실 수 있습니다.

8.2.4 Add

DateTime의 값을 계산하거나 변경하기 위한 기능입니다. 흔히 연도나 날짜, 시간 등을 바꿀 때 사용됩니다. 예를 들면 오늘로부터 한달 전의 날짜는 언제인지 알고 싶거나 8시간 뒤의 시간은 어떻게 되는지 알고 싶을 때 사용합니다. 다음은 이러한 기능들의 리스트를 나타낸 것입니다.

구분	내용	형식 예시
AddYears	연도 더하기/빼기	DateTime변수.AddYears(-3)
AddMonths	월 더하기/빼기	DateTime변수.AddMonths(5)
AddDays	날 더하기/빼기	DateTime변수.AddDays(-2)
AddHours	시간 더하기/빼기	DateTime변수.AddHours(8)
AddMinutes	분 더하기/빼기	DateTime변수.AddMinutes(20)
AddSeconds	초 더하기/빼기	DateTime변수.AddSeconds(59)
AddMilliseconds	밀리초 더하기/빼기	DateTime변수.AddMilliseconds(3000)
AddTicks	틱초 더하기/빼기	DateTime변수.AddTicks(30000000)

여기서 1틱초는 1/10,000,000초(1천만 분의 1초)를 말합니다. 위의 기능들을 이용해서 예시를 들어보겠습니다.

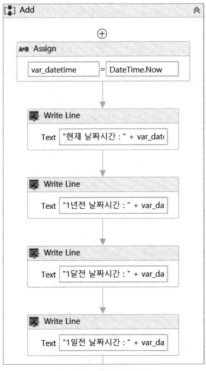

[그림 8-29] Add 예시

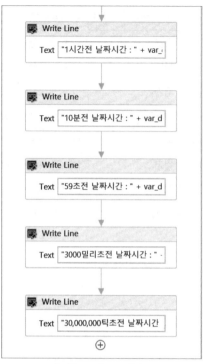

[그림 8-30] Add 예시

예시는 현재 날짜/시간을 받아와서 var_datetime 변수에 저장하고 이 변수에 연도/월/일/시간/분/초/밀리초/틱초를 전부 계산해보는 것입니다. 결과를 조금 더 편하게 보기 위해서 "yyyy-MM-dd HH:mm:ss" 형식으로 변환을 하였습니다. 그리고 이번에는 Message Box 액티비티가 아니라 Write Line 액티비티를 이용하여 출력 패널에 출력하였습니다.

[그림 8-31] 현재 날짜/시간

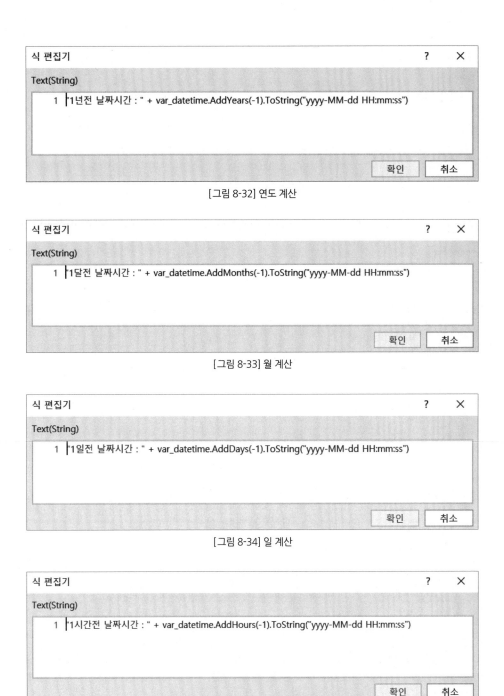

식 편집기   ?   ✕

Text(String)

```
1   "1년전 날짜시간 : " + var_datetime.AddYears(-1).ToString("yyyy-MM-dd HH:mm:ss")
```

확인   취소

[그림 8-32] 연도 계산

식 편집기   ?   ✕

Text(String)

```
1   "1달전 날짜시간 : " + var_datetime.AddMonths(-1).ToString("yyyy-MM-dd HH:mm:ss")
```

확인   취소

[그림 8-33] 월 계산

식 편집기   ?   ✕

Text(String)

```
1   "1일전 날짜시간 : " + var_datetime.AddDays(-1).ToString("yyyy-MM-dd HH:mm:ss")
```

확인   취소

[그림 8-34] 일 계산

식 편집기   ?   ✕

Text(String)

```
1   "1시간전 날짜시간 : " + var_datetime.AddHours(-1).ToString("yyyy-MM-dd HH:mm:ss")
```

확인   취소

[그림 8-35] 시간 계산

[그림 8-36] 분 계산

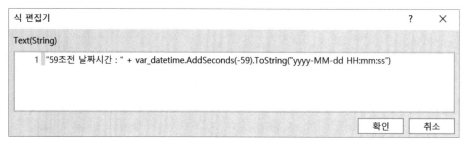

[그림 8-37] 초 계산

[그림 8-38] 밀리초 계산

[그림 8-39] 틱초 계산

위의 형식으로 작성하고 실행하여 결과를 보겠습니다.

```
① 프로젝트에 대해 시작된 디버그: Chapter8
① Chapter8 실행이 시작되었습니다.
① 현재 날짜시간 : 2021-04-16 23:51:26
① 1년전 날짜시간 : 2020-04-16 23:51:26
① 1달전 날짜시간 : 2021-03-16 23:51:26
① 1일전 날짜시간 : 2021-04-15 23:51:26
① 1시간전 날짜시간 : 2021-04-16 22:51:26
① 10분전 날짜시간 : 2021-04-16 23:41:26
① 59초전 날짜시간 : 2021-04-16 23:50:27
① 3000밀리초전 날짜시간 : 2021-04-16 23:51:23
① 30,000,000밀리초전 날짜시간 : 2021-04-16 23:51:23
① Chapter8 실행이 종료되었습니다. in: 00:00:02
```

[그림 8-40] 결과

결과를 보면 현재 날짜에서 각각 계산이 되서 결과가 나온 것을 보실 수 있습니다.
30,000,000틱초는 3,000밀리초와 같은 3초이기 때문에 값이 같게 나온 것을 확인하
실 수 있습니다.

8.3 Array

다음으로는 Array 유형입니다. Array 유형에서 사용하는 몇 가지 기능에 대해 알아보
겠습니다

8.3.1 Count

Array나 List에 포함되어 있는 요소들의 개수를 파악하는 기능입니다. 예를 들어보겠
습니다.

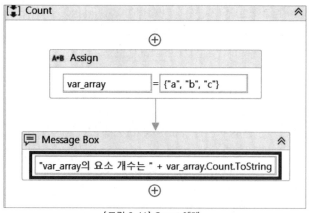

[그림 8-41] Count 예제

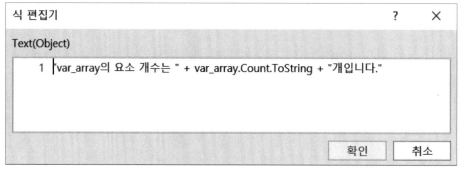

[그림 8-42] Count 예제

변수 var_array는 String 유형의 Array로 지정을 하고 Assign 액티비티를 이용해서 요소에는 "a", "b", "c" 3개를 넣어줍니다. 이러한 배열 변수의 개수를 파악할 때 "Array 변수.Count"를 작성하여 파악합니다.

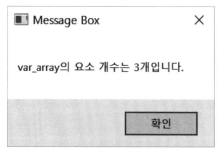

[그림 8-43] 결과

var_array 변수의 요소가 3개이기 때문에 [그림 8-43]과 같은 결과가 나온 것을 확인할 수 있습니다.

8.3.2 Sort

Array에 지정되어 있는 요소들을 정렬해주는 기능입니다. 이때 사용하는 기능은 In-voke Method 액티비티를 이용합니다. Invoke Method 액티비티는 C#이나 .NET에 내장되어 있는 함수를 이용하겠다는 액티비티입니다. 이 Invoke Method를 통해 Sort 메서드를 호출하여 Array를 정렬해보겠습니다.

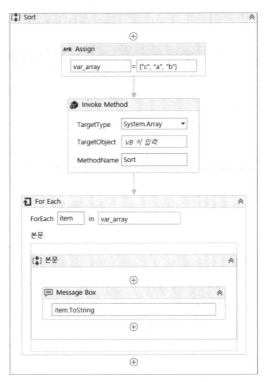

[그림 8-44] Sort 예제

예제는 위와 같습니다. {"c", "a", "b"}의 순서로 정해져있는 array 변수 var_array가 있는데 이를 정렬하여 {"a", "b", "c"}의 순서로 바꾸는 예제입니다.

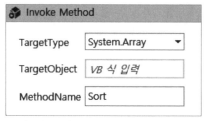

[그림 8-45] Invoke Method 액티비티

여기서 사용하는 Invoke Method 액티비티를 잠깐 보겠습니다.

- TargetType: 메서드의 타입입니다. 저희는 지금 System.Array에 있는 Sort 메서드를 이용할 것이기 때문에 TargetType을 "System.Array"로 찾아서 지정해줍니다.
- MethodName: 메서드명입니다. "Sort"로 직접 작성을 해줍니다.

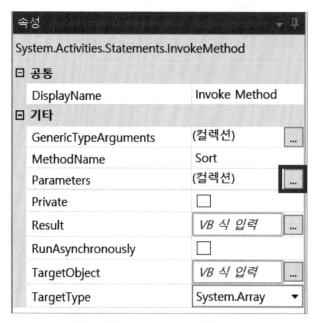

[그림 8-46] Invoke Method 액티비티 속성

Invoke Method 액티비티에서는 속성도 봐야합니다. Sort 메서드를 이용할 것인데 var_array에 대한 Sort이기 때문에 이 var_array값을 지정해줘야 합니다. 이때 속성에 "Parameters" 옆에 "⋯"을 클릭합니다.

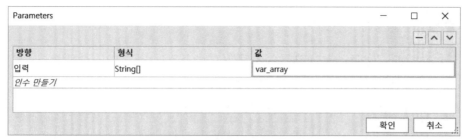

[그림 8-47] Parameters

Parameters에는 "인수 만들기"를 클릭하여 위와 같이 저희가 정렬한 대상인 var_array를 지정해줍니다. 방향에는 "입력"이 들어가고 형식에는 var_array와 같은 타입인 "String[]"을 찾습니다. 그리고 "확인" 버튼을 클릭합니다. Invoke Method 액티비티 이후에는 For Each 액티비티를 이용해서 Array값을 하나씩 추출해봅니다. 이제 결과를 살펴보겠습니다.

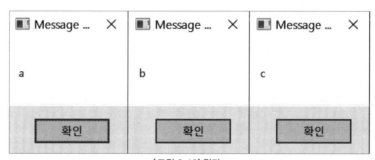

[그림 8-48] 결과

실행시켜서 결과를 확인하면 원래의 var_array 순서라면 "c", "a", "b" 순서로 나와야 하지만, 정렬시켰기 때문에 "a", "b", "c" 순서대로 출력이 되는 것을 확인하실 수 있습니다.

Tip **Array 요소 한 번에 보기**

Array 안에 있는 요소들을 보고 싶을 때 For Each 액티비티를 이용해서 볼 수 있지만 이러면 그 개수만큼 봐야 된다는 불편함이 있을 수 있습니다. 반대로 한 번에 보고 싶을 때 사용하는 방법이 있습니다. 이럴 때는 Array에 있는 요소들을 String 형태로 만들어주는 것입니다. 사용 방법은 다음과 같습니다.

"String.Join(Array 요소를 구분할 인자, Array 변수명)"

Array 안에 있는 요소들을 구분할 인자로 구분하여 String 유형으로 나타내는 것입니다. 위에서 작업한 예제를 이용해서 보겠습니다.

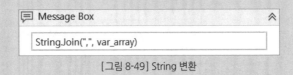

[그림 8-49] String 변환

var_array에 해당되는 요소들을 콤마(,) 기준으로 나눠서 보여주겠다는 뜻입니다. 이를 실행시켜보겠습니다.

[그림 8-50] 결과

결과를 보면 위와 같이 각 요소 사이에 콤마(,)가 있는 것을 확인하실 수 있습니다.

8.4 Dictionary

다음은 Dictionary 유형입니다. Dictionary는 프로그래밍을 안 해보신 분들이라면 생소할 수 있는 유형인데, 말 그대로 사전과 같은 유형입니다. 예를 들어 네이버에서 "RPA"라는 단어로 검색을 하면 지식백과에 아래와 같이 나옵니다.

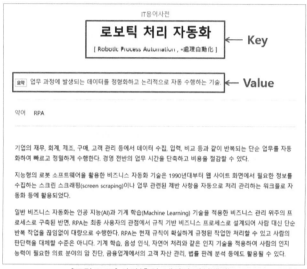

[그림 8-51] 사전(출처: 네이버 지식백과)

지식백과 사전을 보면 위에 "로보틱 처리 자동화"라고 되어 있고 아래에는 그에 대한 뜻과 설명이 나옵니다. 이처럼 사전과 같은 형태를 지난 유형을 Dictionary라고 합니다. IT에서는 이 "로보틱 처리 자동화" 부분이 Key가 되고 아래 있는 설명이 Value가 되어 Key-Value 구조를 가진 형태를 Dictionary라고 합니다.

8.4.1 선언 및 초기화

이 Dictionary는 여러 프로그래밍 언어에서 유용하게 사용되는데 UiPath에서도 유용하게 사용될 수 있습니다. Dictionary를 선언해서 사용하는 방법부터 살펴보도록 하겠습니다.

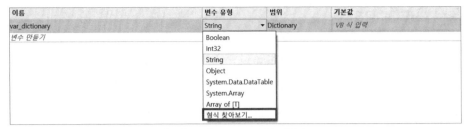

[그림 8-52] Dictionary 변수 만들기

var_dictionary라는 변수를 생성합니다. 변수 유형에는 "형식 찾아보기"를 클릭하여 Dictionary 유형을 찾습니다.

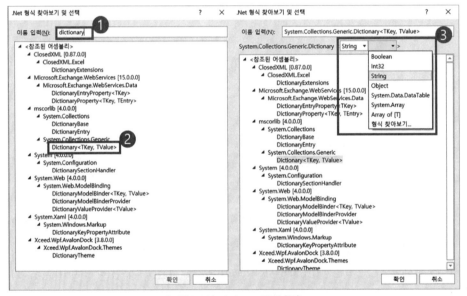

[그림 8-53] Dictionary 유형 찾기

① "이름 입력" 검색 부분에 "dictionary"를 검색합니다.

② [mscorlib] – [System.Collections.Generic] 아래에 "Dictionary〈TKey, TValue〉" 를 선택합니다.

③ Key의 자료형과 Value의 자료형을 각각 지정합니다. 지정했으면 "확인" 버튼을 클릭합니다.

"Dictionary〈TKey, TValue〉"에서 TKey와 TValue는 Key와 Value의 자료 형태를 지정해준다는 뜻으로 이해하면 됩니다.

이름	변수 유형	범위	기본값
var_dictionary	Dictionary<String,String>	Dictionary	VB 식 입력
변수 만들기			

[그림 8-54] Dictionary 변수

이렇게 지정한 형태의 Dictionary는 위와 같은 형태로 나타나는 것을 확인하실 수 있습니다. 이제 생성해준 Dictionary의 변수에 값을 넣어보겠습니다.

이름	변수 유형	범위	기본값
var_dictionary	Dictionary<String,String>	Dictionary	new Dictionary(Of String, String) from {("RPA","로보틱처리자동화"), ("IE","Internet
변수 만들기			new Dictionary(Of String, String) from {("RPA","로보틱처리자동화"), ("IE","Internet Explorer")}

[그림 8-55] Dictionary 값 초기화

Dictionary 변수에 초기값을 선언하기 위해서는 "new Dictionary(Of Key자료형, Value 자료형) From {{Key1, Value1}, {Key2, Value2}, … }"의 형태로 지정을 합니다. Key 와 Value가 중괄호({}) 안에 한 묶음으로 들어가고 이러한 "Key, Value"의 묶음을 다시 중괄호 안에 넣는 형태입니다. 위의 예시에서는 Key1에 "RPA" 그리고 그것을 뜻하는 Value1에 "로보틱처리자동화"로 한 쌍을 이루고 Key2에는 "IE", Value2에는 "Internet Explorer" 형태로 만들어 Dictionary 변수를 만들어 보았습니다.

8.4.2 출력

이렇게 선언한 Dictionary 변수에서 내가 원하는 값을 출력하고자 할 때 방법을 보겠습니다. 예를 들면 "RPA"에 해당되는 값이 무엇인지 궁금할 때 그 값을 뽑아보겠습니다.

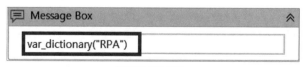

[그림 8-56] 출력

특정 Key에 해당되는 Value를 알고 싶을 때는 "Dictionary변수명(Key값)"의 형태로 지정을 하면됩니다. 위의 예시에서는 var_dictionary변수에서 "RPA" Key에 해당되는 Value를 알고 싶기 때문에 var_dictionary("RPA")를 입력했습니다. 이를 실행해보겠습니다.

[그림 8-57] 결과

결과를 보면 "RPA" Key에 해당되는 값인 "로보틱처리자동화"가 출력되는 것을 확인할 수 있습니다.

8.4.3 Add

Dictionary에는 기존 요소뿐만 아니라 요소를 추가할 수가 있습니다. 다만, Key와 Value를 모두 지정해서 넣어줘야 합니다. 추가하는 방법에는 Invoke Method 액티비티를 이용하는 방법과 확장 패키지를 이용하는 두 가지 방법이 있습니다. 하나씩 보도록 하겠습니다.

▶ Invoke Method 액티비티 이용하기

Invoke Method에는 여러 가지 Method를 이용할 수 있는데, 그중 Add Method를 이용해서 예를 들어보겠습니다.

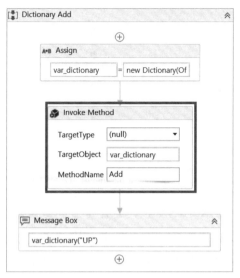

[그림 8-58] Invoke Method 예시

var_dictionary 변수에는 위에서와 같이 RPA와 IE에 관한 Key-Value를 지정하였습니다. 여기에 "UP"라는 Key값에 "UiPath"라는 Value값을 넣고 "UP"라는 Key가 어떠한 Value를 가지고 있는지 출력하는 예제입니다.

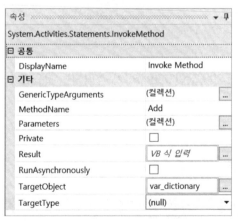

[그림 8-59] Invoke Method

MethodName에는 "Add"를 작성하고 TargetObject에는 Dictionary 변수인 var_dictionary를 입력합니다. 그리고 Parameters에 "…"을 클릭합니다.

[그림 8-60] Parameters

여기에 첫 번째 입력에는 Key값을, 두 번째 입력에는 Value값을 넣어줍니다. 위의 예시에서는 Key값에 "UP"를, Value값에 "UiPath"를 입력하였습니다. 이렇게 설정을 하고 확인 버튼을 클릭합니다. 실행하여 결과를 보겠습니다.

[그림 8-61] 결과

결과에는 "UP"에 해당되는 값인 "UiPath"가 출력되는 것을 보실 수 있습니다.

▶ 확장 패키지 이용하기

이번에는 외부 패키지를 설치하여 이용하는 방법입니다.

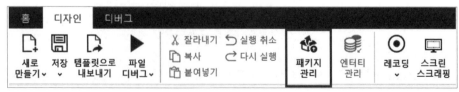

[그림 8-62] 패키지 관리

디자인 패널에서 "패키지 관리"를 클릭합니다.

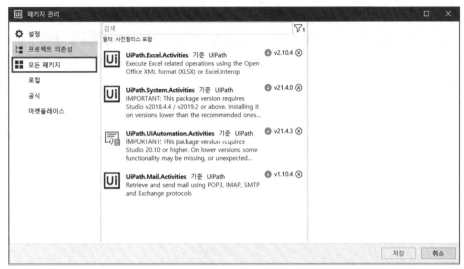

[그림 8-63] 패키지 관리

패키지 관리에서는 "모든 패키지"를 클릭합니다.

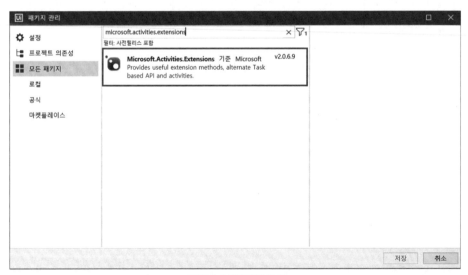

[그림 8-64] 패키지 검색

모든 패키지를 누르고 상단 검색란에 "Microsoft.Activities.Extensions"을 검색합니다. 검색하면 하단에 하나의 패키지가 나오는데, 이를 클릭합니다.

[그림 8-65] 패키지 설치

클릭하면 우측에 설치 버튼이 있습니다. "설치"를 클릭하고, 하단에 "저장" 버튼을 클릭하면 설치가 진행됩니다.

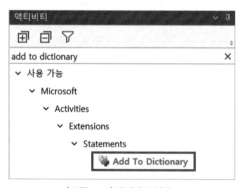

[그림 8-66] 액티비티 검색

설치가 완료되면 액티비티 패널에서 "add to dictionary"라고 검색을 합니다. 검색하면 위와 같이 하나의 액티비티가 나오는데, 이 액티비티를 이용하여 예제를 진행하겠습니다.

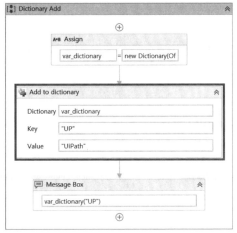

[그림 8-67] 예시

예시는 위와 같이 중간에 "Add to dictionary" 액티비티를 추가한 모습입니다. "Dictionary"에는 새로운 요소를 추가할 Dictionary 변수, "Key"에는 새로 추가할 Key값, "Value"에는 새로 추가할 Value값을 입력합니다.

[그림 8-68] Add To Dictionary 액티비티

Add To Dictionary 액티비티를 추가하면 위와 같은 팝업창이 나타납니다. 새로 추가하려는 Key와 Value의 타입을 정해주면 됩니다. 새로 만드려는 Key-Value는 모두 String 유형이라서 String으로 선택하고 "확인" 버튼을 클릭하면 [그림 8-67]과 같이 나타나게 됩니다. 이 상태로 실행시키면 이전 예제와 같은 결과가 나오는 것을 확인하실 수 있습니다.

8.4.4 Remove

Remove는 기존 Dictionary의 요소를 지우는 기능입니다. Add와 같은 2가지 방법을 이용하여 삭제할 수 있습니다.

▶ Invoke Method 액티비티 사용

[그림 8-69] Invoke Method를 이용한 Remove

Add와 비슷하게 사용하는데 MethodName에는 "Remove"를 입력하고 Parameters에는 지우고자 하는 Key값을 입력해주면 됩니다. 위의 예제와 같이 var_dictionary("UP")을 출력하면 "지정한 키가 사전에 없습니다."라는 에러와 함께 종료되는 것을 보실 수 있습니다.

▶ Remove from dictionary 액티비티 사용

Add에서 이용하였던 확장 패키지인 "Microsoft.Activities.Extensions" 패키지의 액티비티를 이용하는 방법입니다.

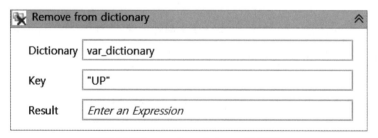

[그림 8-70] Remove from dictionary 액티비티

Remove from dictionary 액티비티를 이용할 때 Add to dictionary 액티비티와 비슷하게 사용됩니다. Dictionary에는 지우고자 하는 요소가 들어있는 Dictionary 변수, Key에는 지우고자 하는 요소의 Key값을 넣어주면 됩니다. Result에는 결과를 담는 Boolean값이 나오는데 필요하지 않다면 비워두셔도 됩니다. 실행하면 이전처럼 "UP"키에 대한 값이 없기 때문에 에러가 발생하게 됩니다.

이번 장에서는 몇 가지의 데이터 유형을 조작하는 방법에 대해서 알아보았습니다. 데이터 유형은 무수히 많지만 전부 다룰 수 없기 때문에 그중에 일부만 살펴보았습니다. Chapter 9에서는 가장 많이 사용하는 변수 유형 중 하나인 DataTable에 대해서 알아보겠습니다.

CHAPTER 9

데이터 테이블(DataTable)

이번 장에서는 DataTable에 대해서 알아보겠습니다. DataTable은 매우 중요한 데이터 유형입니다. 추후에 진행할 엑셀 작업에서 주로 진행되는 유형이 DataTable인데 DataTable은 쉽게 생각해서 엑셀이라고 보면 됩니다. 엑셀의 시트처럼 행과 열을 가진 특별한 형태입니다.

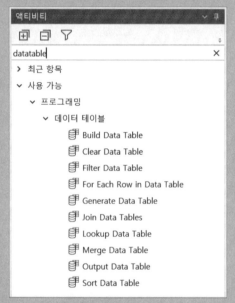

[그림 9-1] DataTable 관련 액티비티

액티비티 패널에서 "datatable"이라고 검색하면 위와 같이 다양한 액티비티가 존재합니다. DataTable을 이용하는데 있어 유용한 액티비티들이기 때문에 몇 가지를 살펴보도록 하겠습니다.

9.1 Build Data Table 액티비티

DataTable을 생성하고 정의하는 액티비티입니다. 기존에 다른 유형의 데이터들의 경우 생성하고 초기화하는 작업을 변수 패널이나 Assign 액티비티 내에서 많이 진행했습니다. 그러나 DataTable의 경우 조금 특별한 유형이기 때문에 다른 형태로 생성하여 초기화해야 합니다.

바로 Build Data Table 액티비티를 이용하는 방법입니다. 이 액티비티를 이용해서 DataTable의 구조를 정의할 수 있고 이에 맞는 초기값을 지정할 수도 있습니다. 이 액티비티를 살펴보도록 하겠습니다.

[그림 9-2] Build Data Table 액티비티

Build Data Table 액티비티를 보면 위와 같은 모습입니다. 가운데 있는 "데이터 테이블 빌드"를 클릭해보겠습니다.

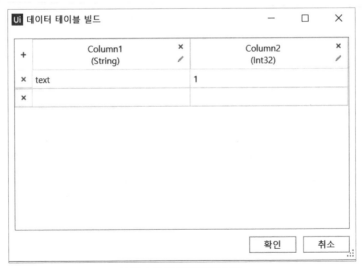

[그림 9-3] 데이터 테이블 빌드

[그림 9-3]과 같은 팝업창이 뜨게 되는데 가운데 내용을 보면 엑셀과 매우 비슷하게 행 (Row)과 열(Column)의 형태를 보이고 있습니다. 이 형태를 살펴보겠습니다. Column1과 Column2는 컬럼명입니다. 그리고 Column1, Column2 아래 (String), (Int32)는 해당 컬럼의 유형입니다. 즉, String 유형을 가진 Column1이라는 컬럼이 있고 Int32 유형을 가진 Column2라는 컬럼이 있는 형태입니다. 그 아래에는 text와 1이 있는데 이는 데이터값입니다. 즉 첫 번째 행(Row)의 Column1에는 "text", Column2에는 1이라는 값을 가지고 있는 형태입니다. 이제 이를 이용해서 원하는 형태의 DataTable을 생성해보겠습니다.

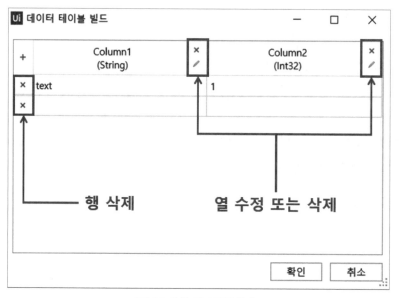

[그림 9-4] 행, 열 수정 및 삭제

일단 기본적으로 생성되어 있는 구조를 먼저 삭제하겠습니다. 행의 경우 "x"를 클릭하여 삭제하고 열은 연필 모양을 클릭해서 수정을 하거나 "x"를 클릭하여 삭제할 수 있는데, 여기서는 "x"를 눌러 삭제하도록 하겠습니다.

[그림 9-5] 열 추가

전부 삭제하면 위와 같은 모습이 되는데 좌측 상단에 "+" 버튼을 눌러 열을 새로 생성
합니다.

[그림 9-6] 새 열 정의

"+" 버튼을 누르면 위와 같은 새로운 창이 뜨게 됩니다.

- **열 이름**: 열(Column)의 이름을 정의합니다.
- **데이터 형식**: 열의 유형을 지정합니다.
- **Null 허용**: 해당 열에 빈 값(Null 값)을 허용할지 여부를 체크합니다.
- **자동 증가**: 테이블에 추가된 새 행의 열 값을 자동으로 증가시킬지 여부를 체크합니다(해당 열의 유형이 Int32일 때 가능합니다).
- **기본값**: 새 행을 만들 때 해당 열의 기본값입니다.
- **고유**: 열의 각 행에 있는 값이 고유하도록 체크합니다. 즉, 해당 열의 모든 값에 대해서 중복을 허용할지에 대한 여부입니다. 체크하면 중복을 허용하지 않는다는 뜻입니다.
- **최대 길이**: 열의 최대 길이(문자)입니다. -1은 최대 길이가 없다는 뜻입니다.

이렇게 열을 추가하는 방식은 관계형 데이터베이스에서 컬럼을 생성할 때 컬럼에 대해 정의해주는 것과 같다고 보시면 됩니다. 이제 이를 이용해서 원하는 DataTable을 만들어보겠습니다.

[그림 9-7] 열 정의

위와 같이 3개의 컬럼을 만드는데 name(String), age(Int32), gender(String)라는 3개의 열을 정의합니다.

데이터 테이블 빌드
name
(String)
age
(Int32)
gender
(String)
확인
취소

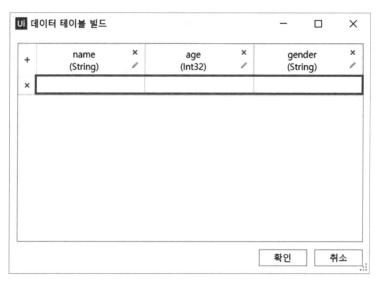

[그림 9-8] 열 정의

완료하면 위와 같이 3개의 컬럼이 생성된 것을 보실 수 있습니다. 이제 행에 직접 초기값을 넣어보겠습니다. 데이터를 넣는 방법은 각 열에 해당되는 행을 클릭하여 마우스 커서를 옮기고 데이터를 입력하면 됩니다.

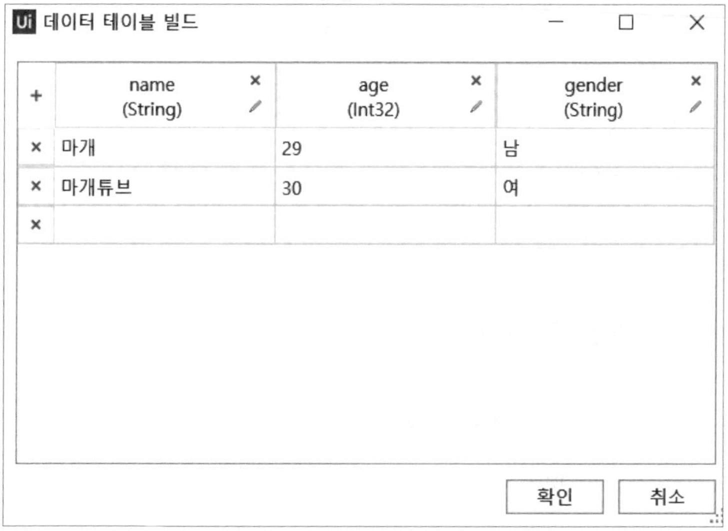

데이터 테이블 빌드
name
(String)
age
(Int32)
gender
(String)
마개
29
남
마개튜브
30
여
확인
취소

[그림 9-9] 행 데이터 입력

[그림 9-9]와 같이 데이터를 입력해보겠습니다. 현재 행에 데이터를 모두 입력하고 다음 행으로 넘어가고 싶을 때는 엔터키를 누르면 됩니다. 이렇게 입력을 마치고 우측 하단에 확인 버튼을 클릭합니다. DataTable에 대한 초기화 작업을 하고나면 이 DataTable을 변수에 저장하고 이용하면 됩니다.

[그림 9-10] 변수 설정

Build Data Table 액티비티에서 속성패널을 보면 [출력] – [데이터 테이블]이 있습니다([그림 9-10] 왼쪽). 여기에서 CTRL + k를 누르면 "변수 설정"과 함께 변수명을 정합니다([그림 9-10] 가운데). 이렇게 설정한 변수에 우리가 생성한 DataTable 정보가 저장됩니다([그림 9-10] 오른쪽).

이름	변수 유형	범위	기본값
testDT	DataTable	9.1 Build Data Table	VB 식 입력
변수 만들기			

[그림 9-11] 변수 확인

DataTable 변수 생성 후에 변수 패널을 보면 위와 같이 변수 유형이 DataTable인 변수가 생성된 것을 확인하실 수 있습니다.

9.2 DataTable Count

DataTable에서의 Count는 Array와는 조금 다릅니다. 행(Row)과 열(Column)이 있기 때문입니다. 각각 Count를 따로 할 수가 있는데 예제를 통해 확인하겠습니다.

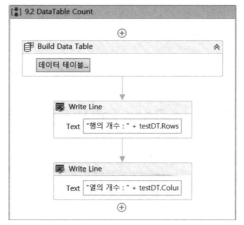

[그림 9-12] Count 예시

DataTable의 경우 앞서 만들었던 Build Data Table을 그대로 이용합니다. Write Line을 이용해서 행의 개수와 열의 개수를 출력하는 예제입니다.

[그림 9-13] Count

행의 개수는 "DataTable변수명.Rows.Count"를 이용하고 열의 개수는 "DataTable변수명.Columns.Count"를 이용합니다. 뒤에 ToString은 Write Line 액티비티를 이용할 때 String 형태로만 지정할 수 있기 때문에 추가하였습니다. 실행하여 결과를 보겠습니다.

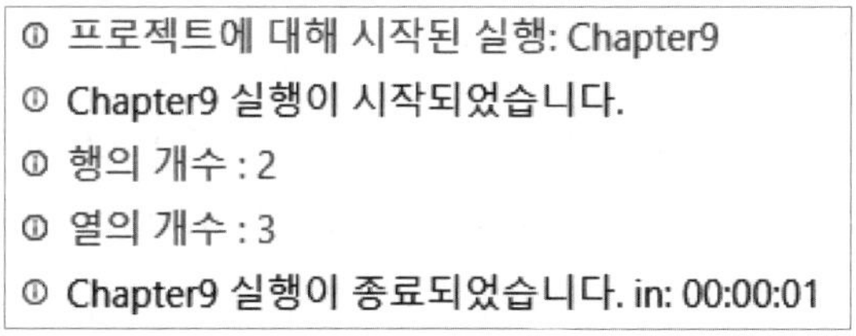

⊙ 프로젝트에 대해 시작된 실행: Chapter9
⊙ Chapter9 실행이 시작되었습니다.
⊙ 행의 개수 : 2
⊙ 열의 개수 : 3
⊙ Chapter9 실행이 종료되었습니다. in: 00:00:01

[그림 9-14] 결과

Build Data Table 액티비티를 통해 정의한 DataTable은 2개의 행과 3개의 열을 가지고 있었는데 위 결과를 통해서 동일한 것을 확인할 수가 있습니다.

9.3 For Each Row in Data Table 액티비티

DataTable로 For문을 이용할 때는 기존에 사용하였던 For Each 액티비티를 이용하지 않습니다. DataTable용 For문이 있는데 바로 For Each Row in Data Table 액티비티입니다. 그 이유는 액티비티를 보면서 확인하겠습니다.

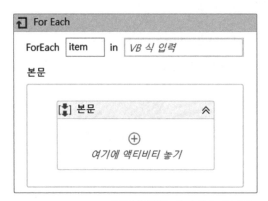
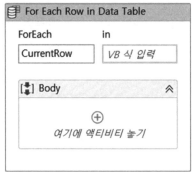

[그림 9-15] For Each와 For Each Row in Data Table 액티비티

For Each와 For Each Row in Data Table 액티비티입니다. 위와 같이 구조는 동일하고 사용법도 동일합니다. 그러나 "ForEach" 뒤에는 "item"과 "CurrentRow"로 둘이 다른 것을 알 수 있습니다. 이는 For Each 액티비티에 사용되는 유형의 경우 Array와 같은 1차원의 배열입니다. 1차원 배열에서의 요소 하나하나를 뽑아서 작업하기 때문에 "item"이라고 표기가 되어있습니다.

그러면 For Each Row in Data Table 액티비티에서 "CurrentRow"는 무엇일까요? DataTable은 Row와 Column, 즉 행과 열의 구조로 되어있는 2차원 배열의 자료형인데 거기에서 1행씩 뽑아서 작업을 하겠다는 뜻입니다. 이러한 차이가 있다는 것을 인지하고 작업할 때 혼동하지 않아야 합니다(실제로 처음에 익숙하지 않을 때는 두 액티비티가 헷갈려서 섞어쓰는 경우도 있습니다). 이제 For Each Row in Data Table 액티비티를 이용해서 위에서 만들었던 DataTable의 내용을 확인해보겠습니다.

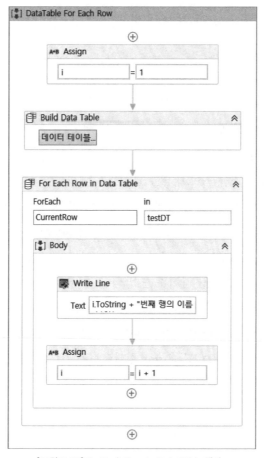

[그림 9-16] For Each Row in Data Table 예시

i라는 변수는 1로 초기화를 해주고 For문을 돌면서 1씩 증가시켜 현재의 행이 몇 번째 행인지 확인하기 위한 용도입니다. For Each Row in Data Table 액티비티에는 위에서 만들었던 DataTable 변수인 testDT를 넣고 한 행씩 CurrentRow에 담으면서 해당 내용을 Write Line으로 출력합니다.

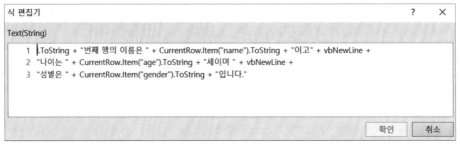

[그림 9-17] Write Line

출력 내용은 행이 몇 번째 행이고 해당 행에 이름과 나이, 성별을 출력하는 내용입니다. 여기서 살펴봐야 할 부분은 CurrentRow.Item입니다. 이 메서드는 해당 행에 우리가 뒤에 괄호 안에 지정한 열의 내용을 보여주는 메서드입니다. 가장 많이 사용하는 방법은 2가지입니다. 하나는 CurrentRow.Item("열이름")로 괄호 안에 열의 이름을 적어주는 방법이고, 다른 하나는 CurrentRow.Item(인덱스번호)로 괄호 안에 인덱스를 적어주는 방법입니다. DataTable의 구조가 고정이 아니라 바뀔 수도 있기 때문에 인덱스 번호보다는 열의 이름을 적어주는 방식을 추천합니다. 이름을 나타낼 때는 Current Row.Item("name")을 작성하고 나이는 CurrentRow.Item("age"), 성별은 Current Row.Item("gender")를 작성합니다. (뒤에 .ToString을 한 이유는 Write Line 액티비티로 출력하고 싶을 때는 모두 String 형태로 변환시켜서 나타내야 하기 때문입니다). 이렇게 하고 실행해보겠습니다.

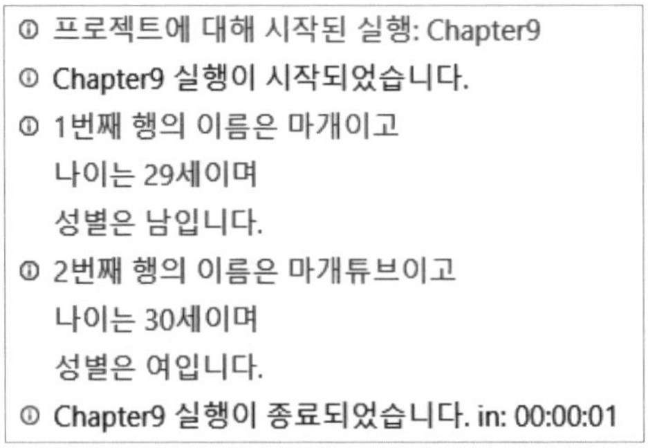

> ⓘ 프로젝트에 대해 시작된 실행: Chapter9
> ⓘ **Chapter9 실행이 시작되었습니다.**
> ⓘ 1번째 행의 이름은 마개이고
> 나이는 29세이며
> 성별은 남입니다.
> ⓘ 2번째 행의 이름은 마개튜브이고
> 나이는 30세이며
> 성별은 여입니다.
> ⓘ **Chapter9 실행이 종료되었습니다. in: 00:00:01**

[그림 9-18] 결과

실행을 시키면 위와 같은 결과를 보실 수 있습니다. 하나의 Row가 반복될 때마다 해당 Row의 이름, 나이, 성별이 출력되는 것을 확인하실 수 있습니다. 이렇게 DataTable에서의 For문을 이용해보았습니다.

Tip 출력에서의 줄바꿈과 들여쓰기

1. vbNewLine

[그림 9-17]에서 Write Line 액티비티 내용에 "vbNewLine"이 있음을 확인하실 수 있습니다. 이는 출력할 때 사용되는 줄바꿈(Enter키)이라고 보시면 됩니다. 결과를 출력할 때 중간중간 줄바꿈을 하면서 출력을 한 줄이 아니라 여러 줄에 하고 싶을 때가 있으실 겁니다. 그럴 때 사용하는 것이 vbNewLine입니다. 위의 예제로 결과를 비교해보겠습니다.

[그림 9-19] vbNewLine이 없는 경우

vbNewLine이 없는 경우는 위와 같이 작성했을 때입니다. 이를 실행시켜보겠습니다.

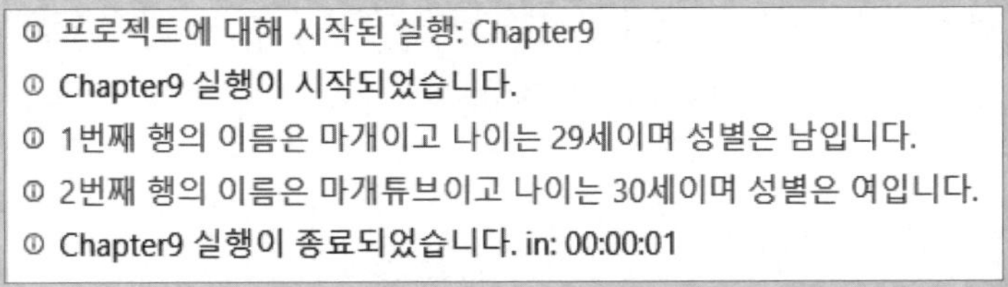

> ⓘ 프로젝트에 대해 시작된 실행: Chapter9
> ⓘ Chapter9 실행이 시작되었습니다.
> ⓘ 1번째 행의 이름은 마개이고 나이는 29세이며 성별은 남입니다.
> ⓘ 2번째 행의 이름은 마개튜브이고 나이는 30세이며 성별은 여입니다.
> ⓘ Chapter9 실행이 종료되었습니다. in: 00:00:01

[그림 9-20] 결과

vbNewLine이 없이 실행해봤더니 결과는 한 줄로 나오게 되었습니다. [그림 9-18]의 결과처럼 나오게 만들고 싶다면 식 편집기 안에서 직접 Enter키를 눌러서 줄을 구분하는 것이 아니라, 줄바꿈하고 싶은 곳에 vbNewLine을 작성하여 줄바꿈해줘야 합니다. 그와 비슷하게 줄바꿈이 아닌 들여쓰기(Tab키)를 하고 싶을 때는 "vbTab"을 이용하면 됩니다.

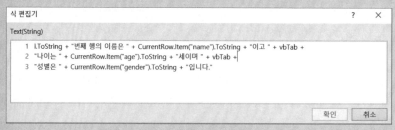

[그림 9-21] vbTab 이용

기존 예제에서 vbNewLine 자리에 vbTab을 넣어보았습니다. 실행해보겠습니다.

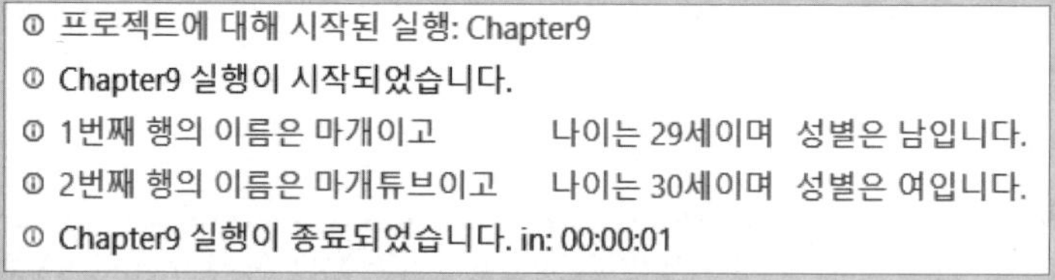

① 프로젝트에 대해 시작된 실행: Chapter9
① Chapter9 실행이 시작되었습니다.
① 1번째 행의 이름은 마개이고   나이는 29세이며 성별은 남입니다.
① 2번째 행의 이름은 마개튜브이고   나이는 30세이며 성별은 여입니다.
① Chapter9 실행이 종료되었습니다. in: 00:00:01

[그림 9-22] 결과

vbTab을 넣고 실행하면 위와 같은 결과를 보실 수 있습니다. 띄어쓰기와 다르게 이름 다음에 들여쓰기 그리고 나이 다음에 들여쓰기가 된 것을 확인하실 수 있습니다. 어떤 것을 써야 한다는 정답은 없지만 만들고 싶은 모습 또는 가독성이 좋게 출력하고 싶을 때 알맞게 이용하시면 됩니다.

2. 식 편집기 가독성 높이기

[그림 9-17]에서 식 편집기를 보면 총 3줄인 것을 확인할 수 있습니다. 이는 무조건 이렇게 따라하라는 의미가 아니고, 독자들의 이해를 돕기 위해 것이니 참고하십시오.

[그림 9-23] 식 편집기

기존에 3줄이 아니라 1줄로 만들었을 때의 모습은 위와 같습니다. 이런 모습은 독자들에게 보여드리기도 힘들고 필자도 보기 힘들어서 변경을 하였습니다. 실제로 프로젝트나 복잡한 프로세스를 진행할 때 이런 식으로 식 편집기 안에 내용이 길어질 수가 있습니다. 그때 이를 줄바꿈함으로써 가독성을 좋게 만들 수 있는데, 여기서 유의해야 할 점이 있습니다.

[그림 9-24] 식 편집기

[그림 9-24]에서 위아래 2개의 식 편집기 중에서 위의 식 편집기는 에러가 발생하지 않았고 아래의 식 편집기는 에러가 발생했습니다(식 편집기 우측에 보시면 조그맣게 느낌표 표시가 있는 것이 에러가 발생하였다는 것입니다).

무슨 차이인지 보이시나요? 바로 "+"의 위치 차이입니다. 아래의 식 편집기의 경우 두 번째 줄을 보면 "+"의 위치가 맨 앞에 있는데 이럴때 에러가 발생하게 됩니다. 가독성을 위해서 엔터키를 누르다가 아래 편집기와 같이 에러가 발생할 수 있기 때문에 이를 유의해서 작업하시길 바랍니다.

9.4 Add Data Row 액티비티

Add Data Row 액티비티는 DataTable에 Row 값을 추가하는 액티비티입니다. Build Data Table 액티비티를 이용해서 DataTable에 초기값들을 설정할 수 있지만 이후에 유동적으로 값을 추가하고 싶을 때 사용하는 액티비티입니다.

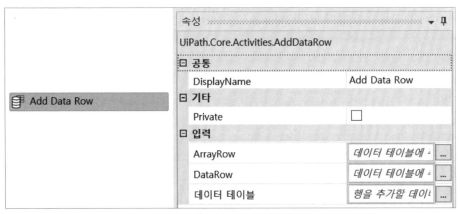

[그림 9-25] Add Data Row 액티비티

액티비티의 형태는 위와 같습니다. 속성을 보겠습니다.

• ArrayRow: 추가하고자 하는 Row(Array형태)

- **DataRow**: 추가하고자 하는 Row(DataRow형태)
- **데이터 테이블**: Row를 추가하는 DataTable

ArrayRow와 DataRow는 둘 다 추가하고자 하는 데이터가 담겨있는 Row인데, 다른 점은 Array 유형의 모습이냐, DataRow 유형의 모습이냐의 차이입니다. 실제 개발할 때 추가되는 데이터가 Array 유형일지, DataRow 유형일지 모르기 때문에 상황에 맞게 추가하면 됩니다. 이제 이 액티비티를 이용한 예제를 보겠습니다.

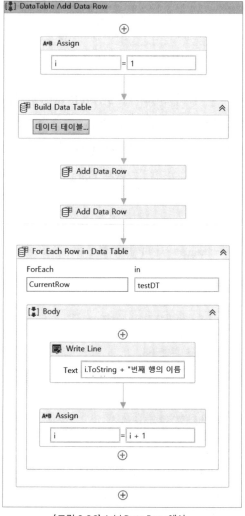

[그림 9-26] Add Data Row 예시

이전 For Each Row in Data Table 액티비티에서 봤던 예시에 Add Data Row 액티비티를 2개 만들어서 추가하였습니다.

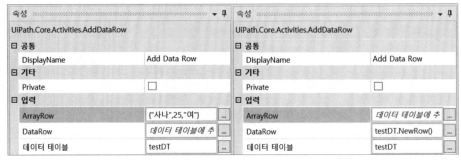

[그림 9-27] Add Data Row 액티비티

2개의 액티비티에서 첫 번째 액티비티에는 ArrayRow에 Array 형태로 데이터를 입력하였고 두 번째 액티비티에는 DataRow에 DataRow를 만들어 넣어보았습니다. DataRow에는 "testDT.NewRow()"로 작성하여 testDT 변수와 같은 형태인 새로운 Row를 만들도록 하였습니다. 여기에는 다른 DataRow 형태의 변수가 들어가도 됩니다. 이제 실행해보겠습니다.

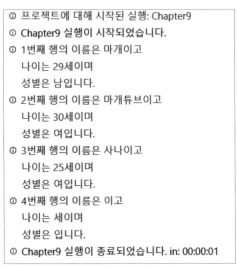

[그림 9-28] 결과

결과를 보면 위와 같이 나오게 됩니다. 3번째 행과 4번째 행이 Add Data Row 액티비티를 이용해서 추가된 행인데 4번째 행의 경우 "NewRow()"를 이용하기만 했을 뿐값을 넣지 않았기 때문에 빈 값으로 나오는 것을 확인하실 수 있습니다.

9.5 Add Data Column 액티비티

새로운 Column(열)을 추가하는 액티비티입니다. 프로젝트를 진행하다 보면 초기 DataTable에서 유동적으로 Column을 추가할 때가 있습니다. 그럴 때 사용하는 액티비티가 Add Data Column 액티비티입니다.

[그림 9-29] Add Data Column 액티비티

액티비티의 모양은 Add Data Row 액티비티와 비슷하게 생겼습니다. 하지만 속성을 보면 어디서 많이 본 듯한 모습같지 않나요? 바로 Build Data Table 액티비티에서 Column을 정의할 때 보였던 내용들입니다. 이 Add Data Column 액티비티에서도 그렇게 이용을 하면 됩니다. 속성들을 보겠습니다.

• TypeArgument: 타입을 지정합니다.

- **AllowDBNull**: Null 허용 여부를 체크합니다.

- **AutoIncrement**: 자동 증가 여부를 체크합니다.

- **DefaultValue**: 초기값을 설정합니다.

- **MaxLength**: 최대 길이를 설정합니다.

- **고유**: 고유값 여부를 체크합니다.

- **Column**: 추가할 DataColumn을 지정합니다.

- **ColumnName**: Column명을 지정합니다.

- **데이터 테이블**: 이 Column을 추가할 데이터 테이블을 설정합니다.

위에 속성들을 이용해서 사용을 하면 됩니다. 예외로 Column에 사전에 정의된 DataColumn을 입력하게 되면 옵션 부분에서 입력했던 내용들은 모두 무시가 될 수 있고 또한 TypeArgument의 타입에 따라 옵션 부분에 속성들도 변할 수 있습니다. 예를 들어보겠습니다.

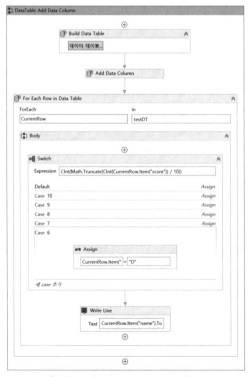

[그림 9-30] Add Data Column 예시

예시는 [그림 9-30]과 같습니다. 내용은 Build Data Table 액티비티를 통해 학생들의 정보와 점수가 담긴 DataTable을 정의하고 Add Data Column 액티비티로 등급 Column을 추가한 후에 각 학생들의 점수에 따라 등급을 측정하는 예시입니다.

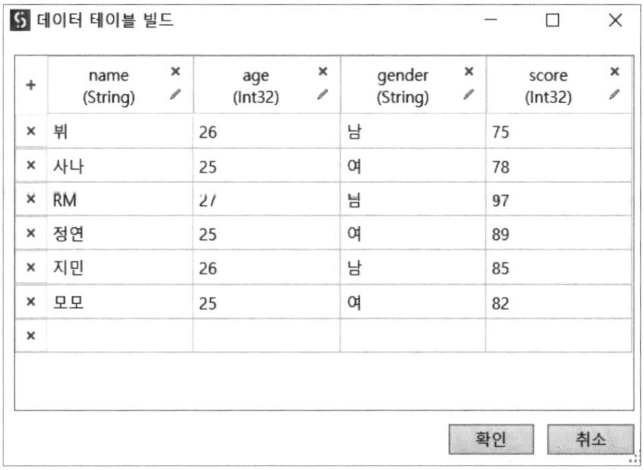

[그림 9-31] Build Data Table

Build Data Table 액티비티를 이용해서 DataTable은 위와 같이 정의를 합니다. name, age, gender, score 컬럼을 정의하고 초기 데이터도 위와 같이 정의하여 출력에는 "testDT"로 DataTable 변수를 생성합니다.

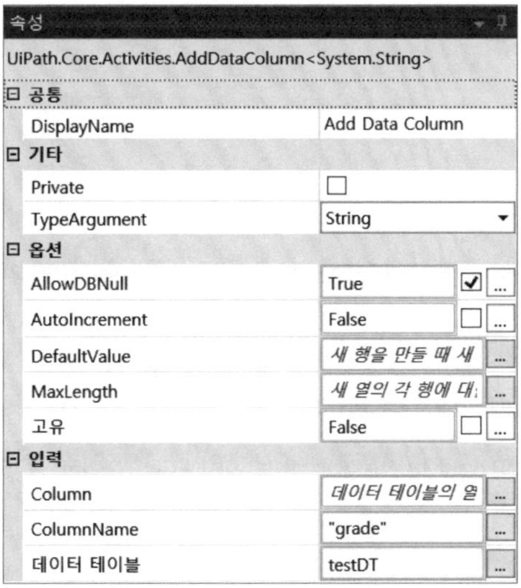

[그림 9-32] Add Data Column

Add Data Column 액티비티에는 등급을 나타내는 "grade" Column을 추가합니다. 등급은 A, B, C, D, F로 나타내기 위해 "TypeArgument"을 String으로 지정합니다.

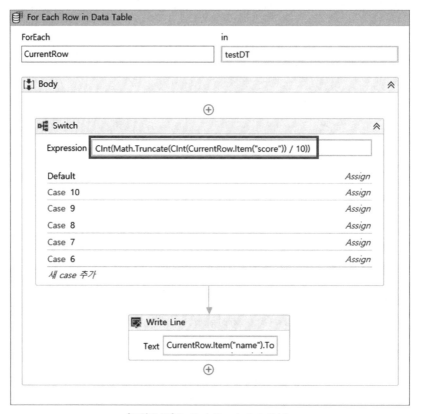

[그림 9-33] For Each Row in Data Table

For Each Row in Data Table 액티비티에서는 testDT의 행 한줄씩 for문으로 돌려 Switch 액티비티를 실행시킵니다. Switch에 Expression을 봐야합니다.

CInt(Math.Truncate(CInt(CurrentRow.Item("score")) / 10))

score 열의 점수가 60점대부터 90점대, 100점까지 나타내기 위해서 표현한 식입니다. CurrentRow.Item("score")으로 해당 행의 score 점수를 가져옵니다. 이를 10으로 나누고 버림(Math.Truncate)를 하면 60점대는 6, 70점대는 7, 100점은 10이 나오게 됩니다.

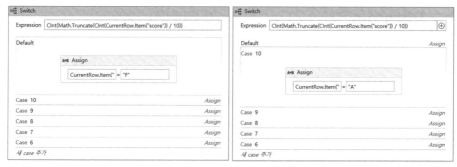

[그림 9-34] Switch

Expression을 통해 나온 값을 Case별로 나누어서 등급 열에 값을 넣습니다. DataTable의 열에 값을 넣고 싶을 때는 Assign 액티비티를 이용해서 왼쪽에는 CurrentRow.Item("grade")를 작성하여 현재 행의 "grade" 컬럼을 표현하고 오른쪽에는 값을 넣어 대입시켜줍니다. Default는 아래 Case가 모두 아닐 경우(60점 미만)이기 때문에 "F"를 주도록 합니다. 이렇게 해서 등급 컬럼에 값을 넣고 아래 Write Line 액티비티에는 해당 학생의 점수와 등급을 표시하도록 하였습니다. 이제 이를 실행시켜 보겠습니다.

> ① 프로젝트에 대해 시작된 실행: Chapter9
> ① Chapter9 실행이 시작되었습니다.
> ① 뷔의 성적은 75이고 등급은 C입니다.
> ① 사나의 성적은 78이고 등급은 C입니다.
> ① RM의 성적은 97이고 등급은 A입니다.
> ① 정연의 성적은 89이고 등급은 B입니다.
> ① 지민의 성적은 85이고 등급은 B입니다.
> ① 모모의 성적은 82이고 등급은 B입니다.
> ① Chapter9 실행이 종료되었습니다. in: 00:00:01

[그림 9-35] 결과

실행하면 위와 같이 결과를 볼 수 있는데 각 학생에 대한 성적과 성적에 따라 등급이 나뉜 것을 확인하실 수 있습니다.

9.6 Remove Row / Column 액티비티

Add Data Row / Column의 반대로 Row / Column을 제거하는 액티비티입니다.

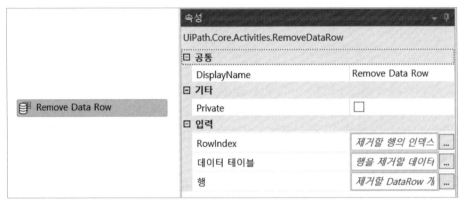

[그림 9-36] Remove Data Row 액티비티

액티비티의 모습은 위와 같이 단순하고 속성을 보겠습니다.

• RowIndex: 제거할 행의 인덱스를 지정합니다.

• 데이터 테이블: 행을 제거할 데이터 테이블을 지정합니다.

• 행: 제거할 DataRow 객체를 지정합니다.

데이터 테이블에 값을 입력하고 RowIndex 또는 행 속성에 값을 넣어서 이용하면 됩니다.

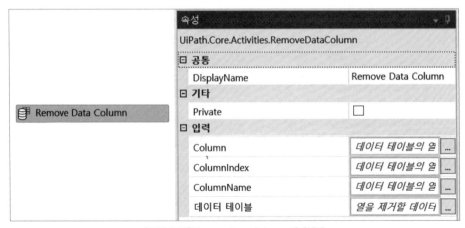

[그림 9-37] Remove Data Column 액티비티

Remove Data Column은 Column을 제거하는 액티비티로 마찬가지로 단순한 모습을 나타내고 있습니다. 속성을 보도록 하겠습니다.

• Column: 제거할 DataColumn 객체를 지정합니다.
• ColumnIndex: 제거할 Column의 인덱스를 지정합니다.
• ColumnName: 제거할 Column명를 지정합니다.
• 데이터 테이블: Column을 제거할 데이터 테이블을 지정합니다.

Remove Data Column도 Remove Data Row와 비슷하게 생겼고 사용하는 방법은 같습니다. Remove Data Row / Column은 예시를 보지 않고 넘어가도록 하겠습니다.

9.7 Get Row Item 액티비티

DataTable에서 행은 DataRow라는 유형의 데이터입니다. DataTable에서 이 DataRow를 반복문을 돌리면서 원하는 Column의 데이터를 확인하기 위해서 우리는 'DataRow변수.Item("컬럼명")'을 이용했습니다. 이 DataRow 안에서 원하는 Column 데이터를 가져오는 방법에는, Get Row Item 액티비티를 이용하는 방법도 있습니다. 이 액티비티에 대해서 알아보도록 하겠습니다.

[그림 9-38] Get Row Item 액티비티

"행"에서는 데이터를 출력하고자 하는 DataRow를 말하고 속성의 [입력] – [행]에 해당
됩니다. "열"은 숫자와 이름이 있는데 숫자는 컬럼의 Index로 속성의 ColumnIndex
에 해당되고, 이름은 컬럼명으로 속성의 ColumnName에 해당됩니다. "값"은 이렇게
추출한 데이터를 저장할 변수로 속성의 [출력] – [Value]에 해당됩니다.

Add Data Column 예시([그림 9-30])에서는 CurrentRow.Item("score")를 이용했는
데, 대신에 Get Row Item 액티비티를 이용해보겠습니다.

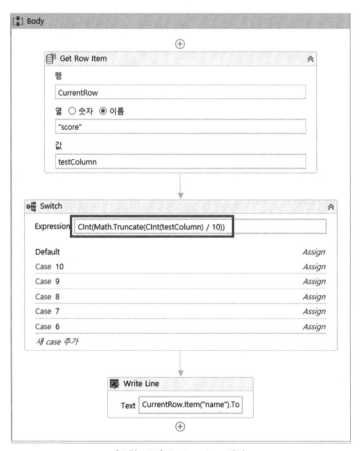

[그림 9-39] Get Row Item 예시

Add Data Column 예시에서 For Each Row in Data Table 액티비티의 Body 부
분만 변경을 하였습니다. Get Row Item 액티비티를 이용해서 "score" Column 데

이터를 가져와서 testColumn 변수에 넣고 Switch 액티비티에서 Expression 부분을 수정하였습니다.

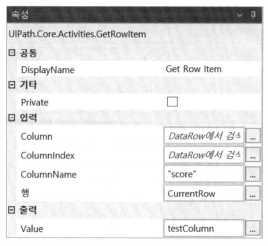

[그림 9-40] 속성

속성에서 보면 ColumnName에 "score", 행에는 DataRow인 CurrentRow, 출력 값에는 testColumn를 넣어주시면 됩니다. 여기서 testColumn의 타입은 Column Name에서 지정한 Column과 같은 타입이어야 합니다. "score" 컬럼은 Int32이기 때문에 testColumn 변수도 Int32 유형으로 설정합니다. 이 예제를 실행하면 결과는 이전과 동일하게 나오는 것을 확인하실 수 있습니다.

이렇게 DataTable에서 원하는 Column값을 가져올 때는 CurrentRow.Item("score")를 이용해서 값을 가져오는 방법과 Get Row Item 액티비티를 이용해서 가져오는 방법 가운데 상황에 맞는 방법을 이용하면 됩니다.

9.8 Output Data Table 액티비티

DataTable에 있는 데이터를 String으로 바꿔주는 액티비티입니다. 각 Column 값을 구분짓는 것은 ","(콤마)로 CSV랑 같은 형태가 된다고 보면 됩니다.

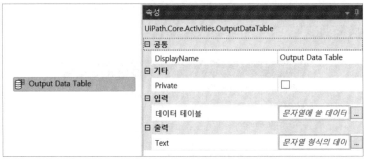
[그림 9-41] Output Data Table 액티비티

액티비티의 모양은 위와 같은데 속성을 보면 입력에는 "데이터 테이블"이 있어 텍스트로 변환하고 싶은 데이터 테이블을 넣으면 되고 출력에는 그 결과를 담는 텍스트 변수를 넣으면 됩니다. 이전 예제를 이용해서 수정해보겠습니다.

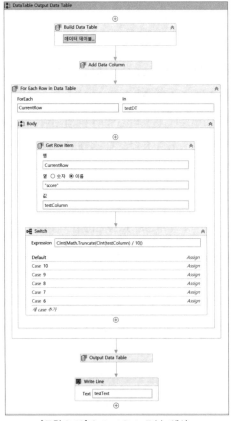
[그림 9-42] Output Data Table 예시

이전 예제에서는 For Each Row in Data Table 액티비티 안에서 Write Line 액티비티를 통해 각 CurrentRow에 대한 내용을 출력했었는데 이번에는 For Each Row in Data Table 액티비티가 끝나고 난 뒤에 Output Data Table 액티비티를 통해 String 형태로 변환하고 Write Line으로 출력합니다.

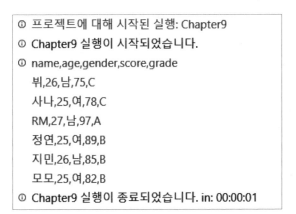

[그림 9-43] Output Data Table

Output Data Table 액티비티는 위와 같이 간단합니다. 앞서 만들었던 DataTable인 testDT를 입력하고 출력 부분에 testText 변수를 새로 만들어 넣고 그 아래 Write Line 액티비티에는 testText를 출력합니다.

```
ⓘ 프로젝트에 대해 시작된 실행: Chapter9
ⓘ Chapter9 실행이 시작되었습니다.
ⓘ name,age,gender,score,grade
   뷔,26,남,75,C
   사나,25,여,78,C
   RM,27,남,97,A
   정연,25,여,89,B
   지민,26,남,85,B
   모모,25,여,82,B
ⓘ Chapter9 실행이 종료되었습니다. in: 00:00:01
```

[그림 9-44] 결과

위와 같이 결과를 보면 DataTable에 있던 내용들이 전부 출력이 되는데 Column값들을 구분짓는 것은 콤마(,)로 구분되어 있는 것을 확인할 수 있습니다.

<u>9.9</u> Filter Data Table 액티비티

DataTable에 있는 내용을 필터링할 때 사용하는 액티비티입니다. 엑셀에서 제공하는 필터와 같은 기능이라고 보면 됩니다.

[그림 9-45] Filter Data Table 액티비티

Filter Data Table 액티비티는 위와 같은데, 속성에는 FilterRowsMode, Select ColumnsMode 그리고 입력과 출력에 각각 데이터 테이블이 있습니다. 해당 속성들은 "필터 구성"을 하면서 알아보겠습니다. Filter Data Table 액티비티에 "필터 구성"을 클릭해보겠습니다.

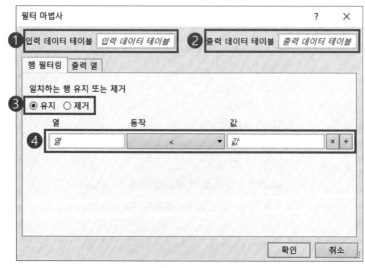

[그림 9-46] 필터 마법사 - 행 필터링

"필터 구성"을 클릭하면 위와 같은 "필터 마법사" 팝업창이 뜹니다. 팝업창에는 [행 필터링]과 [출력 열] 2개의 탭이 있는데, 먼저 [행 필터링]부터 살펴보겠습니다.

① **입력 데이터 테이블**: Filter를 하고자 하는 DataTable 변수를 지정합니다.
② **출력 데이터 테이블**: Filter 처리가 되고난 결과를 담는 DataTable 변수를 지정합니다.
③ **행 필터링 모드**: Filter에 걸린 데이터들을 유지할지 아니면 제거할지 선택합니다.
④ **조건**: Filter를 할 조건들을 정합니다.

위에서 보듯이 [행 필터링] 탭은 필터링을 하는 조건을 설정하는 탭입니다. 필터링을 하고자 하는 데이터 테이블을 1번에 넣고 필터링을 한 뒤에 결과를 저장할 데이터 테이블을 2번에 넣습니다. 결과를 저장할 데이터 테이블은 3번과 4번에서 지정한 것에 따라 결과가 달라집니다. 3번은 4번의 조건에 의해 걸러진 데이터들을 유지할 것인지 제거할 것인지 선택하는 것입니다. 4번을 통해 조건을 지정해보겠습니다. 여기에는 "열", "동작", "값"이 있습니다.

[그림 9-47] 동작 조건

열에는 필터링을 하고자 하는 열의 이름이 들어가고, 동작에는 연산자가 들어갑니다.

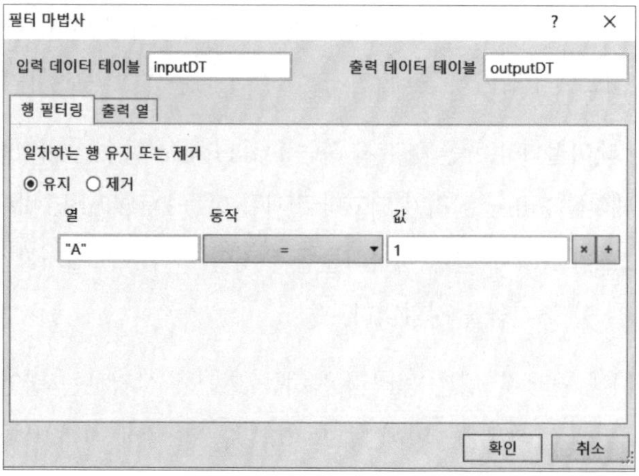

[그림 9-48] 행 필터링

예를 들어 필터 마법사를 위와 같이 작성했습니다. 이에 대해 부연하자면 inputDT라는 데이터 테이블이 있습니다. 이 데이터 테이블에서 "A"라는 열에 있는 값들 중에 값이 1인 행들만 골라내서 유지하고, 이를 outputDT라는 데이터 테이블에 저장하겠다는 뜻입니다.

만약에 조건을 여러 개 만들고 싶을 때는 조건 오른쪽에 있는 "+" 버튼을 클릭하여 여러 개 만들고, 삭제하고 싶을 때는 그 옆에 있는 "x" 버튼을 클릭하면 됩니다.

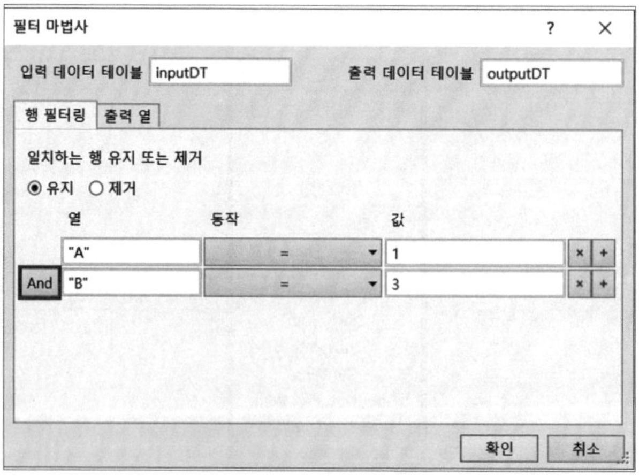

[그림 9-49] 다중 조건

조건을 추가하면 위와 같은 모습이 되는데 눈여겨 봐야할 것이 왼쪽에 있는 "And"입니다. 여기에는 "And"와 "Or"가 있는데 "And"는 위의 조건과 함께 모두 참일 때, "Or"은 두 조건 중 하나만 참일 때 적용되는 조건입니다. 이 부분을 클릭하면 조건이 바뀌므로, 원하는 조건에 따라 바꿔서 진행하면 됩니다.

이제, [출력 열] 탭을 살펴보겠습니다.

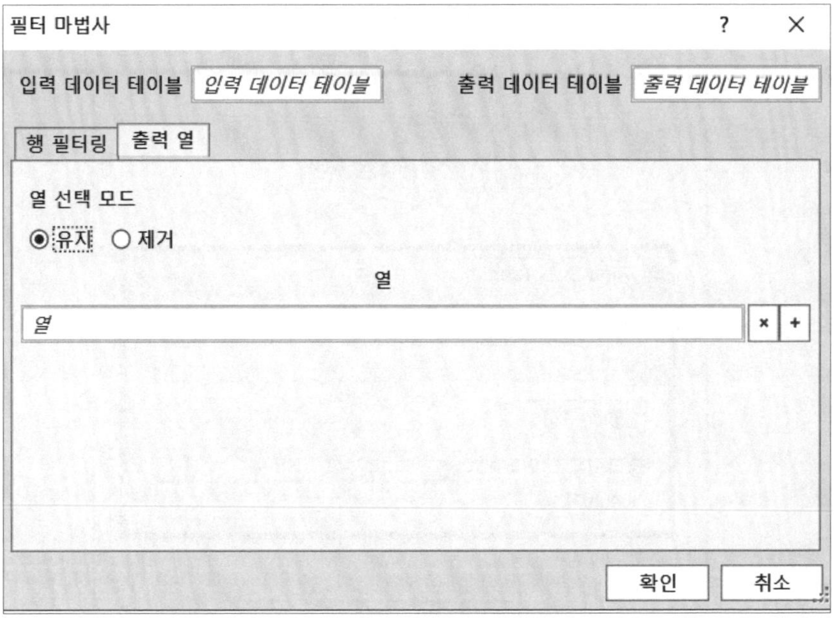

[그림 9-50] [출력 열] 탭

[출력 열] 탭은 앞에 [행 필터링] 탭을 통해 걸러진 행들에서 원하는 열들을 추출하거나 제거할 때 사용하는 탭입니다. 열 선택 모드에서 내가 지정한 열들을 유지할 것인지 제거할 것인지 정하고, 아래 부분 열에는 유지하거나 제거할 열의 이름들을 작성하면 됩니다. 아무 열도 작성하지 않는다면 전체 열에 대해 적용하겠다는 뜻입니다.

앞에서 진행했던 예제에 Filter Data Table 액티비티를 추가하여 26살 이상이고, 80점 이상을 받은 사람들은 누구인지 알아보겠습니다.

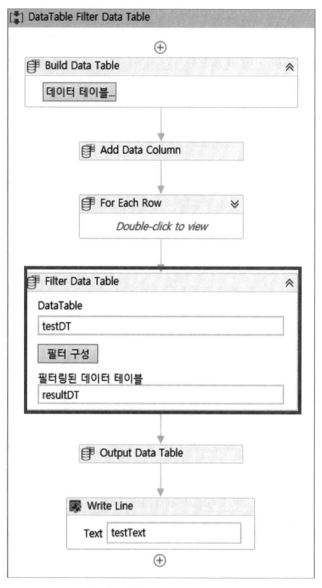

[그림 9-51] Filter Data Table 예시

이전 예제에서 Add Data Column과 For Each Row in Data Table을 통해 값을 추가하고 이후에 Filter Data Table 액티비티를 추가하였습니다. 필터 구성 버튼을 클릭하고 내용을 살펴보겠습니다.

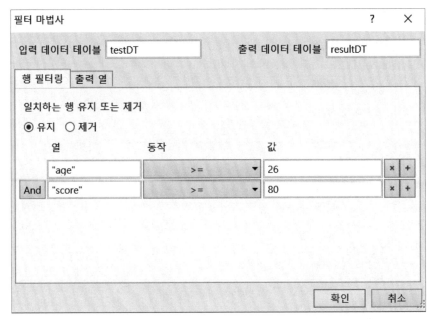

[그림 9-52] [행 필터링] 탭

먼저 입력 데이터 테이블과 출력 데이터 테이블을 입력합니다. 입력 데이터 테이블은 위의 Build Data Table 액티비티를 통해 생성되었던 testDT가 들어갑니다. 출력 데이터 테이블의 경우 resultDT라는 새로운 DataTable을 생성해서 필터링 결과를 담을 변수를 만들어줍니다("출력 데이터 테이블" 입력란에 마우스 커서를 놓고 ctrl + k를 눌러 변수를 생성하셔도 됩니다).

[행 필터링] 탭에서는 모드를 "유지"로 선택하고 아래에 필터링 조건을 넣습니다. 첫 번째 조건에는 "age" >= 26을 만들어 나이가 26살 이상인 사람들을 필터링하고 오른쪽에 "+" 버튼을 클릭하여 조건을 추가합니다. 추가한 조건에는 "score" >= 80을 만들어 성적이 80점 이상인 사람들을 필터링하였습니다. 2개의 조건은 동시에 이루어져야 하기 때문에 왼쪽에 And로 연결을 해주었습니다.

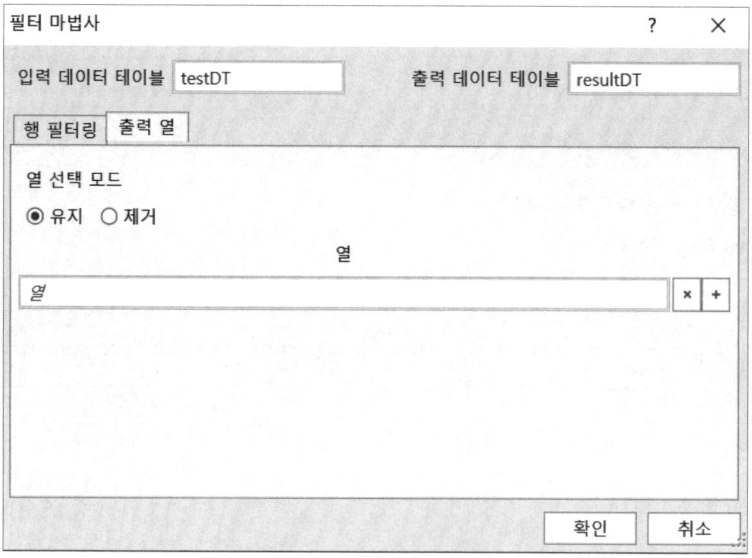

[그림 9-53] [출력 열] 탭

[출력 열] 탭에서는 특정 열만 출력하는 것이 아니라 모든 열을 출력하기 위해 열 선택 모드에서 "유지"를 선택하고 열은 빈 칸으로 두고 우측 하단에 "확인" 버튼을 클릭합니다. Filter Data Table 액티비티를 거치면 필터링한 결과가 resultDT 변수에 담기게 됩니다.

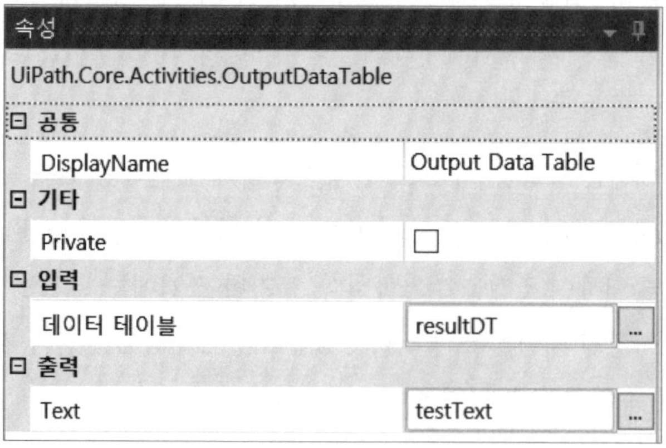

[그림 9-54] Output Data Table 액티비티

다음으로 Output Data Table 액티비티에는 입력 데이터 테이블을 resultDT로 변경을 합니다. 해당 예제를 실행시켜보겠습니다.

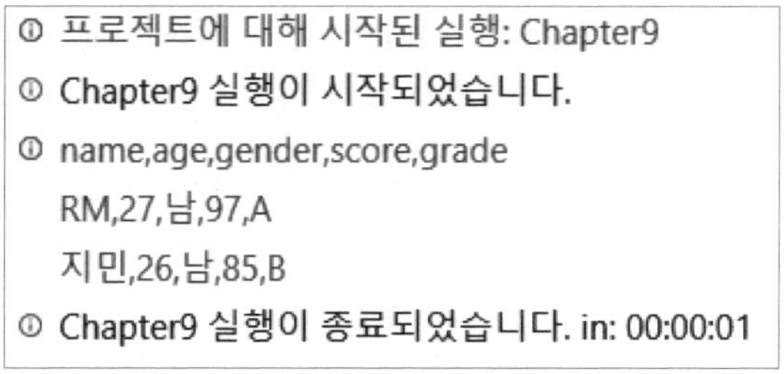

ⓘ 프로젝트에 대해 시작된 실행: Chapter9

ⓘ Chapter9 실행이 시작되었습니다.

ⓘ name,age,gender,score,grade
  RM,27,남,97,A
  지민,26,남,85,B

ⓘ Chapter9 실행이 종료되었습니다. in: 00:00:01

[그림 9-55] 결과

결과를 보면 나이가 26살이고, 점수가 80점 이상인 인원들에 대한 결과가 RM과 지민 두 명이고, 위와 같이 나온 것을 확인하실 수 있습니다.

9.10 Generate Data Table 액티비티

Output Data Table 액티비티와 반대로 텍스트나 CSV 형태를 DataTable로 변환시 켜주는 액티비티입니다. 텍스트의 경우에는 CSV처럼 쉼표(,)나 들여쓰기(Tab) 등 열 을 구분지을 수 있는 것이 필요합니다. 액티비티를 살펴보겠습니다.

[그림 9-56] Generate Data Table 액티비티

액티비티 자체에는 "Input", "옵션", "DataTable"이 있습니다. "Input"에는 데이터 테이블로 변환하고자 하는 String 데이터, "옵션"에는 데이터 테이블로 변환하는 옵션, "DataTable"은 변환하고 난 뒤 저장할 데이터 테이블 변수를 설정합니다. 속성 패널을 통해 간단히 속성을 보도록 하겠습니다.

- ColumnSeparators: 열 구분자로 사용할 문자를 정합니다.
- CSVParsing: 해당 글자가 CSV 형태로 파싱을 할것인지 설정합니다.
- NewLineSeparator: 줄 바꿈 구분자로 사용할 문자를 정합니다.
- Input: 데이터 테이블로 변환할 대상입니다(String형태).
- Positions: OCR을 사용하여 글자를 가져올 때 지정할 위치입니다.
- DataTable: 생성된 테이블을 저장할 데이터 테이블 변수를 입력합니다.
- AutoDetectTypes: 열 또는 행 형식을 자동으로 탐지할지 여부를 체크합니다.
- UseColumnHeader: 첫 번째 식별된 열을 열 헤더로 사용할지 여부를 체크합니다.
- UseRowHeader: 첫 번째 식별된 행을 행 헤더로 사용할지 여부를 체크합니다.

속성에 대한 설명은 위와 같고 이제 "옵션" 버튼을 클릭합니다.

[그림 9-57] 데이터 테이블 생성 마법사

옵션 버튼을 클릭하면 위와 같은 데이터 테이블 생성 마법사 팝업창이 뜨게 됩니다. 이 마법사를 살펴보겠습니다.

① **샘플 입력**: 데이터 테이블로 변환하고자 하는 String 내용을 입력합니다.

② **옵션(테이블 옵션, 데이터 서식 옵션)**: 데이터 테이블로 만들기 위한 옵션을 선택합니다.

③ **미리 보기**: 샘플 입력과 옵션을 선택하였다면 미리 보기 버튼을 클릭하여 결과를 미리 볼 수 있습니다.

④ **테스트 미리 보기**: 미리 보기 버튼을 클릭하여 나온 결과가 출력됩니다.

데이터 테이블 생성 마법사를 살펴보았습니다. 이제, 이를 바탕으로 테스트해보겠습니다.

[그림 9-58] 예시

① 이전 예제를 실행해서 출력 패널에 나온 결과([그림 9-55])를 복사하여 샘플 입력에 붙여넣기합니다.

[그림 9-59] 옵션 선택

② 샘플 입력에 넣은 데이터의 첫 번째 행은 열의 이름이기 때문에 테이블 옵션에서 "첫 번째 행을 열 헤더로 사용"을 체크합니다. 그리고 샘플 데이터는 열이 쉼표(,)로 구분되어 있는 CSV 형태입니다. 그렇기 때문에 데이터 서식 옵션에서 Format을 "CSV"로 선택하고 열 구분자에는 "쉼표"를 선택합니다.

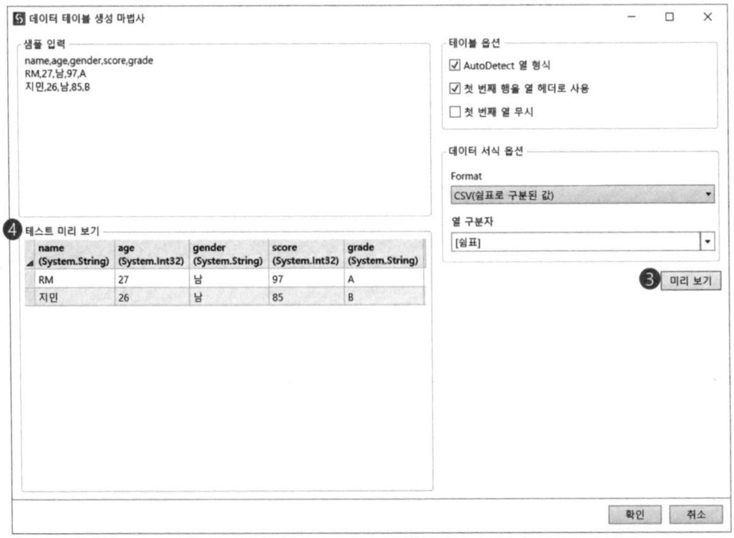

[그림 9-60] 미리 보기

③ 이렇게 샘플 데이터와 옵션을 모두 선택했다면, "미리 보기" 버튼을 클릭합니다.

④ "테스트 미리 보기"에 나온 데이터를 확인합니다. 열 이름이나 유형이 제대로 매핑
이 되었는지 검토하고, 그 아래 내용도 제대로 입력이 되었는지 확인한 후, 하단에
"확인" 버튼을 클릭합니다.

[그림 9-61] 속성

이렇게 데이터 테이블 생성 마법사를 통해 설정한 옵션들이 속성에 적용이 된 것을 확
인할 수 있습니다. 생성 마법사에서는 단지 샘플 데이터를 통해 확인한 것이기 때문에
속성 중에 [입력] – [Input]과 [출력] – [DataTable]란에는 해당 변수들을 채워주시길 바
랍니다.

9.11 Clear Data Table 액티비티

DataTable의 내용을 전부 지워주는 액티비티입니다.

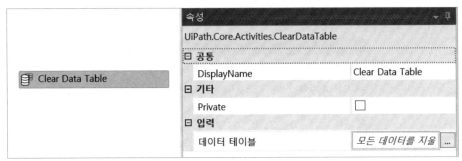

[그림 9-62] Clear Data Table 액티비티

액티비티를 보면 단순합니다. 속성에 [입력] – [데이터 테이블]에 데이터를 전부 지우고
싶은 데이터 테이블의 변수를 입력하면 됩니다. 예시를 통해 확인해보겠습니다.

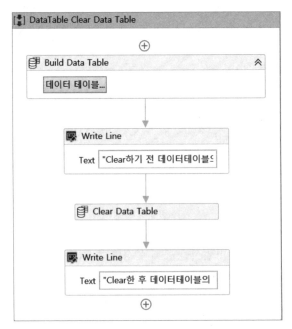

[그림 9-63] Clear Data Table 예시

DataTable의 경우 위 예제에서 계속 이용하던 Build Data Table 액티비티를 이용하였습니다. 그리고 Clear Data Table 액티비티를 하기 전후로 Write Line 액티비티를 이용하였습니다.

[그림 9-64] Write Line

Write Line 액티비티에는 단순히 "testDT.Rows.Count"로 DataTable에 데이터가 몇 개 있는지를 파악하였습니다.

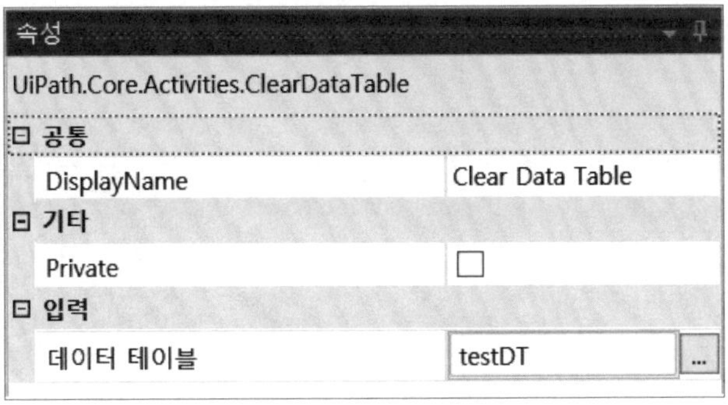

[그림 9-65] Clear Data Table

Clear Data Table 액티비티의 경우 데이터 테이블 입력란에 지우고자 하는 데이터 테이블인 testDT를 입력합니다. 이제 실행하여 결과를 보겠습니다.

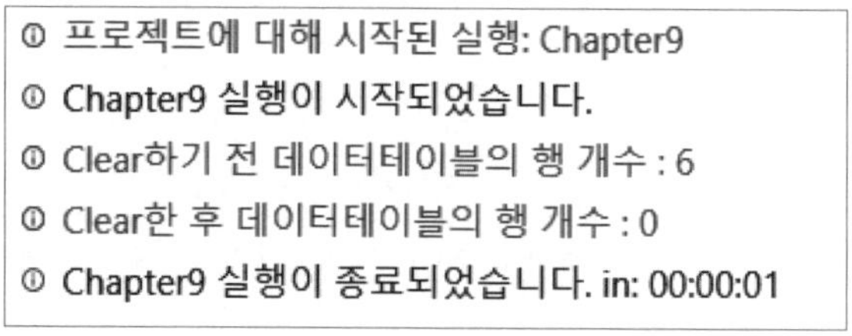

> ⓘ 프로젝트에 대해 시작된 실행: Chapter9
> ⓘ **Chapter9 실행이 시작되었습니다.**
> ⓘ **Clear하기 전 데이터테이블의 행 개수 : 6**
> ⓘ **Clear한 후 데이터테이블의 행 개수 : 0**
> ⓘ **Chapter9 실행이 종료되었습니다. in: 00:00:01**

[그림 9-66] 결과

위와 같이 결과를 보면 Clear Data Table 액티비티를 거치기 전에 데이터 테이블의 행 개수는 6개였지만, Clear Data Table 액티비티를 거친 데이터 테이블의 행 개수는 0개로, 전부 사라진 것을 확인할 수 있습니다. DataTable의 데이터를 모두 삭제하고 다시 이용할 때 이용합니다.

이번 장에서는 DataTable 유형에 대해서 알아보았습니다. DataTable은 Chapter 10 엑셀 자동화를 진행할 때와 데이터 스크래핑 등 여러 방면에서 사용하는 유형이므로, 반드시 숙지하고 넘어가셔야 합니다.

CHAPTER 10

엑셀(Excel)

이번 장에서는 엑셀을 다루는 방법에 대해서 알아보겠습니다. 엑셀은 모든 회사 업무 가운데 많은 비중을 차지하고 있으며, 단순반복적인 작업이 상당히 많습니다. 그만큼 RPA로 전환할 수 있는 것들이 많기 때문에, 실제 프로젝트를 진행할 때도 많이 이용하고 있습니다. 이제, 엑셀을 하면서 기본적으로 사용하는 액티비티들에 대해서 알아보겠습니다.

10.1 Excel과 통합 문서(Workbook)

UiPath에서는 엑셀과 관련해서 Excel과 통합 문서 액티비티를 제공합니다. 둘의 차이를 보도록 하겠습니다. 액티비티 패널에서 "write range"를 검색해보겠습니다.

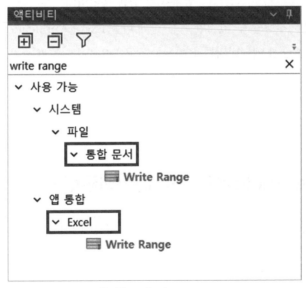

[그림 10-1] write range

"write range"를 검색하면 위와 같이 "통합 문서"와 "Excel" 두 군데에서 액티비티를 찾을 수 있습니다. 이 2가지를 같이 보겠습니다.

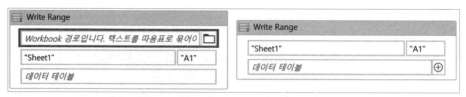

[그림 10-2] Write Range(왼쪽: 통합 문서 / 오른쪽: Excel)

2가지의 Write Range 액티비티입니다. 두 액티비티는 모두 같은 기능을 하지만 왼쪽의 통합 문서와 오른쪽의 Excel에서 보면 다른 점은 왼쪽 액티비티에서 보이는 "Workbook 경로"(박스 강조 표시)입니다. 이와 같이 통합 문서에 있는 액티비티들은 Workbook 경로를 지정해줘야 하기 때문에 단독으로 사용할 수가 있습니다. 그와 반면에 Excel에 있는 액티비티들은 단독으로 사용할 수가 없고 "Excel Application Scope"라는 액티비티 안에서 사용할 수 있습니다. 그리고 많은 기업에서 DRM을 이용하여 문서 보안을 하고 있는데 통합 문서에 있는 액티비티들을 이용할 경우 DRM에 걸려 액티비티를 진행할 수 없지만 다음 장에 나올 Excel Application Scope 액티비티를 이용한 Excel 액티비티들을 이용할 경우 DRM이 걸려있는 엑셀 문서도 작업할 수 있습니다. 그러므로 Chapter 10에서는 통합 문서 쪽이 아니라 Excel에 있는 액티비티들을 살펴보도록 하겠습니다.

10.2 Excel Application Scope 액티비티

Excel Application Scope 액티비티는 Excel 파일을 생성하기도 하고 Excel 관련 액티비티들을 사용하기 위한 용도의 액티비티입니다.

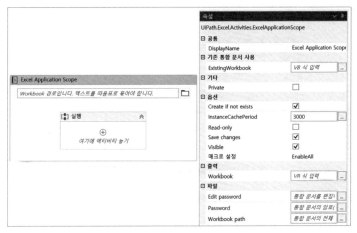

[그림 10-3] Excel Application Scope 액티비티

Excel Application Scope 액티비티와 속성입니다. 조작하고 싶은 엑셀의 파일경로를 "Workbook 경로"에 지정하고, "실행" Sequence 안에는 엑셀 관련 액티비티들을 넣어주면 됩니다. 속성을 보도록 하겠습니다.

- ExistingWorkbook: 저장해놓은 Workbook 변수가 있다면 Workbook 경로에 작성하지 않고 여기에 입력하여 Workbook을 불러옵니다.
- Create if not exists: Workbook 경로에 지정한 파일이 존재하지 않다면 생성할지 여부를 체크합니다.
- InstanceCachePeriod: Excel 인스턴스를 임시 저장할 기간(밀리초)입니다.
- Read-only: 엑셀 파일을 읽기 전용으로 사용할지 여부입니다.
- Save changes: 변경 내용이 있으면 자동으로 저장할지 여부입니다.
- Visible: Foreground에서 진행 할지 Background에서 진행할지 여부입니다(체크하면 Foreground에서 진행합니다).
- 매크로 설정: 매크로 수준을 지정합니다. EnableAll, DisableAll, ReadFromExcel Settings 3가지가 있습니다.
- Workbook: 현재 지정한 Workbook을 변수에 저장합니다.
- Edit password: Workbook파일에 비밀번호를 설정합니다.
- Password: Workbook 파일에 암호가 걸려있다면 해당 암호를 입력합니다.

• Workbook path: Excel Application Scope에서 사용할 Workbook의 경로입니다.

[그림 10-4] 예제

예시로 위와 같이 Workbook 경로에 "test.xlsx"를 입력합니다. 이 경로에서 앞에 다른 폴더 경로는 없고 파일명만 있다면 파일은 해당 프로젝트 폴더 안에 생기게 됩니다. 속성은 아무것도 건드리지 않고 실행을 해보겠습니다.

[그림 10-5] 결과

실행을 마치면 프로젝트 패널에서 "새로고침" 버튼을 클릭합니다. 그러면 여기에 "test.xlsx" 파일이 새로 생성된 것을 확인할 수가 있습니다.

10.3 Write Cell 액티비티

원하는 Cell 하나에 데이터를 입력하는 액티비티입니다.

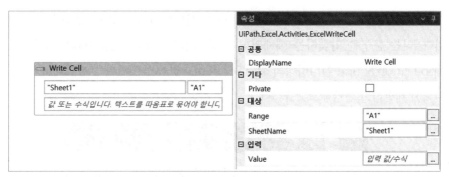

[그림 10-6] Write Cell 액티비티

액티비티는 [그림 10-6]과 같이 생겼고 속성을 보도록 하겠습니다.

- Range: 데이터를 입력할 Cell의 위치를 표기합니다.
- SheetName: 데이터를 입력할 Sheet명을 지정합니다.
- Value: 입력할 데이터 값을 작성합니다.

위의 속성들로 보면 "Sheet1"이라는 시트명의 "A1" 위치에 있는 Cell에 데이터를 입력하겠다는 것입니다. 예제를 통해 살펴보겠습니다.

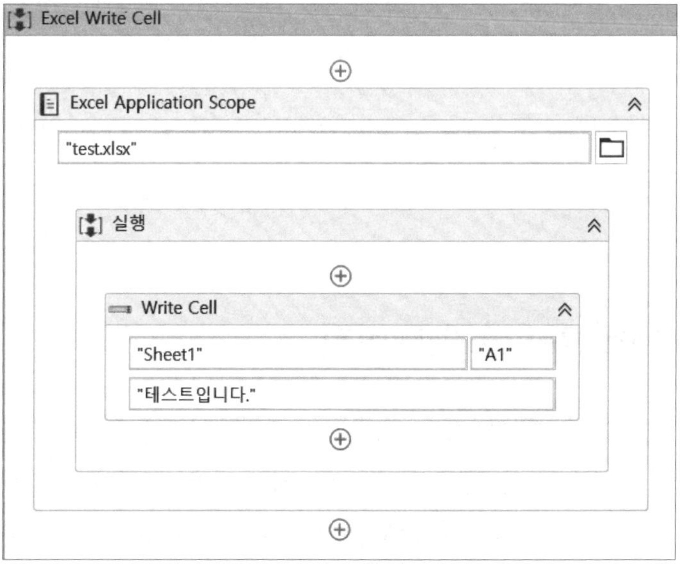

[그림 10-7] Write Cell 예제

간단하게 "test.xlsx"파일에 "Sheet1"이라는 시트명의 "A1"위치 Cell에 "테스트입니다."라는 문구를 입력하는 예제입니다. 유의점은 Write Cell 액티비티가 Excel Application Scope 액티비티의 실행 Sequence 안에 들어있다는 점입니다. 이에 유의해서 개발하고 실행해보겠습니다.

[그림 10-8] 결과

실행이 끝나고 엑셀을 확인해보면 "Sheet1"이라는 시트의 "A1" Cell에 "테스트입니다."가 표기된 것을 확인할 수 있습니다.

10.4 Write Range 액티비티

Write Range 액티비티는 Write Cell처럼 데이터를 입력하지만 특정 Cell에서만 작성을 하는게 아니라 테이블 형태의 값을 작성하는 것입니다. Write Cell에서는 작성되는 내용이 String 문자열 형태의 데이터였다면 Write Range 액티비티의 경우에는 DataTable 형태의 데이터를 입력하게 됩니다. 액티비티를 먼저 살펴보겠습니다.

[그림 10-9] Write Range 액티비티

Write Range 액티비티는 위와 같이 생겼습니다. 속성을 보도록 하겠습니다.

• SheetName: 데이터를 입력할 시트명을 정합니다.

• StartingCell: 데이터를 입력할 시작점을 정합니다.

• AddHeaders: 데이터를 입력할 때 헤더를 포함할지 여부를 체크합니다.

• 데이터 테이블: 입력할 데이터 테이블 변수를 지정합니다.

여기서 StartingCell이 특이해보일 수 있습니다. Write Range인데 범위가 아닌 "A1"
이 적힌 것을 보실 수 있습니다. 이는 입력하는 데이터 테이블의 1행 1열을 어느 Cell
에 기준을 놓을 것인지 나타내는 것입니다. 예제를 보면서 확인하겠습니다.

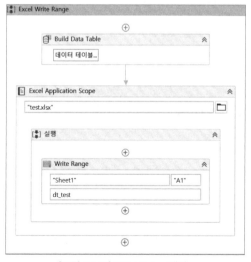

[그림 10-10] Write Range 예제

간단하게 Write Range 예제를 만들어보았습니다. Build Data Table 액티비티를 이용해서 DataTable을 만들고 이를 엑셀에 입력하는 예제입니다.

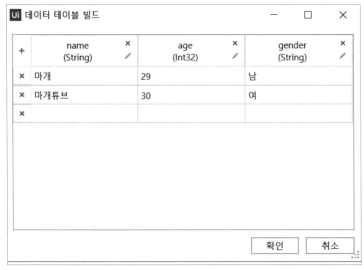

[그림 10-11] Build Data Table

Build Data Table 액티비티에는 위와 같이 데이터를 입력하고 "dt_test"라는 변수에 저장합니다.

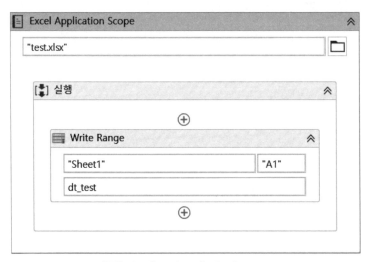

[그림 10-12] Excel Application Scope

Excel Application Scope에는 엑셀을 저장할 경로에 파일명까지 지정해줍니다(경로나 파일명의 경우 저와 다르게 하셔도 됩니다).

[그림 10-13] Write Range

Write Range 액티비티에는 위와 같이 입력을 합니다. 속성에서 "AddHeaders"는 체크하지 않고 실행하고, 체크한 다음 실행하는 2가지 결과를 비교해보겠습니다.

[그림 10-14] 결과

결과를 보겠습니다. [그림 10-14]에서 왼쪽이 "AddHeaders"를 체크하지 않았고, 오른쪽이 "AddHeaders"를 체크한 것입니다. 체크하면 첫 행에 name, age, gender가 써있는 것을 확인할 수 있는데, 이는 Build Data Table 액티비티에서 지정했던 컬럼명입니다. "AddHeaders"를 체크하면 데이터 테이블의 컬럼명이 Header로 생성되어 작성됩니다. 이는 필요에 따라서 지정을 하면 됩니다.

다음으로 살펴볼 것이 StartingCell입니다. 여기에 "A1"을 지정하였는데 결과를 보면 데이터가 "A1" Cell에서부터 시작된 것을 보실 수가 있습니다. 이를 "B1"으로 바꾸고 엑셀을 지운 뒤 실행시켜보겠습니다.

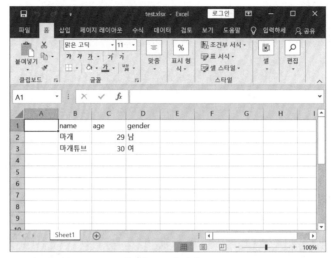

[그림 10-15] 결과

결과를 보면 데이터 테이블 내용이 B1에서부터 시작되는 것을 확인하실 수가 있습니다. 이 부분도 실제 프로젝트를 진행하면서 맞게 변경을 하면 됩니다.

10.5 Read Cell 액티비티

Write Cell/Range 액티비티를 봤으니 그와 반대인 Read Cell/Range 액티비티를 살펴보겠습니다. Read Cell 액티비티는 지정한 Cell의 내용을 읽는 기능입니다.

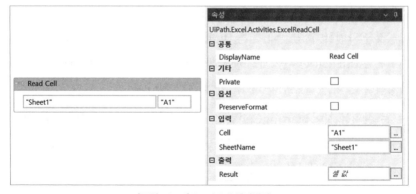

[그림 10-16] Read Cell 액티비티

Read Cell 액티비티는 위와 같은 모습을 지니고 있습니다. 속성들을 보겠습니다.

• PreserveFormat: 지정한 Cell의 형식을 유지할지 여부를 체크합니다.

• Cell: 데이터를 읽을 Cell 위치를 작성합니다.

• SheetName: 데이터를 읽을 시트명을 작성합니다.

• Result: Cell위치를 통해 읽은 데이터를 저장할 결과 변수를 정합니다.

예제를 통해 살펴보겠습니다.

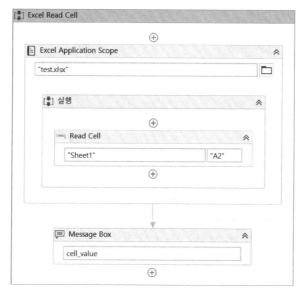

[그림 10-17] Read Cell 액티비티 예제

예제는 간단히 Write Range 예제를 통해 만들어진 엑셀에서 "A2" Cell을 읽어서 출력하는 것입니다.

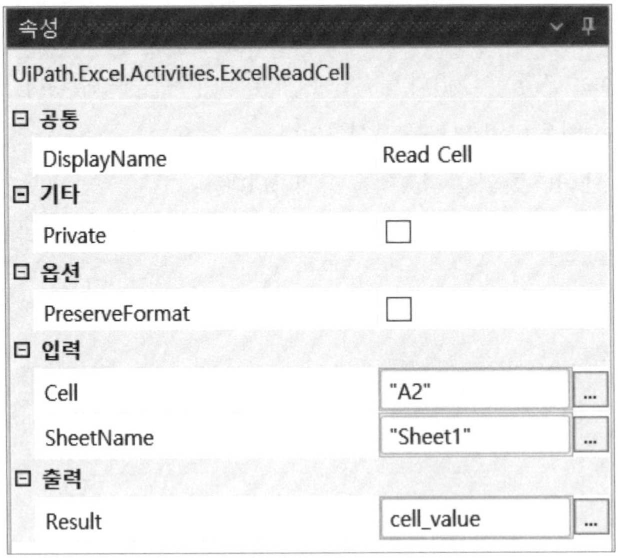

[그림 10-18] Read Cell 속성

Read Cell 액티비티 속성에는 위와 같이 지정합니다. 앞에서 만든 엑셀에서 "A1" Cell 값은 Header 중 하나인 name이기 때문에 "A2" Cell로 지정하였습니다. 출력 Result 에는 String 변수를 하나 만들어서 입력합니다. 이 변수는 변수 패널에서 범위를 시퀀 스까지로 넓혀줍니다. Excel Application Scope 아래에는 Message Box 액티비티 를 통해 결과를 출력합니다. 실행시켜보겠습니다.

[그림 10-19] 결과

결과를 보면 엑셀의 A2 Cell에 있는 내용이 위와 같이 출력되는 것을 확인하실 수 있 습니다.

10.6 Read Range 액티비티

Read Range 액티비티는 특정한 하나의 Cell이 아니라 우리가 지정한 Cell의 범위를 읽는 기능입니다.

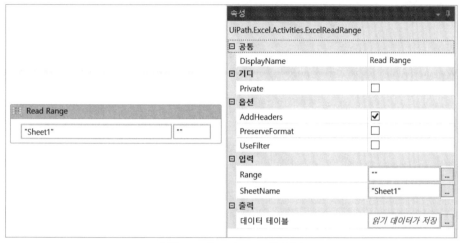

[그림 10-20] Read Range 액티비티

Read Range 액티비티는 위와 같이 생겼습니다. 엑셀에서 지정한 범위에 있는 값들을 가져옵니다. 속성을 보도록 하겠습니다.

- AddHeaders: Range에서 지정한 범위의 첫 번째 행을 헤더로 지정할지 여부입니다.
- PreserveFormat: 엑셀의 형식을 유지할지 여부입니다.
- UseFilter: 엑셀에서 적용되어 있는 필터를 따를지 여부입니다.
- Range: 엑셀 데이터를 읽고자 하는 범위입니다. ""로 하면 전체 범위가 대상이고 전체가 아닌 특정 범위를 하고 싶으면 "시작Cell:끝Cell"을 지정하면 됩니다.
- SheetName: 엑셀 데이터를 읽고자 하는 시트명입니다.
- **데이터 테이블**: 액티비티를 통해 읽은 데이터를 저장할 데이터 테이블입니다.

SheetName과 Range에서 지정한 범위의 내용을 읽어 데이터 테이블로 저장하는 액티비티입니다. 위에서 만들어놓은 엑셀(test.xlsx)을 이용해서 예제를 만들어보겠습니다.

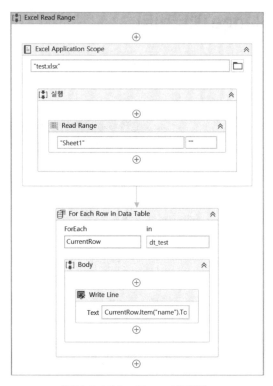

[그림 10-21] Read Range 액티비티

간단하게 위에서 만들었던 엑셀을 읽어서 출력하는 예제입니다.

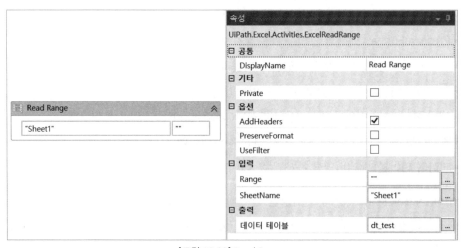

[그림 10-22] Read Range

Read Range 액티비티에는 위와 같이 합니다. SheetName에 엑셀의 시트명인 "Sheet1"을 작성하고 Range에는 ""(공백)으로 둡니다. 공백으로 두면 전체 데이터를 가져옵니다. AddHeaders는 체크하여 첫 행을 Header로 불러옵니다. 출력에는 DataTable 변수를 만들어 결과를 저장하도록 합니다. 이후에는 For Each Row in Data Table 액티비티를 이용해서 읽어온 데이터를 출력합니다. 실행하여 결과를 살펴보겠습니다.

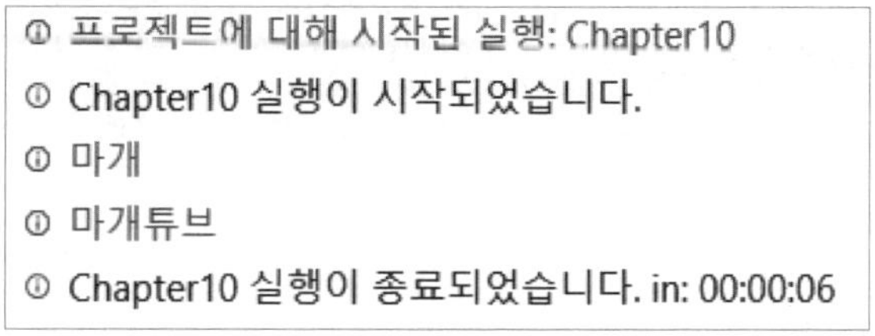

```
ⓘ 프로젝트에 대해 시작된 실행: Chapter10
ⓘ Chapter10 실행이 시작되었습니다.
ⓘ 마개
ⓘ 마개튜브
ⓘ Chapter10 실행이 종료되었습니다. in: 00:00:06
```

[그림 10-23] 결과

결과를 보면 name 컬럼에 있던 데이터들이 출력된 것을 확인하실 수 있습니다.

이번 장에서는 엑셀에 대해 알아보았습니다. 관련 액티비티들은 매우 많지만, 가장 기본이 되는 쓰고 읽는 액티비티들을 살펴보았습니다. Chapter 9에서 배웠던 DataTable 액티비티와 엑셀 액티비티들을 함께 사용하면 됩니다.

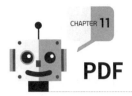

CHAPTER **11**

PDF

이번 장에서는 PDF와 관련된 자동화에 대해 알아보겠습니다. 회사에서는 PDF를 이용한 업무가 많습니다. PDF에 있는 글자들을 읽고 가공해서 원하는 데이터들을 추출하거나 추출한 데이터를 다른 시스템에 입력하는 단순 반복적인 작업이 많을 수 있는데, 이 부분을 자동화하면 시간을 절약할 수 있습니다.

<u>11.1</u> PDF 종류

작업을 하기 전에 PDF에 대해 먼저 알아야할 것이 있습니다. PDF의 종류에는 2가지가 있습니다. 전자문서와 스캔본으로, 종류에 따라 작업 방식이 달라지기 때문에 먼저 PDF가 어떠한 종류인지 파악해야 합니다. 이 2가지를 확인하는 방법에 대해 살펴보겠습니다. PDF는 예제 파일 폴더에서 확인할 수 있습니다. 예제 파일은 부록 A를 참고하십시오. 먼저, 전자문서 PDF를 열어보겠습니다.

[그림 11-1] PDF

전자문서 PDF는 [그림 11-1]과 같습니다. 글자가 있는 부분을 마우스로 드래그하겠습니다.

[그림 11-2] 전자문서

글자가 있는 부분을 드래그하면 전자문서의 경우 위와 같이 글자가 선택되는 것을 확인하실 수 있습니다. PDF를 확인할 때 이렇게 글자가 선택이 되면 전자문서라고 보시면 됩니다.

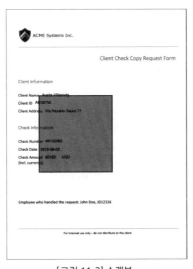

[그림 11-3] 스캔본

이번에는 스캔본 PDF을 열어봅니다. 스캔본은 마우스로 글자를 드래그할 경우 표시가 안 날 수도 있고, 위와 같이 네모 박스가 생길 수도 있습니다(Acrobat Reader로 파일을 열었을 경우에는 [그림 11-3]과 같이 나옵니다). 지금까지 PDF가 전자문서인지 스캔본인지 먼저 파악했으니, 이제 관련 액티비티들에 대해 알아보겠습니다.

11.2 PDF 패키지

5.1에서 패키지 관리에 대해 다루면서, PDF 패키지를 예로 들어 보여드린 적이 있습니다. 처음 프로세스를 생성할 때 PDF 패키지는 기본적으로 있지 않기 때문에 5.1에서 보여드린 방법으로 PDF 패키지를 설치하십시오. 설치 시 PDF 패키지 버전을 신경써야 합니다. 2.x.x 버전의 PDF 패키지와 3.x.x 버전의 PDF 패키지는 진행 방식이 다르기 때문입니다. 2.x.x 버전과 3.x.x 버전의 차이는 Read PDF Text 액티비티에서 살펴보겠습니다. 본서에서는 집필 당시 버전인 3.4.0으로 진행하겠습니다.

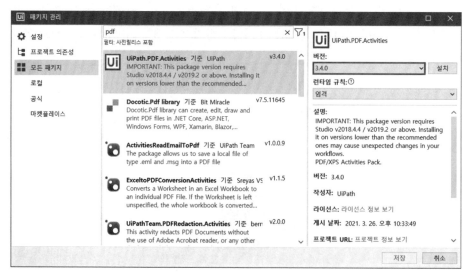

[그림 11-4] PDF 패키지 설치

11.3 Read PDF Text 액티비티

가장 기본적으로 PDF 문서를 읽는 액티비티입니다. 액티비티 패널에서 "pdf"를 검색하면 Read PDF Text와 Read PDF With OCR 액티비티가 있습니다. 이 2개의 액티비티는 모두 PDF 문서의 글자를 읽지만, Read PDF Text는 전자문서, Read PDF With OCR은 스캔본 문서를 읽는다는 점이 다릅니다. 스캔본 문서를 읽는 것은 앞으로 살펴볼 Read PDF With OCR 액티비티로 알아보고, 이번 장에서는 Read PDF Text 액티비티를 통해서 전자문서를 읽어보도록 하겠습니다.

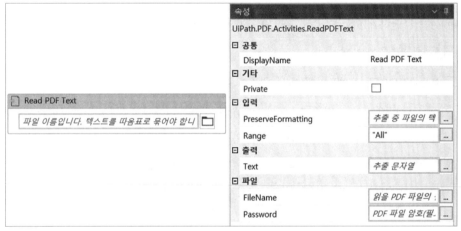

[그림 11-5] Read PDF Text 액티비티

Read PDF Text 액티비티의 모습은 간단합니다. 속성 패널을 살펴보겠습니다.

- PreserveFormatting: 파일의 추출한 내용 중 텍스트 형식을 유지할지 여부를 정합니다.
- Range: 추출하고자 하는 PDF의 범위입니다.
- Text: PDF에서 추출한 문자열을 저장할 변수를 지정합니다.
- FileName: 추출하고자 하는 PDF의 전체 경로와 파일명입니다.
- Password: PDF에 암호가 걸렸다면 여기에 입력하여 암호를 해제합니다.

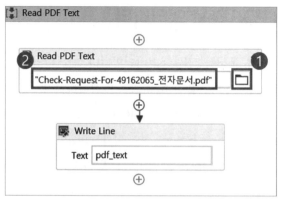
[그림 11-6] Read PDF Text 예시

예시는 간단하게 Read PDF Text 액티비티로 PDF 문서를 읽고 Write Line 액티비티로 출력하는 예시입니다.

① Read PDF Text 액티비티에서 우측에 폴더 모양 버튼을 클릭합니다.

② 윈도우 탐색기가 뜨면 읽고자하는 PDF를 선택합니다. [그림 11-6]을 보면 전체 경로가 나오지 않고 PDF파일명만 보이는데 이는 현재 프로젝트와 PDF가 같은 경로에 있기 때문입니다. 프로젝트 경로와 다르면 전체 경로가 보입니다. 액티비티 속성 중 [출력] – [Text]에는 "pdf_text" 변수를 입력하여 PDF 내용을 저장하고 Write Line 액티비티에서 출력합니다.

이제 실행하여 결과를 살펴보겠습니다.

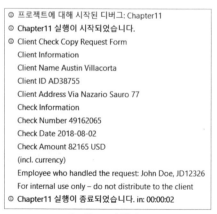
[그림 11-7] 결과

결과를 보면 PDF에 있는 내용이 결과로 같게 나온 것을 확인하실 수 있습니다. PDF 속 이미지에 있는 글자는 나오지 않습니다.

Tip PDF 패키지 버전 비교 (2.x.x vs 3.x.x)

11.2 PDF 패키지에서 2.x.x 버전과 3.x.x 버전의 진행 방식이 다르다고 말씀드렸습니다. 예제는 PDF 패키지를 3.4.0 버전으로 진행했는데, 여기서 2.1.0 버전으로 변경하고 실행하여, 그 차이를 알아보겠습니다.

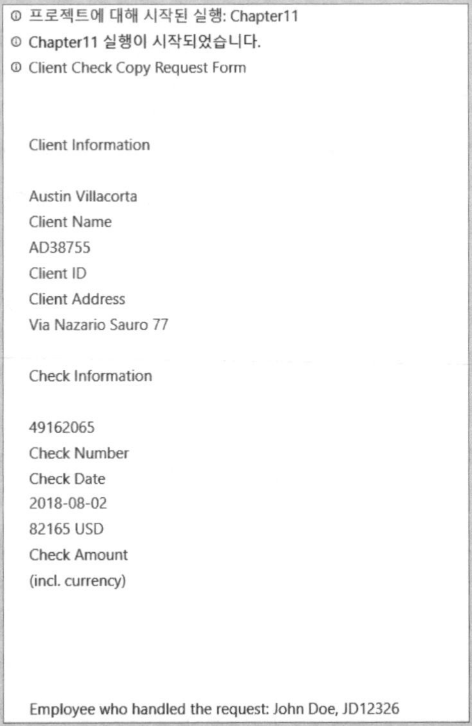

```
① 프로젝트에 대해 시작된 실행: Chapter11
② Chapter11 실행이 시작되었습니다.
① Client Check Copy Request Form


Client Information

Austin Villacorta
Client Name
AD38755
Client ID
Client Address
Via Nazario Sauro 77


Check Information

49162065
Check Number
Check Date
2018-08-02
82165 USD
Check Amount
(incl. currency)




Employee who handled the request: John Doe, JD12326
```

[그림 11-8] 버전 2.1.0 결과

2.1.0 버전에서의 Read PDF Text 결과는 3.4.0버전([그림 11-7])과 다른 결과를 나타내는 것을 보실 수 있습니다. 어느 버전이 맞다 틀리다라기 보다는, 앞으로 진행하게 될 데이터 가공 부분에서 서로 다른 방법으로 접근해야 하므로 자신이 사용

하거나 진행 중인 프로젝트에서는 어떠한 버전을 이용하는지 파악하고 알맞게 접근해야 합니다. 본서에서는 3.4.0 버전을 기준으로 진행하므로 2.1.0 버전을 사용한다면 이후 내용이 다른 결과를 불러올 수 있다는 점을 염두해두시길 바랍니다.

이제 Read PDF Text 액티비티를 통해 출력한 결과에서 원하는 데이터를 추출하는 작업을 해보겠습니다. 추출하는 방법에 대해서는 PDF에 따라 다르고, 출력하고자 하는 값에 따라서도 다르기 때문에 정답은 없습니다. 다만 여기서는 예시를 통해 이러한 방법을 이용해서 출력할 수도 있다는 점을 알아두시면 좋을 듯합니다.

해당 PDF에서 추출하고자 하는 데이터는 Client Name에 해당되는 내용이 무엇인지를 추출해보겠습니다. 앞의 결과([그림 11-7])에 나온 내용들은 pdf_text라는 변수에 담겨 있는 하나의 String 유형 데이터입니다. 여기서 내가 원하는 데이터를 뽑아내기 위해서는 가공 작업을 해야 하고, 이럴 때 사용하는 것들이 앞에 Chapter 8 데이터 조작에서 다루었던 String 메서드들을 이용하면 됩니다. 순서는 다음과 같이 진행합니다.

[줄바꿈을 기준으로 String 유형 배열로 분리] → ["Client Name"이 있는 item 찾기] → [해당 item에서 다시 가공하여 고객명 값만 추출하기]

11.3.1 줄바꿈을 기준으로 String 유형 배열로 분리

String 메서드에서 특정 문자열을 기준으로 분리할 때 Split이라는 메서드를 이용했습니다. 이를 바탕으로 줄바꿈을 기준으로 Split를 하고, 결과를 Array 변수에 저장하도록 하겠습니다.

[그림 11-9] Split 메서드

Assign 액티비티를 이용해서 왼쪽에는 String 배열인 pdfArray를 입력하고 오른쪽에는 아래와 같이 입력합니다.

[그림 11-10] Split 메서드

Split 메서드의 괄호 안에 2개의 인수를 입력했는데, 첫 번째 인수에는 Split을 할 기준 값, 두 번째 인수에는 옵션을 넣습니다. 그래서 해당 예제에서는 첫 번째 인수에는 줄 바꿈을 의미하는 값을 입력하고 두 번째 인수에는 "StringSplitOptions.None"으로 옵션이 없는 것으로 지정하였습니다. 이렇게 하면 pdf_text를 줄바꿈 기준으로 나눠서 pdf_array라는 String Array 변수에 담기게 됩니다.

11.3.2 "Client Name"이 있는 item 찾기

위에서 배열로 만들어서 나누면 이제 원하는 데이터인 "Client Name"이 담겨있는 행을 찾아야 합니다. 이때 사용할 액티비티는 For Each와 IF 액티비티입니다. For

[그림 11-11] Client Name 찾기

Each 액티비티는 String Array 변수인 pdf_array에서 요소를 한 개씩 반복문을 돌리는 역할을 하고 IF 액티비티는 해당 요소에 "Client Name"이 있는지 없는지 확인하기 위한 용도입니다.

액티비티로 만들면 위와 같습니다. For Each 액티비티에서는 pdf_array의 요소를 한 개씩 반복하면서 item이라는 변수에 값을 담게 됩니다. 그리고 IF 액티비티에서는 Contains 메서드를 이용해서 해당 요소 item에 "Client Name"이 있는지 없는지 확인하고, True나 False값으로 출력을 하게 됩니다. 여기서 의문이 들 수 있는 것이 있습니다. Contains 메서드를 이용하여 값을 비교하는데 괄호 안에 실제 고객명인 "Austin Villacorta"이 아닌 "Client Name"을 넣는 이유입니다. 이는 실제 고객명인 Austin Villacorta는 유동적인 값이기 때문입니다. 이 PDF에서는 Austin Villcorta 이지만 다른 PDF에서는 다른 값을 가질 것입니다. 그렇기 때문에 고객명이 있는지를 확인하면 해당 내용은 이 PDF에서만 적용이 되고 다른 PDF에서는 고객명을 찾아내지 못합니다. 반면, "Client Name"은 고정값입니다. 어느 PDF에나 있는 고정값이기 때문에 이 "Client Name"을 찾고 그 옆에 있는 값(고객명)이 무엇인지 찾으면 다른 PDF에서도 결과를 얻을 수가 있습니다. 고객명뿐만 아니라 ID나 주소를 찾을 때도 실제 값이 아닌 "Client ID", "Client Address"를 찾으면 그 옆에 있는 값이 원하는 값인 것을 알 수 있습니다.

위와 같이 액티비티를 개발하고 실행해보면, 다음과 같이 Austin Villacorta이 포함되어 있는 item을 찾을 수 있습니다.

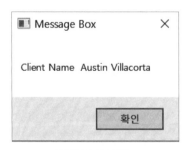

[그림 11-12] 결과

11.3.3 해당 item에서 다시 가공하여 고객명 값만 추출하기

해당 item을 찾았으면 마지막으로 추가적인 가공작업을 진행해야 합니다. 우리가 원하는 값은 "Client Name Austin Villacorta"가 아닌 "Austin Villacorta"이기 때문입니다. 해당 방법에도 여러 가지가 있을 수 있지만, 이번에는 Replace 메서드를 이용해서 Client Name을 지워보겠습니다.

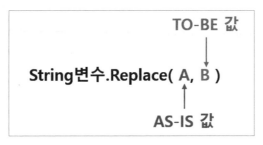

[그림 11-13] Replace 메서드

Replace 메서드는 간단합니다. 괄호 안에 쉼표(,)를 기준으로 왼쪽에는 기존 값, 오른쪽에는 대체하려는 값이 들어가면 됩니다. [그림 11-13]은 A에 들어가는 값을 B에 들어가는 값으로 변경하겠다는 것입니다. 이를 이용해 Client Name을 가공합니다.

[그림 11-14] Replace

Replace 메서드를 이용해서 "Client Name "을 " "(공백)으로 변경합니다. 이렇게 되면 "Client Name Austin Villacorta"에서 "Client Name"은 지워지고 "Austin Villacorta"만 남게 됩니다.

▶ 전체 소스

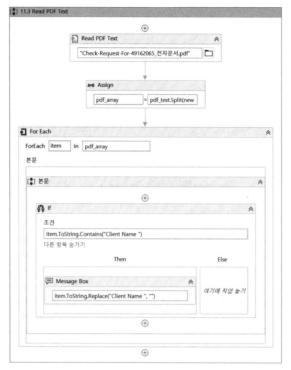

[그림 11-15] 전체 소스

전체 소스는 위와 같습니다. IF 액티비티 안에는 Message Box 액티비티가 아니라 Assign 액티비티를 통해 값을 변수에 저장하고 이후에 다양하게 사용될 수 있습니다. 해당 예제에서는 결과를 보여주기 위해 Message Box 액티비티를 이용하였습니다. 이 상태로 실행하면 다음과 같은 결과가 출력되는 것을 확인하실 수 있습니다.

[그림 11-16] 결과

11.4 Read PDF With OCR 액티비티

Read PDF With OCR은 Read PDF Text 액티비티와 같은 기능을 하는 액티비티입니다. 단지 전자문서가 아닌 스캔본 문서에 대한 처리를 위해서 OCR 엔진을 이용하는 것입니다. 액티비티를 보겠습니다.

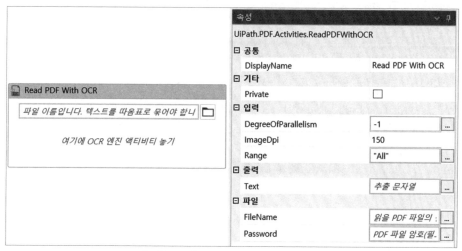

[그림 11-17] Read PDF With OCR 액티비티

Read PDF Text 액티비티와 비슷한 모습입니다. 액티비티에 "**여기에 OCR 엔진 액티비티 놓기**"가 있다는 것과 속성에 "DegreeOfParallelism", "ImageDpi"가 있다는 것이 다른 점입니다. 속성부터 살펴보겠습니다.

- DegreeOfParallelism: 병렬로 OCR 처리되는 페이지 수입니다. -1은 동작이 사용 가능한 LogicalProcessorCount - 1에서 실행되고 양수 값 n을 입력하면 LogicalProcessorCount - 1보다 적은 n개에서 실행됩니다.
- ImageDpi: OCR에서 사용되는 이미지 DPI입니다. 여기서 DPI는 Dots Per Inch의 약자로 가로세로 1인치 속에서 찍힐 점의 개수를 의미합니다. 해상도의 측정 단위 중 하나인데, 값이 높을수록 해상도가 좋습니다. 이미지 관련 내용이므로, 여기서는 자세히 살펴보지 않겠습니다.

그 외에는 Read PDF Text 액티비티와 같은 것을 확인하실 수 있습니다.

Tip **OCR이란?**

OCR은 Optical Character Recognition의 줄임말로 한글로는 광학 문자 인식이라고 합니다. OCR은 이미지나 사진 속에 있는 글자 위치를 찾고 해당 글자가 어떤 글자인지 디지털 글자로 추출하는 기술을 말하는데, 요즘에는 머신러닝을 이용해서 손글씨도 디지털 글자로 추출해낼 만큼 날로 발전하고 있습니다. UiPath에는 여러 가지 OCR 엔진을 제공하고 있습니다. 그러나 이미지나 스캔본의 상태(선명함 정도, 정확한 글자의 형태)에 따라 인식률이 달라지기 때문에 100%의 OCR 엔진은 아직 존재하지 않습니다.

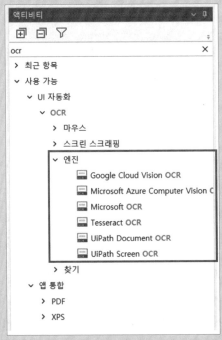

[그림 11-18] UiPath에서 제공하는 OCR 엔진

액티비티 패널에서 "ocr"을 검색하면 위와 같이 엔진에 여러 개의 엔진이 존재하는 것을 확인하실 수 있습니다. UiPath 초기에는 Microsoft OCR, Tesseract OCR 정도가 있었지만, 지금은 총 6개의 OCR 엔진이 있습니다.

그러나 이 가운데 "Microsoft OCR", "Tesseract OCR"을 빼고 나머지는 API Key를 요구하기 때문에 본서에서는 이용하지 않겠습니다.

Read PDF With OCR을 이용해보겠습니다. PDF는 위에서 보았던 PDF의 스캔본을 이용하겠습니다. OCR 엔진으로는 Microsoft OCR과 Tesseract OCR, 2개를 번갈아 사용하여 결과를 보겠습니다.

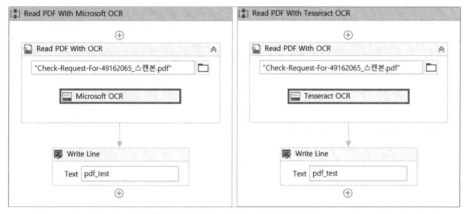

[그림 11-19] Read PDF With OCR 예시

예제는 간단합니다. Read PDF With OCR 액티비티를 이용해 PDF 스캔본 파일을 읽는데, 가운데 OCR 엔진 부분에 OCR 엔진 액티비티를 추가하고 결과를 pdf_test 변수에 저장하여 Write Line 액티비티로 출력하는 것입니다.

각자 실행시켜 결과를 볼 텐데, 결과에 중점을 두어야 할 점은 2가지입니다.

첫 번째는 OCR 엔진 자체가 스캔본 PDF에서 글자를 얼마나 정확하게 추출하는지 인식율을 봐야합니다.

두 번째로는 OCR 엔진끼리의 인식율을 비교해야 합니다.

2가지 방면으로 결과를 살펴보도록 하겠습니다.

⊙ 프로젝트에 대해 시작된 디버그: Chapter11	⊙ 프로젝트에 대해 시작된 디버그: Chapter11
⊙ **Chapter11 실행이 시작되었습니다.**	⊙ **Chapter11 실행이 시작되었습니다.**
⊙ ACME Systems Inc. Client Check Copy Request Form	⊙ 9&3 ACME Systems Inc.
Client Information	Client Check Copy Request Form
Client Name Austin Villacorta	Client Information
Client ID AD38755	Client Name Austin Villacorta
Client Address Via Nazario Sauro 77	Client ID AD38755
Check Information	Client Address Via Nazario Sauro 77
Check Number 49162065	Check Information
Check Date 2018-08-02	Check Number 49162065
Check Amount 82165 USD	Check Date 2018—08-02
(incl. currency)	Check Amount 82165 USD
Employee whO handled the request: JOhn Doe,]D12326	(incl. currency)
For internal use - dO not distribute tO the c[tent	Employee who handled the request: John Doe, JD12326
⊙ **Chapter11 실행이 종료되었습니다. in: 00:00:07**	For internal use only— do not distribute to the client
	⊙ **Chapter11 실행이 종료되었습니다. in: 00:00:07**

[그림 11-20] 결과(왼쪽: Microsoft OCR / 오른쪽: Tesseract OCR)

2개의 OCR 엔진에 대한 결과를 출력해보았는데, 앞서 언급한 2가지 관점에서 비교를 해보겠습니다.

첫 번째로는 OCR 엔진의 PDF 인식률입니다.

스캔본 PDF와 각 OCR 엔진을 이용해 추출한 결과값을 비교해보면 Microsoft OCR 의 경우 영어 소문자 o가 숫자 0으로 출력되거나 영어 대문자 O로 출력되는 모습 등을 볼 수 있습니다. Tesseract OCR의 경우 처음에 9&3이 있는 것 등을 보실 수가 있습니다. 2개의 엔진 모두 옵션을 조정하면 결과가 달라질 수 있지만, OCR 기술이 100%의 인식률을 보이지 않는 것을 알 수 있습니다.

두 번째로는 OCR 엔진끼리의 인식률입니다.

같은 OCR 기술이지만 Microsoft와 Tesseract와의 결과만 보더라도 엔진에 따라 결과가 다르게 나오는 것을 볼 수 있습니다. 2개의 엔진뿐만 아니라 다른 엔진을 써도 모두 결과가 다르게 나옵니다. 각 엔진이 가지는 특징과 개발 목적에 맞춰서 엔진을 이용하시길 바랍니다.

OCR 기술을 이용한 프로젝트를 진행할 때 이 2가지 관점과 다른 관점도 포함하여 다양한 방면으로 접근해보고 진행해야 합니다. OCR 기술의 인식률은 100%는 아니지만 액티비티의 속성이나 머신러닝 또는 이미지 처리 기법을 통해 성능을 향상시킬 수는 있습니다. 한글의 경우 영어보다 인식률이 더 낮기 때문에 이를 인지하고 진행해야 합니다. 실제 프로젝트에서 OCR을 적용할 때 굉장히 민감한 정보나 돈이 관련된 프로세스는 신행하지 않는 것을 추천드리고 있습니다. 그만큼 리스크가 크기 때문입니다. OCR이 불가피한 상황이면 여러 OCR 엔진을 살펴보고 UiPath에서 제공하는 것뿐만 아니라 Abbyy 엔진이나 오픈소스 엔진도 고려해보시길 바랍니다.

Read PDF With OCR 액티비티를 통해 OCR 기술에 대해 알아보고 스캔본 PDF를 읽어보았습니다. 이렇게 읽은 데이터를 가공하는 방법은 Read PDF Text 액티비티에서 알아보았으므로 넘어가도록 하겠습니다.

CHAPTER 12

E-mail

이번 장에서는 E-mail에 대해 알아보겠습니다. E-mail은 RPA 프로세스를 진행하는 데 있어 마무리 작업으로 많이 이용됩니다. 앞에서 웹 스크래핑이나 엑셀 작업을 하고 해당 결과에 대한 내용을 E-mail로 받는다거나, RPA 프로세스가 진행 중인데 에러가 발생하면 에러 내용을 E-mail로 보내는 등 다양한 방법으로 이용할 수 있습니다. E-mail의 종류는 여러 가지가 있는데, 본서에서는 네이버 메일을 기준으로 진행하도록 하겠습니다.

12.1 사전 설정

E-mail 자동화를 하기 위해서는 사전에 설정해야 할 것이 있습니다. 각자 네이버 아이디로 로그인하고 메일로 가보겠습니다.

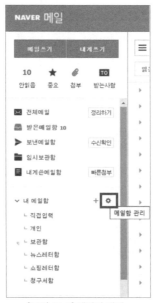

[그림 12-1] 네이버 메일

메일로 넘어오면 왼쪽 "내 메일함" 옆에 "메일함 관리"(톱니바퀴 모양)을 클릭합니다.

[그림 12-2] 메일함 관리

메일함 관리를 누르면 위와 같은 화면이 나오는데, 여기서 상단 메뉴 중 "POP3/IMAP 설정"을 클릭합니다.

[그림 12-3] POP3/SMTP 설정

해당 화면이 나오면 위에 "IMAP/SMTP 설정" 탭을 클릭합니다.

[그림 12-4] IMAP/SMTP 설정

① "IMAP/SMTP 설정" 탭에서 "IMAP/SMTP 사용"을 "사용함"으로 체크합니다.
② "확인" 버튼을 클릭합니다. 여기까지 완료하면, 사전 설정은 끝나게 됩니다.
③ 설정 완료 후 우리가 알아둬야 할 정보들입니다. IMAP 서버명, SMTP 서버명, IMAP 포트, SMTP 포트를 알아둬야 합니다. 이는 액티비티 이용 시 사용해야 하니 따로 메모해두는 것이 좋습니다.

Tip POP3, IMAP, SMTP

메일 관련 액티비티들을 진행하면서 POP3, IMAP, SMTP의 용어를 보게 될 것입니다. 잠시 살펴보겠습니다.

POP3는 Post Office Protocol 3의 줄임말로, 3번째 버전이라고 이해하시면 됩니다. 메일 클라이언트가 메일을 사용자 자신의 PC로 다운로드할 수 있도록 해주는 프로토콜을 말합니다(출처: 네이버 지식백과). 이는 전자우편을 수신하기 위한 표준 프로토콜입니다.

IMAP은 Internet Messaging Access Protocol의 약자로 인터넷 메일 서버에서 메일을 읽기 위한 인터넷 표준 통신 규약의 한 가지입니다. IMAP도 전자우편을 수신하기 위한 프로토콜인데 IMAP은 서버에 직접 접속해서 메일을 관리하는데 비해 POP3는 메일 서버에 있는 메일을 자신의 컴퓨터로 가져와 관리한다는 차이가 있습니다.

SMTP는 Simple Mail Transfer Protocol로 전자우편을 송신하기 위한 프로토콜입니다.

간단하게 POP3와 IMAP은 수신을 하기 위한 프로토콜, SMTP는 송신을 하기 위한 프로토콜이라고 보면 됩니다. 이러한 개념이 있다는 것을 알아두면 좋습니다. Chapter 12에서 메일 액티비티를 이용할 때 IMAP과 SMTP을 이용하여 수신과 송신을 하겠습니다.

12.2 Send SMTP Mail Message 액티비티

메일을 보내는 액티비티입니다. 위에서 설명드렸던 것처럼 메일을 전송할 때는 SMTP 프로토콜을 사용할 것이기 때문에 Send SMTP Mail Message 액티비티를 이용합니다.

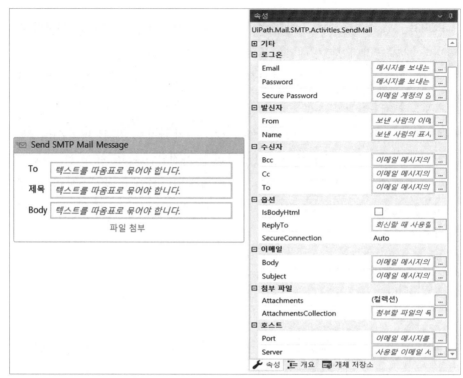

[그림 12-5] Send SMTP Mail Message 액티비티

Send SMTP Mail Message 액티비티는 위와 같은데, 속성을 보면 굉장히 많은 것을 보실 수 있습니다. 중요한 것 몇 가지만 보도록 하겠습니다.

• Email: 발신자의 Email 계정입니다. ID만 입력하는 것이 아니라 Email 주소 전체를 String 형태로 작성해야 합니다.

• Password: 발신자 Email 계정의 비밀번호입니다. 비밀번호도 String 형태로 작성해 야 합니다.

• Bcc: 비밀참조자 메일 주소입니다.

• Cc: 참조자 메일 주소입니다.

• To: 수신자 메일 주소입니다.

• Body: Email 내용입니다.

• Subject: Email 제목입니다.

- Attachments: 첨부파일을 지정합니다.
- AttachmentsCollection: 첨부파일 목록입니다.
- Port: SMTP 포트입니다.
- Server: SMTP 서버입니다.

많은 속성이 있는데, 여기서 필수적으로 들어가야 하는 정보만 넣어서 예제를 만들어보겠습니다.

[그림 12-6] Send SMTP Mail Message 예시

간단한 예시입니다. Send SMTP Mail Message 액티비티를 하기 전에 Get Password 라는 액티비티를 이용하였습니다. Get Password 액티비티는 UiPath 소스에서 비밀 번호와 같은 민감한 정보가 유출되면 안 되기 때문에 사용되는 액티비티입니다.

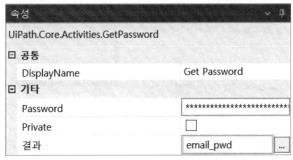

[그림 12-7] GetPassword 액티비티

Get Password 액티비티는 [그림 12-7]과 같이 간단하게 쓸 수 있습니다. "결과"에는 암호를 담을 String 변수를 지정해주고, "Password"에 비밀번호를 작성합니다. 여기 예시에서는 Email 계정에 대한 비밀번호를 작성하시면 됩니다.

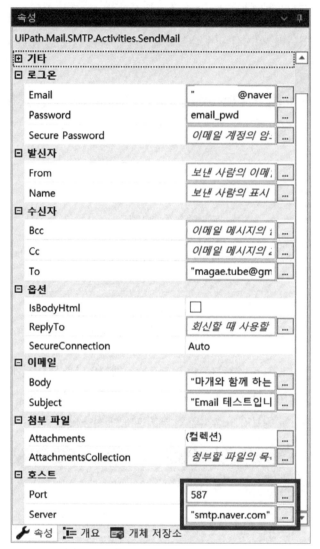

[그림 12-8] Send SMTP Mail Message 액티비티

다음으로는 Send SMTP Mail Message 액티비티입니다. 필요한 속성들만 넣어서 만들어보았습니다. [로그온] 부분에는 메일을 보내는 사람(본인)의 Email 주소를 "Email"에 String형태로 입력하고(개인정보로 계정을 가렸습니다) "Password"에는 해당 Email계정에 대한 비밀번호를 입력합니다. 이전에 Get Password 액티비티를 이용해서 비밀번호를 email_pwd 변수에 담았기 때문에 email_pwd를 작성합니다. [수신자] 부분에는 메일을 받을 사람들에 대한 정보를 입력합니다. 테스트로 제 자신의 메일 주소를 입력하였습니다.

[그림 12-9] 이메일 속성

[이메일] 부분에 "Body"와 "Subject"는 위와 같이 간단하게 입력을 합니다. 다른 내용으로 작성하셔도 무관합니다. 마지막으로 중요한 것은 [호스트]입니다. 여기에 있는 "Port"와 "Server"에 대한 내용을 작성해야 하는데 이 정보는 12.1에서 사전 설정을 할 때 메모장에 미리 저장해놓은 SMTP 서버명과 SMTP 포트를 작성하면 됩니다. 이렇게 하고 실행시켜보겠습니다.

[그림 12-10] 결과

실행시키면 결과가 위와 같이 나오는 것을 확인하실 수 있습니다. 예제로 드리는 소스 파일에는 전부 비어있으니, 본인의 정보를 입력하시면 됩니다.

Tip 2단계 보안 설정

Email 전송을 하는데 아래와 같은 에러가 발생할 수가 있습니다.

[그림 12-11] 에러

위와 같은 에러가 발생을 할 수 있습니다. 확인을 해보도록 하겠습니다.

1. IMAP/SMTP 설정

12.1에서 설정했던 IMAP/SMTP 설정이 제대로 되었는지 확인하십시오.

2. 네이버 2단계 인증 설정

네이버에는 2단계 인증이라는 보안 설정이 있습니다. 메일을 보내는 네이버의 계정이 2단계 인증이 설정되어 있다면, 위와 같은 에러가 발생하게 됩니다. 네이버 계정의 2단계 인증을 해제하면 정상적으로 다시 작동하게 됩니다.

Email 작업의 경우 개인 계정으로 진행을 하게 되면 개인정보의 문제가 발생할 수 있습니다. 일반적으로 사내에서 프로젝트를 진행할 때는 RPA 전용 계정을 생성한 후에 그 계정을 이용하는 것을 추천드립니다.

12.3 파일 첨부하기

단순하게 메시지를 보내는 작업은 해보았습니다. 여기에 파일 첨부를 하여 Email을 보내도록 하겠습니다. 파일은 Chapter 11 PDF에서 진행했던 파일들을 예로 진행해 보겠습니다.

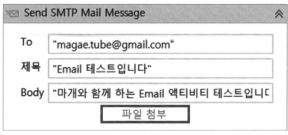

[그림 12-12] 파일 첨부

Send SMTP Mail Message 액티비티를 보면 하단, "파일 첨부"를 클릭합니다.

[그림 12-13] 팝업창

위와 같이 팝업창이 뜨게 되면 "인수 만들기"를 클릭합니다.

[그림 12-14] 팝업창

"인수 만들기"를 클릭하면 새로운 줄이 생기는데, 한 줄에 파일 하나라고 보시면 됩니다. 방향에는 "입력", 형식에는 "String"인데 이는 변동이 되지 않습니다. 값에는 첨부 파일의 전체 경로와 파일명을 입력하면 됩니다.

파일		— □ ×
		— ∧ ∨
방향	**형식**	**값**
입력	String	"C:\Users\user\Documents\UiPath\11장\Check-Request-For-49162065.pdf"
인수 만들기		
		확인 취소

[그림 12-15] 파일 첨부

첨부하고자 하는 파일이 여러 개이면 그 개수만큼 "인수 만들기"를 클릭하여 똑같이 파일 경로를 지정하면 됩니다. 이 상태로 실행을 해보겠습니다.

[그림 12-16] 결과

실행해보면 위와 같이 수신자의 메일에는 내용과 같이 파일이 첨부된 것을 확인하실 수 있습니다. 간단하게 Email 보내기를 해봤습니다. 다양한 형태로 이용될 수 있으니 연습을 통해 숙달하시면 좋을 것 같습니다.

12.4 Get IMAP Mail Messages 액티비티

이번에는 수신을 해보겠습니다. 송신을 할 때는 SMTP를 이용했는데, 수신할 때는 IMAP을 이용하도록 합니다. UiPath에는 Get IMAP Mail Messages 액티비티가 존재합니다.

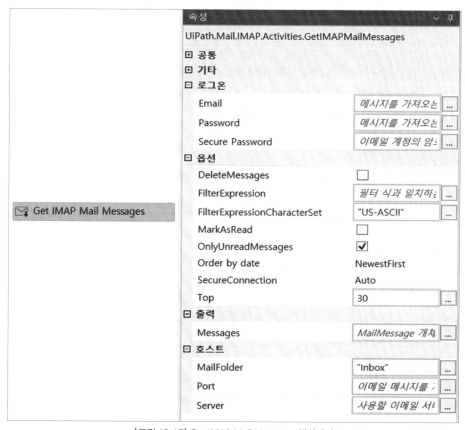

[그림 12-17] Get IMAP Mail Messages 액티비티

Get IMAP Mail Messages 액티비티는 위와 같습니다. 속성에서 [로그온] 부분과 [호스트] 부분은 앞서 살펴본 부분과 같습니다. 다만 [호스트]에 "Port"와 "Server"는 SMTP 서버와 포트가 아니라, IMAP 서버와 포트 정보를 작성하면 됩니다. 그 외에 속성을 보겠습니다.

- DeleteMessages: 이 액티비티를 통해 수신한 Email들을 삭제할지 여부를 체크합니다.
- FilterExpression: 필터식과 일치하는 메일 메시지만 반환합니다.
- MarkAsRead: 이 액티비티를 통해 수신한 Email들을 읽음 표시할지 여부를 체크합니다.
- OnlyUnreadMessages: 수신함에 읽지 않은 Email들만 읽을 것인지 여부를 체크합니다.
- Order by date: 날짜를 기준으로 메일을 정렬합니다.
- Top: 이 액티비티를 통해 수신할 Email들의 최대 개수를 정합니다.
- Messages: 이 액티비티를 통해 얻은 결과를 담는 변수입니다. 결과의 자료형은 List〈MailMessage〉입니다.
- MailFolder: 수신함에 대한 이름입니다. "Inbox"로 하면 기본 수신함을 체크합니다.

이 액티비티를 이용해서 간단한 예제를 만들어보겠습니다.

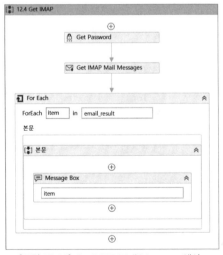

[그림 12-18] Get IMAP Mail Messages 예시

예제는 간단하게 수신받은 새로운 메일들을 가져와서 출력해보는 예제입니다. Get IMAP Mail Messages 액티비티를 보겠습니다.

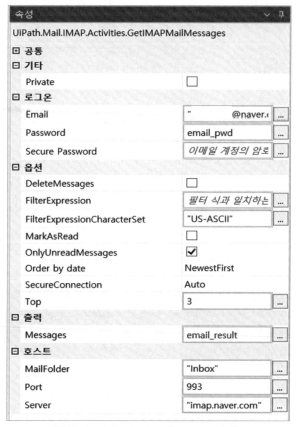

[그림 12-19] Get IMAP Mail Messages 속성

속성을 보면 [옵션] – [Top]에는 3으로 설정을 합니다. 예시이므로, 3개만 출력해보도록 했습니다. [출력] – [Messages]에는 가져온 메일 정보를 저장할 변수(여기서는 email_result)를 지정합니다. 이때 유의점이 이 email_result 변수는 "List〈MailMessage〉"라는 유형을 가지고 있는 변수라는 것입니다. 변수 패널에서 새로운 변수를 만들 때 해당 유형을 찾아서 등록하거나 속성에 [출력] – [Messages] 부분에서 ctrl + k를 통해 새로운 변수를 만들어야 합니다. 그 아래 호스트에는 네이버의 IMAP Port와 Server 정보를 입력합니다.

[그림 12-20] For Each 속성

For Each 액티비티 부분은 위와 같습니다. email_result 변수가 List⟨Message⟩ 유형이기 때문에 For Each를 이용해서 하나씩 Message Box로 출력합니다. 여기서 살펴봐야 할 것이 "TypeArgument" 속성입니다. 이는 ForEach에서 item이 어떤 유형인지 지정해주는 부분인데, 기본값은 Object로 되어있습니다. 이를 "MailMessage" 자료형으로 변경해보겠습니다.

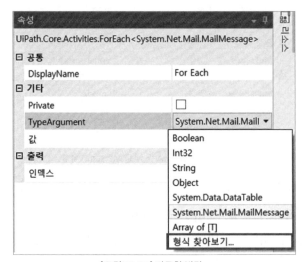

[그림 12-21] 자료형 변경

우측에 화살표를 클릭하고, "형식 찾아보기"를 클릭합니다.

[그림 12-22] 형식 찾아보기

① 팝업창이 뜨면 "이름 입력" 부분에 "mailmessage"를 검색합니다.

② 하단 리스트들 중 "System.Net.Mail" 아래에 있는 "MailMessage"를 선택하고, 하단에 "확인" 버튼을 클릭합니다.

이렇게 간단하게 액티비티들을 설정하고 실행해보겠습니다.

[그림 12-23] 결과

결과를 보면 [그림 12-23]과 같은 팝업창이 3번 나오는 것을 확인할 수 있습니다. 기대했던 답은 이게 아니라 메일의 내용인데 이상하게 나온 것을 보실 수 있습니다. 이제 이 소스를 수정해서 메일의 내용들을 알아보겠습니다. For Each 액티비티 안에 있는 Message Box를 다시 보도록 하겠습니다.

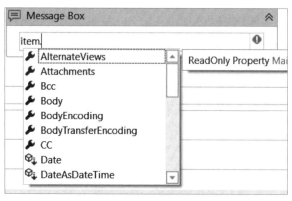

[그림 12-24] Item의 속성들

Message Box에는 기존에 item을 넣어서 출력을 하였는데 item 뒤에 점(.)을 입력하면 위와 같이 여러 내용이 뜨는 것을 보실 수 있습니다. 앞에 공구 모양(🔧)으로 표시된 것들은 속성이고, 박스 모양(📦)으로 표시된 것들은 함수입니다. item이라는 변수에 대한 속성과 함수들을 나타낸 것입니다([그림 12-24]와 같은 내용이 나오지 않는 분들은 For Each 액티비티에서 "TypeArgument" 속성이 제대로 설정되어 있는지 확인합니다.)

이렇게 item에 대한 속성들을 보면 낯익은 것들이 많이 있습니다. Bcc, Body, CC 등이 있는데 이것들이 바로 메일에 대한 내용들입니다. 여기서 몇 가지만 살펴보겠습니다.

- Bcc: 비밀참조에 누가 있는지 확인합니다.
- Body: 메일 본문은 무엇인지 확인합니다.
- CC: 참조란에 누가 있는지 확인합니다.
- From: 발신자가 누구인지 확인합니다.
- Subject: 메일 제목은 무엇인지 확인합니다.
- To: 수신자에 누가 있는지 확인합니다.

이를 이용해서 소스를 다시 수정해보겠습니다.

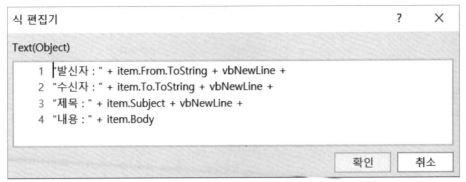

[그림 12-25] Message Box 수정

Message Box의 내용을 위와 같이 수정해보았습니다. 결과를 보겠습니다.

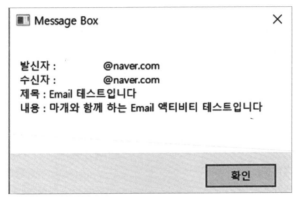

[그림 12-26] 결과

이제 발신자와 수신자, 제목, 내용이 표시된 것을 보실 수 있습니다.

12.5 Save Attachments 액티비티

수신한 메일들 중 첨부파일이 있는 메일이 있을 수 있습니다. 이러한 첨부파일을 내 PC에 저장을 해주는 액티비티입니다.

[그림 12-27] Save Attachments

액티비티는 위와 같이 나타납니다. 가장 기본적으로는 속성에서 [입력] 부분에 채워넣으면 동작합니다. 이 부분을 보겠습니다.

• FolderPath: 첨부파일을 저장할 절대경로를 작성합니다.
• Message: 첨부파일이 있는 Mail Message를 정합니다.

이전에 진행했던 예제에 추가해보겠습니다(그전에 본인 메일의 수신함에 첨부파일이 있는 메일이 있어야 합니다).

[그림 12-28] Save Attachments 예시

이전 예제에서 For Each 액티비티 부분만 보겠습니다. Get IMAP Mail Messages 액티비티를 통해 가져온 메일을 email_result 변수에 담고 For Each 액티비티를 통해 item으로 하나씩 가져왔습니다. 이 item이 Mail Message이기 때문에 Save Attachments 액티비티의 [Message]에 입력을 하고 [FolderPath]에는 위와 같이 지정하였습니다(경로는 첨부파일을 저장하고자 하는 경로 아무데나 하서도 됩니다). 이렇게 추가를 하고 실행하면 해당 경로에 첨부파일이 저장되어 있는 것을 확인할 수 있습니다. 파일명의 경우 첨부파일의 파일명을 그대로 가져가고, 기존에 같은 이름의 파일이 있는 경우 해당 첨부파일로 덮어쓰기 된다는 점을 유의해주세요.

이번 장에서는 E-mail 액티비티들을 이용해보았습니다. 네이버 메일을 예로 들었지만 Gmail이나 Outlook 등 다른 메일을 이용할 때는 SMTP나 IMAP의 서버명, 포트가 다르다는 점을 참고하십시오.

CHAPTER 13

유의해야 할 Selector

지금까지 여러 주제로 액티비티들을 살펴보았습니다. 대부분의 액티비티는 Selector라는 영역에 따라 동작했습니다. Selector는 매우 중요한 요소입니다. 이번 장에서는 이 Selector에 대해 다뤄보겠습니다.

13.1 Selector란?

Selector가 무엇인지 알아보기 위해 예제를 통해서 먼저 알아보겠습니다. 메모장을 열어놓고 해당 메모장에 글자를 입력하는 프로세스를 만들어보겠습니다.

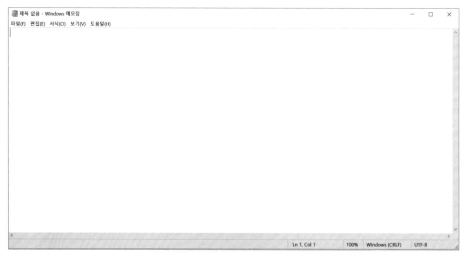

[그림 13-1] 메모장

예제를 만들기 위해 새로운 메모장을 실행시킵니다.

[그림 13-2] 예제

예제는 위와 같이 간단하게 Type Into 액티비티만 이용해보겠습니다. "화면에 표시"를 클릭하고 열어놓은 메모장을 지정합니다.

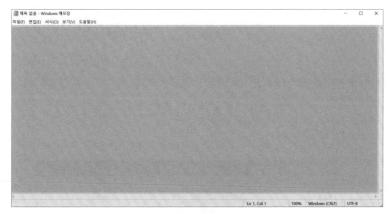

[그림 13-3] 메모장 지정

위와 같이 지정을 하고 텍스트를 입력합니다.

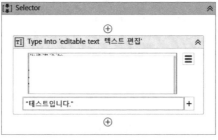

[그림 13-4] 예제

위와 같이 간단하게 프로세스를 만들고 실행시킵니다.

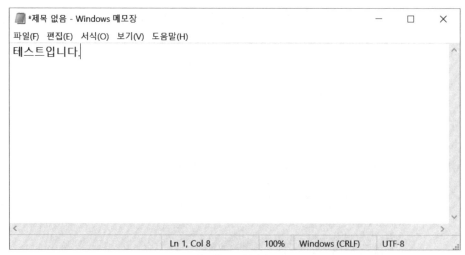

[그림 13-5] 결과

위와 같이 메모장에 작성해놓은 텍스트가 써지는 것을 확인할 수 있습니다. 이번에는 해당 메모장 파일을 저장하고 다시 실행해보겠습니다. 필자는 메모장 파일을 "테스트.txt"로 저장하였습니다.

[그림 13-6] 결과

다시 실행하면 당장 아무 일이 일어나지 않는데, 약 30초를 기다리면 위와 같이 "런타임 실행 오류" 팝업이 발생합니다. 여기서 한 가지 의문이 들 수 있습니다. 똑같은 액티비티를 변경하지 않고 실행했는데 첫 번째는 실행이 되고, 두 번째는 에러가 발생했습니다. 어째서 그럴까요? 이것이 바로 Selector 문제입니다.

[그림 13-6]의 팝업을 살펴보겠습니다.

① 메시지를 확인해보면 "다음 선택기(Selector)에 해당하는 UI 엘리먼트를 찾을 수 없음"이라고 써있습니다. 이 Selector에 해당하는 UI element를 찾을 수 없다는 에러 내용입니다. 그 아래는 Selector에 대한 정보가 나옵니다.

② 다음 선택 태그(Selector tag)를 찾지 못했다는 메시지입니다. 아래는 해당 태그에 대한 정보가 나옵니다.

③ 우리가 지정한 Selector와 가장 근접한 Selector를 찾았다면 그 정보를 나타내주는 메시지입니다. UiPath가 자동으로 주변 Selector를 찾고 그 Selector가 우리가 만들어놓은 Selector와 얼마나 일치하는지 퍼센트로 나타내줍니다.

여기서 선택기(Selector)에 대한 이야기가 계속 나오는데 그러면 대체 이 Selector가 무엇일까요? 앞의 예제로 다시 돌아가 [그림 13-2]의 Type Into 액티비티를 보겠습니다.

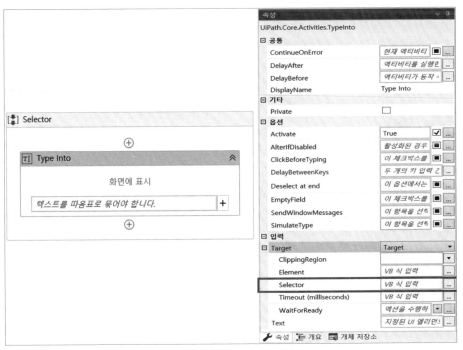

[그림 13-7] Type Into 액티비티 속성

Type Into 액티비티로 "화면에 표시"를 클릭하여 메모장을 선택하기 전에 속성에서 [입력] — [Target]을 보면 [Selector]를 확인할 수 있습니다. 메모장을 선택하기 전에는 이 부분이 비어있는데, 이제 "화면에 표시"를 클릭하여 메모장을 선택해보겠습니다.

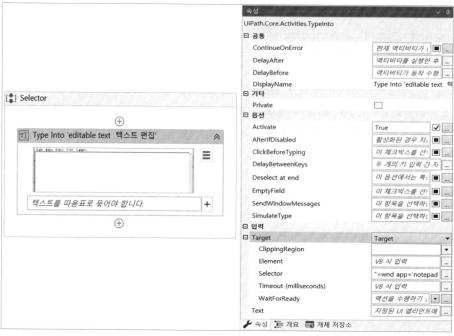

[그림 13-8] Type Into 액티비티 속성

메모장을 선택하고 나면 Type Into 속성에 [Selector] 부분이 채워져 있는 것을 보실 수 있습니다. Selector는 바로 "화면에 표시"를 클릭하여 지정한 영역을 나타내는 것입니다. 우리가 지정한 영역이자 액티비티가 실행될 영역입니다. 이제 이 Selector가 어떻게 되어있는지 보도록 하겠습니다. Selector 우측에 "…"을 클릭합니다.

13.2 Selector 편집기

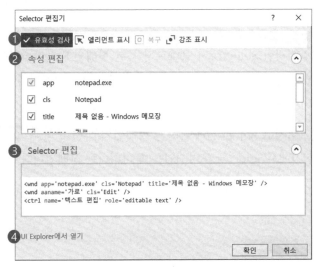

[그림 13-9] Selector 편집기

새로운 팝업창과 함께 "Selector 편집기"가 나옵니다. Selector 편집기에서는 Selector가 유효한지, 해당 Selector는 어느 영역을 가리키고 있는지 알 수 있고 Selector를 직접 바꿔서 확인을 할 수가 있습니다. 1~4번으로 영역을 나누어 하나씩 보도록 하겠습니다.

① Selector에 대한 기본적인 기능을 제공합니다. 지정한 Selector가 유효한지, 유효하다면 어떠한 Selector를 가리키고 있는지 알려주고 Selector를 다시 지정하는 기능도 제공합니다.

▶ **유효성 검사**: 지정한 Selector가 올바른 형태인지 확인하는 기능입니다. 이 유효성 검사에는 4가지 상태가 있습니다.

▨ 유효성 검사 : Selector가 지정되지 않은 상태입니다. 액티비티에서 Selector를 지정하지 않고 속성 패널에서 Selector 우측의 "…"을 클릭하여 보면 이러한 회색의 상태를 확인할 수 있습니다.

✅ **유효성 검사** : 지정한 Selector가 올바른 형태의 Selector라는 상태입니다. 유효성 검사를 할 때는 우리가 지정한 Selector가 실행되어 있는 상태에서 해야 합니다(메모장, 웹페이지 등).

❌ **유효성 검사** : 지정한 Selector가 올바르지 못한 형태의 Selector라는 상태입니다. 일반적으로 우리가 지정한 Selector가 실행되어 있지 않는 상태이거나 Selector를 찾지 못할 때 뜨는 것을 볼 수 있습니다.

❓ **유효성 검사** : 지정한 Selector가 올바른 형태인지 아닌지 알 수 없는 상태입니다. Selector 편집기에서 Selector가 바뀌었을 때 나타나는 상태입니다.

현재 우리가 띄워놓은 메모장을 끄고 이 "유효성 검사"를 클릭해봅시다.

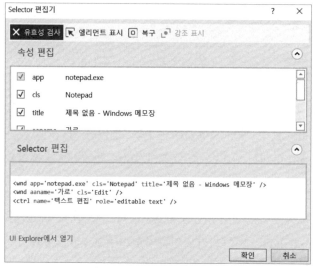

[그림 13-10] Selector 편집기

클릭하면 빨간색으로 변하게 되면서 찾을 수 없다고 나오게 됩니다. 메모장을 다시 키고 "유효성 검사"를 클릭하면 초록색으로 바뀌고 정상적으로 나오는 것을 확인할 수 있습니다.

▶ **엘리먼트 표시**: Selector를 변경하고자 할 때 사용하는 기능입니다. 변경하려고 하면 "엘리먼트 표시"를 클릭하고 원하는 Selector를 지정합니다.

▶ **복구**: 유효성 검사를 통해 올바르지 못한 형태의 Selector로 판별될 때 이 기능을 통해 다시 Selector를 지정하는 기능입니다.

▶ **강조 표시**: 우리가 지정한 Selector의 영역이 어디 있는지 알려주는 기능입니다. 이 기능은 유효성 검사를 통해 올바른 Selector라는 확인이 되었을 때 사용 가능합니다. Selector 편집기에서 "강조 표시"를 클릭해보겠습니다.

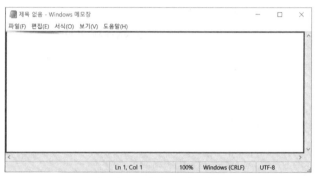

[그림 13-11] 강조 표시 영역

"강조 표시"를 클릭하면 우리가 지정했던 메모장 영역이 빨간색 박스로 보이게 됩니다. 이 기능을 잘 활용해서 우리가 지정한 Selector가 어디 있는지 확인하면 유용합니다.

② 속성 편집: 속성 편집은 우리가 지정한 Selector 영역에 대한 속성들을 나타내고 이 값들을 편집할 수 있는 영역입니다.

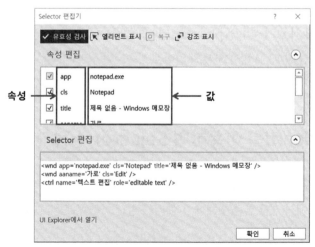

[그림 13-12] 속성 편집

속성 편집에는 속성과 값이 있습니다. [그림 13-12]를 예로 들면 "app"이라는 속성은 "notepad.exe"라는 값을 가지고 "cls"라는 속성은 "Notepad"라는 값을 가지고 있습니다. 이러한 속성에 대해서 체크박스를 선택하고 해제하여 바꿀 수도 있고, 값을 클릭하여 직접 수정을 할 수 있습니다. 속성이 변경이 되면 아래에 있는 "Selector 편집" 부분에서도 값이 자동으로 바뀌는 것을 확인하실 수가 있습니다.

③ Selector 편집: Selector가 표시된 영역을 XML로 표시하는 부분입니다. 위의 "속성 편집"에서 변경한 내용이 자동으로 적용되고 이 XML을 직접 수정하여 Selector를 변경해도 됩니다.

Tip XML(eXtensible Markup Language)

> XML은 특수한 목적을 가지는 마크업 언어를 만들도록 권장하는 다목적 마크업 언어를 말합니다. "〈"로 시작해서 "〉"로 끝나는 구조를 태그(tag)라고 말하고, "〈"바로 뒤에 나오는 단어는 태그명(위 Selector 편집에서 보라색), 다음에 나오는 것들은 "속성(빨간색)=값(파란색)"의 형태로 나타납니다. 위 Selector 편집에서 wnd 태그는 윈도우 태그를 말하고 ctrl 태그는 컨트롤 태그를 말합니다. 개발자가 아니라면 해당 xml을 직접 수정하는 것은 쉽지 않지만 몇 번 해보면 금방 적응할 수 있습니다.

④ UI Explorer에서 열기: UI Explorer를 열어주는 기능입니다. 이것을 클릭하면 새로운 팝업창이 뜨는데 13. 4에서 자세히 알아보겠습니다.

13.3 Wildcard를 이용하여 Selector 수정하기

Selector에 대한 설명과 Selector를 다루기 위한 도구들에 대해 알아보았습니다. 이를 이용해서 위에서 진행했던 예제에서 에러가 발생했던 부분을 수정해보도록 하겠습니다.

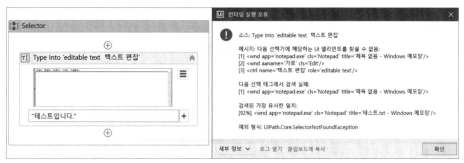

[그림 13-13] 예제

이전 예제로 돌아와서 에러가 발생한 모습을 보겠습니다. 이제 이 원인을 찾고 수정해 보겠습니다. 먼저, Type Into 액티비티의 Selector 편집기를 실행시킵니다.

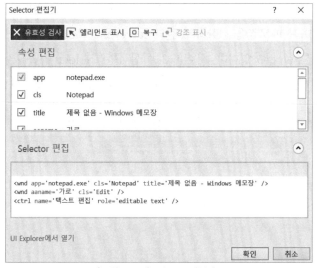

[그림 13-14] Selector 편집기

Selector 편집기를 보면 "유효성 검사"에서 Selector를 찾을 수 없다는 표시를 하고 있습니다. 이를 다시 클릭해도 똑같은 결과를 보이고 있습니다. 이는 현재 실행 중인 메모장을 찾지 못하고 있다는 뜻인데, 현재 "Selector 편집"에 있는 Selector를 잘 봐주시길 바랍니다. 그리고 "엘리먼트 표시"를 클릭하여 현재 실행 중인 메모장의 똑같은 영역을 잡아보겠습니다.

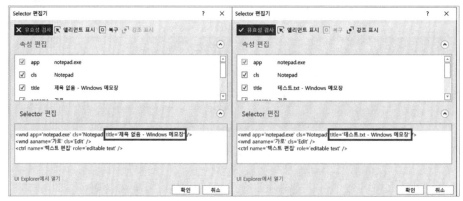

[그림 13-15] 메모장을 저장하기 전과 후의 Selector(왼쪽: 이전 / 오른쪽: 이후)

"엘리먼트 표시"를 클릭해서 새로 잡은 메모장은 저장한 메모장입니다. 그래서 [그림 13-15]에서 왼쪽은 메모장을 저장하기 전의 Selector이고 오른쪽은 메모장을 저장한 후에 다시 잡은 Selector입니다. 차이가 보이십니까? "Selector 편집"에서 title 속성을 보면 값이 다른 것을 확인하실 수 있습니다. 이 title 속성은 무엇일까요?

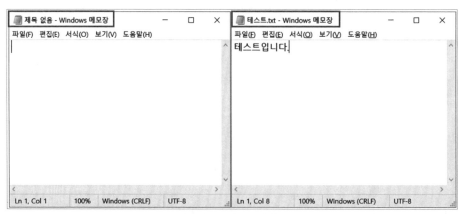

[그림 13-16] Title 속성

여기서 title 속성은 바로 메모장의 제목이 됩니다. 메모장에 한정짓는 것이 아니라면 응용 프로그램의 제목을 말합니다. 메모장을 저장하기 전의 제목([그림 13-16] 왼쪽)과 저장한 후의 제목([그림 13-16] 오른쪽)이 바뀌었기 때문에 Selector도 달라져서 에러가 발생하게 된 것입니다. 그렇다면, 제목은 매번 달라질 수 있는데 어떻게 수정해야 할까요? 그럴 때 이용하는 것이 Wildcard입니다.

Wildcard는 하나 또는 많은 문자를 나타내는데 사용될 수 있는 문자를 말합니다. 물음표와 별표를 이용하는데 물음표(?)는 단일 문자를 대체하고 별표(*)는 여러 수의 문자를 대체합니다. UiPath에서도 이 Wildcard를 이용하여 Selector를 유용하게 사용할 수 있습니다. Selector를 설정할 때 고정값은 그대로 놔두고 유동적인 값은 Wildcard로 대체하는 것입니다.

위에서 진행한 예제로 변경해보겠습니다. 메모장에서 유동적인 값을 가진 부분은 title속성이었습니다. title에서도 규칙을 보면 "[메모장 제목] – Windows 메모장"인 것을 볼 수 있는데 이 [메모장 제목] 부분을 Wildcard로 변경을 하면 됩니다.

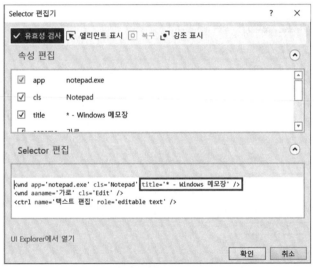

[그림 13-17] Wildcard 이용

Selector에 title속성을 [그림 13-17]과 같이 바꾸었습니다. Wildcard 중에 별표(*)를 이용해서 바꾸고 유효성 검사를 해서 체크하였습니다. 메모장의 제목은 몇글자가 나올지 모르기 때문에 별표(*)를 이용했고 만약에 글자 수가 다섯 글자로 고정이면 별표

(*) 대신 물음표(?)를 5개로 놓아도 됩니다. 이렇게 Selector를 변경하고 다시 실행하여 에러 없이 동작하는지 확인합니다. Selector에서 이렇게 Wildcard를 이용해서 다루는 것은 매우 중요하고 어려운 부분이기 때문에 반드시 이해하고 많이 연습해야 합니다.

13.4 UI Explorer

이제 UI Explorer에 대해 알아보겠습니다. UI Explorer는 Selector에 대해서 상세한 정보들을 제공해주는 도구입니다. UI Explorer는 Selector 편집기에서 살펴볼 수 있습니다.

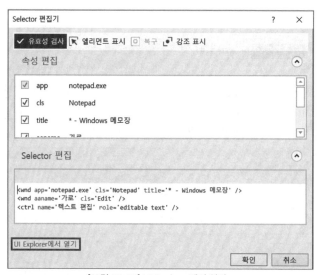

[그림 13-18] UI Explorer에서 열기

Selector 편집기를 열면 좌측 하단에 "UI Explorer에서 열기"가 있습니다. 클릭해보겠습니다.

[그림 13-19] UI Explorer

UI Explorer는 위와 같이 생겼는데 여러 영역이 있기 때문에 하나씩 보도록 하겠습니다.

13.4.1 상단 메뉴

상단 메뉴에는 "유효성 검사", "엘리먼트 표시", "앵커 표시", "복구", "강조 표시", "옵션"이 존재합니다. 이전에 Selector 편집기에서 살펴보았던 유효성 검사, 엘리먼트 표시, 복구, 강조 표시는 같은 기능이고 앵커 표시와 옵션을 알아보겠습니다.

- **앵커 표시**: 지정한 Selector를 기준으로 앵커를 선택합니다. 여기서 앵커는 해당 Selector의 위치를 알려주기 위한 좌표 역할을 하는 기능이라고 보면 됩니다.

- **옵션**: 옵션에는 UI 프레임워크, 지연 복원, 트리거 선택기 3가지가 있습니다. UI 프레임워크는 UI 요소 및 Selector들을 결정하는데 사용되는 기술을 변경하는 것으로 기본값, Active Accessibility, UI 자동화 3가지가 있습니다. 지연 복원은 Selector가 나타날 때까지 UI Explorer 창을 지연 복원합니다. 드롭다운이나 오버레이와 같이 자동으로 닫히는 UI 엘리먼트를 이용할 때 이 옵션을 이용합니다. 트리거 선택기는 UI 엘리먼트가 고유한지 확인합니다.

13.4.2 시각적 트리

[그림 13-20] 시각적 트리

시각적 트리는 UI 계층을 트리 구조로 표시한 패널입니다. 트리 구조의 최상단에는 데스크톱이고 아래에는 지정한 Selector의 응용 프로그램입니다. 그 아래로는 해당 응용 프로그램에 대한 모든 Selector들을 볼 수가 있습니다. 이 계층들을 더블클릭하거나 우클릭하여 설정하면 선택한 계층이 Selector로 변경됩니다.

13.4.3 속성 탐색기

[그림 13-21] 속성 탐색기

속성 탐색기는 위에 시각적 트리에서 선택한 것에 대한 모든 속성과 값을 표시해줍니다. 이는 Get Attribute 액티비티를 이용해서 속성값을 가져올 때 사용하면 유용합니다.

13.4.4 Selector 편집기

13.2에서 살펴보았던 Selector 편집기와 같은 기능이므로 넘어가겠습니다.

UI Explorer에 대해 알아보았습니다. UI Explorer는 Selector 편집기에서 다루지 못했던 부분을 정교하게 나눌 수 있도록 도와줍니다. 예를 들어 웹페이지의 Selector 를 다룰 때는 CSS Selector까지 다룰 수 있기 때문에 매우 유용합니다.

[그림 13-22] 웹페이지에 있는 Selector에 대한 UI Explorer 예시

웹페이지의 일부를 Selector로 잡았는데 [그림 13-22]와 같이 웹페이지의 CSS-Selector가 전부 나오게 됩니다. 이를 이용해서 Selector를 편집하면 됩니다.

이번 장에서는 Selector에 대해 알아보았습니다. 실제 프로젝트를 진행할 때 Selector를 어떻게 이용하냐에 따라 개발이 쉬워질 수도, 어려워질 수도 있습니다. 개발을 하면서 다양한 경험을 하고 익히시길 바랍니다.

CHAPTER 14

뉴스 데이터 크롤링하기

이번 장에서는 지금까지 배운 액티비티들을 이용하여 실습을 진행해보겠습니다. 실습 내용은 네이버 뉴스에서 데이터를 크롤링하는 것입니다. 여기서 크롤링은 SNS, 뉴스, 웹 등 외부에 공개된 데이터를 가져오는 것을 말합니다.

[그림 14-1] 뉴스 데이터 크롤링

실습의 프로세스 순서는 [그림 14-1]의 순서를 따릅니다. 원하는 키워드에 대해서 당일의 뉴스를 검색하고 뉴스 데이터를 스크래핑해서 결과를 메일로 받는 것입니다.

하나씩 만들어보겠습니다. 간단하게 Flowchart 액티비티 안에 [초기값 설정] – [크롤링] – [결과 메일 보내기] 3개의 Sequence 액티비티로 나눠서 진행하겠습니다.

[그림 14-2] Flowchart

14.1 초기값 설정하기

이 예제에서 사용할 변수를 미리 [초기값 설정] Sequence에서 정의하겠습니다. 필요한 변수로는 검색할 키워드, 메일 계정, 메일 비밀번호, 메일 제목, 메일 본문이 있습니다.

[그림 14-3] 초기값 설정

Flowchart 액티비티 안에 "Start"에 Sequence 액티비티를 추가하여 "초기값 설정"으로 이름을 변경합니다.

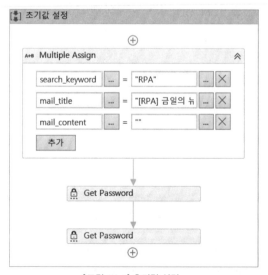

[그림 14-4] 초기값 설정

초기값을 설정하는 것에는 Multiple Assign 액티비티와 Get Password 액티비티를 이용했습니다. 기존에 Assign 액티비티를 이용해 초기값을 설정하였는데, 지정해야 하는 값이 여러 개일 경우 Assign 액티비티를 여러 개 써야 하는 불편함이 있기 때문에 Multiple Assign 액티비티를 이용하는 것도 한 방법입니다.

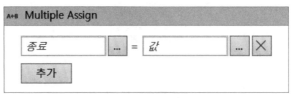

[그림 14-5] Multiple Assign 액티비티

Multiple Assign 액티비티는 위와 같이 생겼는데 Assign 액티비티 이용하듯이 왼쪽에는 저장할 변수, 오른쪽에는 값을 지정하면 됩니다. 변수를 여러 개 지정할 때는 아래 "추가" 버튼을 클릭해서 생성해주면 됩니다. 이 Multiple Assign 액티비티를 이용해서 [그림 14-4]처럼 만듭니다(search_keyword, mail_title, mail_content 변수 모두 String 유형의 변수입니다).

search_keyword는 뉴스에서 검색하고자 하는 키워드를 설정합니다. 예제에서는 "RPA"를 키워드로 검색하기 위해 "RPA"를 설정했습니다.

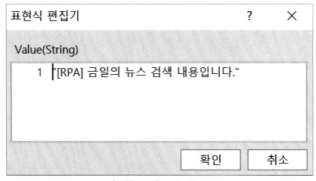

[그림 14-6] mail_title

mail_title은 메일 제목인데, 위와 같이 지정을 합니다. mail_content는 메일의 본문 내용인데, 처음에는 빈칸으로 두고 이후에 채워가겠습니다.

[그림 14-7] Get Password 액티비티

Multiple Assign 액티비티 아래에는 Get Password 액티비티를 2개 생성했습니다. 여기에 각자의 이메일 계정과 이메일 비밀번호를 실정하었습니나(email_id, email_pwd 변수도 String 유형의 변수입니다).

14.2 네이버 뉴스 접속하기

[그림 14-8] 크롤링 Sequence

본격적으로 크롤링하는 부분은 "크롤링" Sequence 액티비티를 따로 생성해서 만들어가겠습니다.

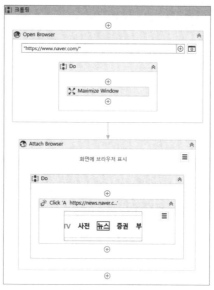

[그림 14-9] 네이버 뉴스 접속

크롤링 Sequence에는 네이버 뉴스에 접속하기 위해서 네이버를 열고 뉴스 탭을 클릭하여 넘어가도록 만들었습니다. Attach Browser를 보면 평소와는 다르게 이미지가 아닌 "화면에 브라우저 표시"가 있는 것을 보실 수 있습니다. 원래는 이 버튼을 클릭하고 Selector를 잡아야하지만, 다른 방법을 이용해보았습니다.

[그림 14-10] Open Browser

Open Browser 액티비티를 보면 단순하게 네이버 페이지를 열고 Maximize Window 액티비티를 이용해서 최대화 작업을 했습니다. 여기서 봐야할 것은 Open Browser 액티비티 속성입니다. BrowserType은 크롬으로 했는데, 각자 원하는 브라우저로 하십시오. 또 하나는 [출력] – [UiBrowser]를 이용하는 것입니다. 여기서 변수를 생성해서 넣으면 그 Browser 변수를 이후에도 이용할 수 있습니다. "browser_naver"라는 변수를 만들어서 출력에 넣습니다.

[그림 14-11] Attach Browser

Attach Browser 액티비티에서는 "화면에 브라우저 표시"를 눌러 Selector를 지정하는 대신에 속성에 [입력] – [Browser]에 "browser_naver" 변수를 넣습니다. 이렇게 넣으면 따로 browser를 잡지 않아도 해당 브라우저에서 작동하게 됩니다. 이렇게 하고 Do 안에는 Click 액티비티를 추가해서 "뉴스" 탭을 클릭하도록 하였습니다.

Tip 웹 자동화 개발 시 Open/Attach Browser

위에서 보면 같은 네이버 페이지에 대한 개발인데, Open Browser와 Attach Browser로 나누어놓은 모습을 볼 수가 있습니다. 웹 관련해서 자동화 개발을 할 때 Open Browser 액티비티 안에서 모든 것(Click 액티비티, Type Into 액티비티 등)

을 하려고 할 때가 있습니다. 이것이 작은 프로젝트에서는 상관없을 수 있지만 큰 프로젝트를 할 때는 에러가 발생할 수 있습니다. Open Browser는 단순히 Browser를 열어주는 액티비티이고, Attach Browser는 열려있는 Browser에 접근해서 이후 작업을 진행하기 위한 액티비티입니다. 따라서 각 액티비티의 용도에 맞게 사용해야 합니다. 필자의 경우 Attach Browser 액티비티를 탭마다 지정하여 기능을 확실히 나눠서 이용하고 있습니다. 이러한 이유로 위에서도 Open Browser와 Attach Browser 액티비티를 나눠서 진행하였습니다.

14.3 키워드 검색하기

[그림 14-12] 키워드 검색

네이버 뉴스 탭에 들어가면 위와 같습니다. 여기서 키워드를 검색하겠습니다.

① "뉴스 검색"에 키워드를 입력합니다.
② 키워드를 입력하였다면 "검색" 버튼을 클릭하여 뉴스를 검색합니다.

이 부분을 소스를 통해 알아보겠습니다.

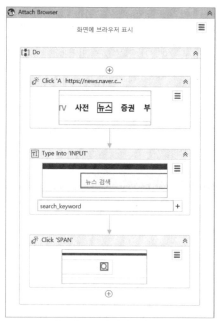

[그림 14-13] 키워드 검색

이전에 진행했던 Attach Browser 액티비티 안에 Type Into 액티비티를 통해서 키워드(search_keyword)를 입력하고, Click 액티비티를 이용해 검색 버튼을 지정합니다.

Tip 글자 타이핑 시 한영키 문제

Type Into 액티비티를 이용할 때 유의점이 있습니다. 바로 한영키입니다. [그림 14-13]에서 마지막 Click 액티비티를 주석 처리하고 실행시켜보겠습니다.

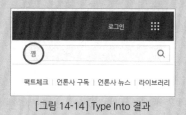

[그림 14-14] Type Into 결과

실행하면 검색창에 "RPA"라고 타이핑되는 분들과 [그림 14-14]처럼 "꼠"이라고 타이핑되는 분들이 있습니다. "꼠"은 "RPA"가 한/영키 눌려있을 때 뜨는 메시지입니다. Type Into 액티비티는 실행할 때 눌려있는 한/영키에 따라 타이핑되는 결과가 달라지게 됩니다. 그러나 우리가 원하는 시나리오는 "꼠"이 아닌 Type Into 액티비티에 적힌 "RPA"를 작성하는 것입니다. 이를 해결하는 방법과 한/영키를 다루는 방법 2가지를 살펴보겠습니다.

첫 번째로는 Type Into 액티비티의 속성을 변경하는 것입니다.

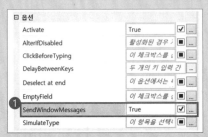

[그림 14-15] Type Into 속성

Type Into 액티비티 속성 가운데 "SendWindowMessages" 속성이 있습니다. 5.5 Type Into 액티비티에서 설명드렸듯, "SendWindowMessages"은 특정 메시지를 애플리케이션에 보내 입력하는 속성입니다. 이 예제에서 "SendWindowMessages"을 선택하여 "True" 상태로 놓고 실행을 시켜봅니다.

[그림 14-16] 결과

결과를 확인하면 한/영키에 관계없이 "RPA"가 잘 입력되는 것을 확인하실 수 있습니다.

두 번째로는 Type Into 액티비티 대신 Set Text 액티비티를 이용하는 것입니다. Set Text 액티비티는 Type Into 액티비티와 달리 입력하고자 하는 텍스트를 복사, 붙여넣기 하는 방식이기 때문에 한/영키에 영향을 받지 않습니다. 이는 다른 설정 없이 진행하면 되니, 따로 설명하지 않겠습니다. Set Text 액티비티를 이용하면 결과는 [그림 14-16]과 같이 나오는 것을 확인하실 수 있습니다.

14.4 뉴스 리스트 크롤링하기

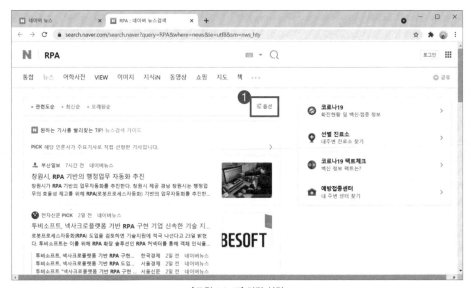

[그림 14-17] 기간 설정

① 네이버 뉴스에서 키워드를 입력하고 검색하면 새로운 탭이 열리면서 [그림 14-17] 처럼 키워드에 대한 뉴스들이 나타납니다. 결과가 나오면 날짜를 지정해야 합니다. "옵션"을 클릭합니다.

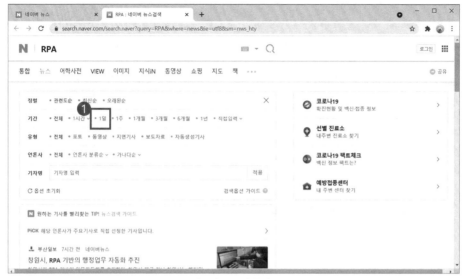

[그림 14-18] 옵션

① "옵션"을 클릭하면 위와 같이 정렬, 기간, 유형 등 여러 조건을 선택할 수 있습니다. 여기서 기간에 "1일"을 선택하면 하루 동안의 기사들만 볼 수 있습니다. 이 부분을 소스를 통해서 살펴보겠습니다.

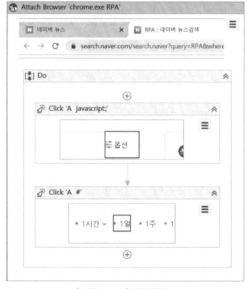

[그림 14-19] 날짜 필터

뉴스 탭에서 RPA를 검색하고 나온 결과는 새로운 탭으로 나왔기 때문에 새로운 Attach Browser 액티비티로 이 탭을 선택합니다. 그 안에는 옵션을 클릭하고 날짜를 클릭하는 액티비티를 넣습니다.

여기까지 완료했으면, 이제 날짜를 필터링하고 나온 결과에 대해서 수집을 진행합니다. 데이터 스크래핑을 이용해서 수집하도록 하겠습니다. 데이터 스크래핑은 웹에 있는 리스트를 쉽게 가져올 수 있도록 합니다. 데이터 스크래핑에 대해서 잘 모르시는 분들은 7.7으로 돌아가서 내용을 살펴보십시오. 개발할 때는 기사의 개수가 많아야 되기 때문에 날짜를 필터링하시 않고 개발을 진행합니다.

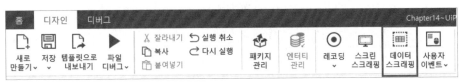

[그림 14-20] 데이터 스크래핑

데이터 스크래핑은 디자인 패널에 있습니다. 클릭합니다.

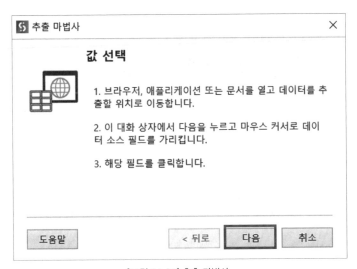

[그림 14-21] 추출 마법사

추출 마법사가 뜨면 "다음" 버튼을 클릭합니다.

[그림 14-22] 첫 번째 기사의 제목

여러 기사 리스트 중 첫 번째 기사의 제목을 클릭합니다.

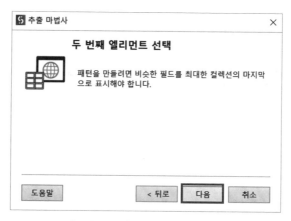

[그림 14-23] 두 번째 엘리먼트 선택

이제 규칙을 찾기 위해서 두 번째 기사의 제목을 선택하기 위해 "다음" 버튼을 클릭합니다.

[그림 14-24] 두 번째 기사의 제목

두 번째 기사의 제목을 클릭합니다.

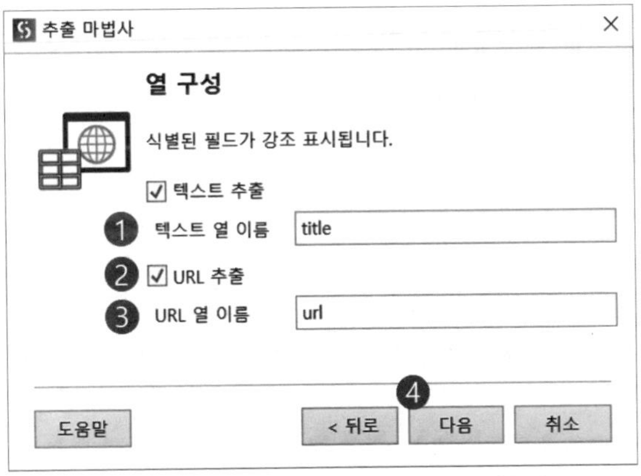

[그림 14-25] 열 구성

두 번째 기사까지 선택하면 위와 같이 추출 마법사가 변경이 됩니다. 이 부분을 변경하도록 하겠습니다.

① 기사 제목을 저장할 열의 이름을 지정합니다(title).

② 해당 기사의 URL을 추출하기 위해 "URL 추출"에 체크합니다

③ 추출한 URL을 저장할 열의 이름을 지정합니다(url).

④ "다음" 버튼을 클릭합니다.

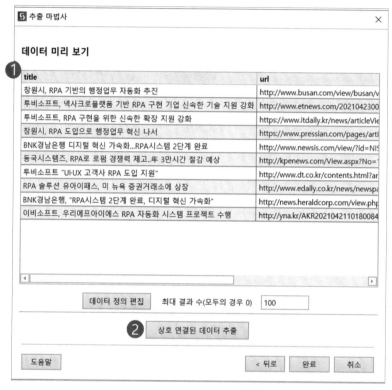

[그림 14-26] 데이터 확인

"다음" 버튼을 클릭하면 위와 같이 출력한 제목과 URL에 대한 컬럼명과 데이터를 보실 수 있습니다.

① 추출한 데이터가 이상이 없는지 확인합니다.

② 연결되어 있는 다른 데이터를 추출하기 위해 "상호 연결된 데이터 추출" 버튼을 클릭합니다.

[그림 14-27] 첫 번째 기사의 내용

이번에는 기사 내용을 추출합니다. 제목을 추출했을 때와 마찬가지로 첫 번째 기사의
내용을 선택합니다.

[그림 14-28] 두 번째 엘리먼트 선택

두 번째 기사의 내용을 선택하기 위해 "다음" 버튼을 클릭합니다.

[그림 14-29] 두 번째 기사의 내용

이어 두 번째 기사의 내용을 선택합니다.

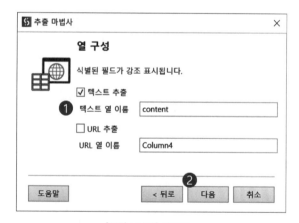

[그림 14-30] 열 구성

① 추출한 내용을 저장할 열의 이름을 지정합니다(content).

② "다음" 버튼을 클릭합니다.

[그림 14-31] 데이터 확인

① 추출한 데이터가 이상이 없는지 확인합니다.

② 마지막으로 연결되어 있는 신문사 데이터를 추출하기 위해 "상호 연결된 데이터 추출" 버튼을 클릭합니다.

[그림 14-32] 첫 번째 기사의 신문사

마지막으로 신문사를 추출합니다. 첫 번째 기사의 신문사를 선택합니다.

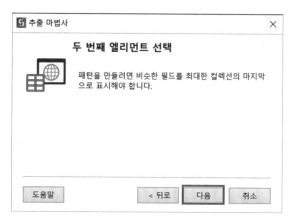

[그림 14-33] 두 번째 엘리먼트 선택

두 번째 기사의 신문사를 선택하기 위해 "다음" 버튼을 클릭합니다.

[그림 14-34] 두 번째 기사의 신문사

두 번째 기사의 신문사를 클릭합니다.

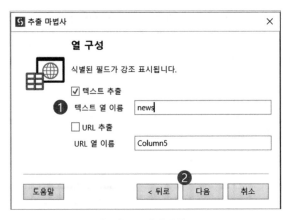

[그림 14-35] 열 구성

① 추출한 내용을 저장할 열의 이름을 지정합니다(news).

② "다음" 버튼을 클릭합니다.

[그림 14-36] 데이터 확인

① 추출한 데이터가 이상이 없는지 확인합니다.

② 뉴스 리스트를 모두 추출하기 위해 최대 결과 수를 0으로 지정합니다.

③ 추출할 데이터를 완료하였으면 "완료" 버튼을 클릭합니다.

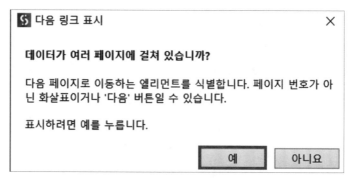

[그림 14-37] 다음 링크 표시

다음 링크 표시가 뜨면 "예" 버튼을 클릭합니다.

[그림 14-38] 다음 버튼 클릭

하단에 있는 "다음" 버튼을 클릭합니다.

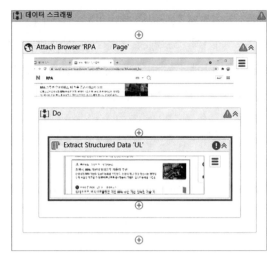

[그림 14-39] 데이터 스크래핑

다음 버튼을 클릭하면 위와 같이 "데이터 스크래핑" 시퀀스가 생성됩니다. 여기서 필요한 액티비티인 "Extract Structured Data" 액티비티를 잘라내기 합니다(액티비티를 선택해서 Ctrl + x).

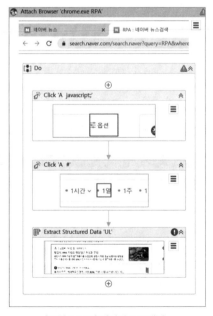

[그림 14-40] 데이터 스크래핑

잘라내기 한 액티비티는 이전에 만들었던 액티비티 아래에 붙여 넣기를 합니다. 붙여 넣기를 하고 남아있는 "데이터 스크래핑" 시퀀스는 삭제해주도록 합니다. "Extract Structured Data" 액티비티에서 "출력" 속성에서 발생하는 변수 에러는 수정해줍니다. 필자는 변수명을 "ExtractDT"로 변경하였습니다(7.7 Tip 참조).

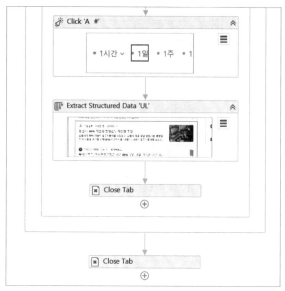

[그림 14-41] Close Tab

데이터 스크래핑을 완료하면 열려있는 웹브라우저의 탭이 2개가 있는데, Close Tab 을 통해 2개의 탭을 모두 닫아주는 작업을 합니다. 하나는 Attach Browser 안에 넣어서 현재 바라보고 있는 브라우저를 닫아주고 다른 하나는 밖에 놔둡니다.

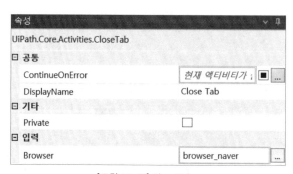

[그림 14-42] Close Tab

Close Tab 액티비티의 경우 Attach Browser 안에서 이용할 경우에는 다른 속성을 지정하지 않아도 되지만 Attach Browser 밖에서 써야 하는 경우에는 [그림 14-42]처럼 속성에 [입력] – [Browser]에 닫고자 하는 Browser 변수를 입력하면 됩니다. 위와 같이 Browser 변수인 browser_naver를 입력하면 browser_naver 변수에 해당되는 브라우저가 닫히게 됩니다.

14.5 메일 본문 만들기

이렇게 크롤링을 하고나면 결과 메일에 나타낼 본문을 만들어보겠습니다. 메일의 본문은 다음과 같이 나타낼 것입니다.

키워드: 〈지정한 키워드〉

제목: 〈기사1 제목〉
URL: 〈기사1 URL〉
신문사: 〈기사1 신문사〉
내용: 〈기사1 내용〉

제목: 〈기사2 제목〉
URL: 〈기사2 URL〉
신문사: 〈기사2 신문사〉
내용: 〈기사2 내용〉
…

…

제목: 〈기사n 제목〉
URL: 〈기사n URL〉
신문사: 〈기사n 신문사〉
내용: 〈기사n 내용〉

키워드에 대한 결과가 n개라면 n개 모두 위와 같은 형태로 나타내서 간략한 기사 내용을 보고 필요하면 직접 들어가볼 수 있도록 URL을 제공하는 방식으로 나타낼 것입니다. 잘 보면 첫 줄에 "키워드 : ⋯" 부분은 한번 표시하고 그 아래는 [제목, URL, 신문사, 내용]이 반복됩니다. 따라서 첫 줄(키워드) 따로, [제목, URL, 신문사, 내용] 따로 만들어줍니다.

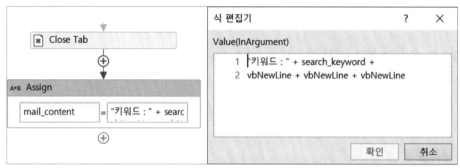

[그림 14-43] 키워드 입력

첫 줄에 키워드를 나타내는 부분입니다. Close Tab 액티비티 아래에 Assign 액티비티를 이용해서 mail_content 변수에 입력하도록 하였습니다. vbNewLine은 줄바꿈으로 3개를 입력하여 가독성을 높이고자 하였습니다.

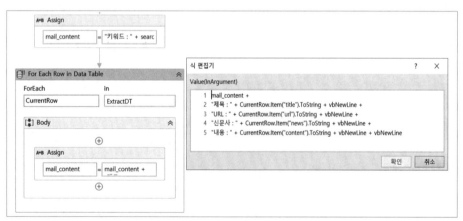

[그림 14-44] [제목, URL, 신문사, 내용] 입력

다음으로는 뉴스 기사에 대한 정보를 입력하는 부분입니다. For Each Row in Data Table 액티비티를 이용해서 데이터 스크래핑을 진행한 결과를 담고 있는 데이터 테이블 변수인 ExtractDT에서 한 행(CurrentRow)씩 뽑아내고 해당 행에 있는 title, url, news, content를 뽑아서 Assign 액티비티로 지정합니다. 맨 앞에는 mail_content를 놓았는데, 이는 모든 기사에 대한 내용들을 누적해야 되기 때문입니다(처음에 mail_content가 없으면 내용이 누적되는 것이 아니라 덮어쓰여진다고 보면 됩니다). 여기까지의 mail_content 내용을 Message Box 액티비티로 출력해서 확인해보겠습니다.

[그림 14-45] 결과

여기까지의 결과를 보면 기사들의 제목, URL, 신문사, 내용이 출력되는 것을 보실 수 있습니다. 이제 이 내용을 메일로 보내보도록 하겠습니다.

14.6 크롤링한 결과 메일 보내기

이제 크롤링한 내용을 메일로 보내보겠습니다. 실제 운영할 때는 수신자는 정해서 보내야 하지만, 개발할 때는 테스트가 필요하기 때문에 각자 본인을 수신자로 지정하겠습니다.

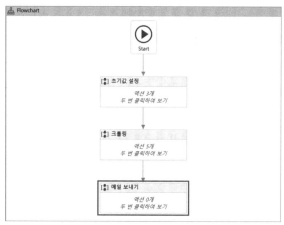

[그림 14-46] 메일 보내기 시퀀스

메일 보내기는 Sequence 액티비티를 따로 만들어서 진행하겠습니다.

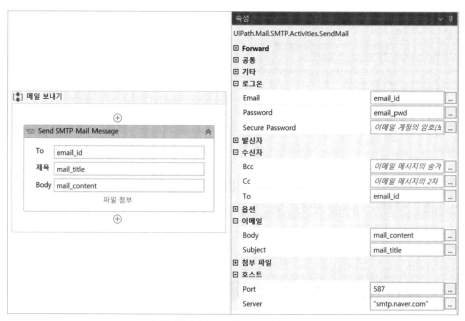

[그림 14-47] Send SMTP Mail Message

메일 보내기는 사전에 다 준비해놨기 때문에 간단합니다. 속성을 보면 로그온에
Email과 Password는 앞에 초기화 Sequence에서 미리 만들어놓은 변수들(email_

id, email_pwd)를 지정합니다. [수신자 – [To]에는 email_id를 입력하여 본인에게 보내도록 했습니다. 호스트에 Port와 Server는 네이버 SMTP의 서버명과 포트 정보를 입력했습니다. 이제 완료되었다면 실행시켜서 결과를 보겠습니다.

[그림 14-48] 결과

결과를 보면 키워드에 맞는 기사들에 대한 내용이 나오는 것을 확인하실 수 있습니다.

Tip 실습 Q & A

Q. 기사의 내용에는 왜 전체적인 내용이 보이지 않나요?

» A. 우리가 기사를 스크래핑한 사이트는 네이버 뉴스입니다. 네이버 뉴스에서 나온 기사 리스트들의 기사 내용은 전문이 아니라 특정 길이만 내용을 제공하고 해당 신문사로 연결되어 있는 URL이 있습니다. 이러한 정보는 스크래핑한 것이기 때문에 전문을 가져올 수 없었습니다.

Q. 그러면 전문을 가져오려면 어떻게 해야 하나요?

» A. 전문을 가져오려면 해당 기사 URL로 들어가서 전문을 가져오는 작업을 추가 개발해야 합니다. 그런데 신문사별로 사이트 구조가 다르기 때문에 따로 개발을 해야

한다는 어려움이 있습니다. 온라인 신문사가 60개 정도라고 하면 60가지의 경우를 개발해야 한다는 것입니다. 이러한 방법이 쉽지 않으므로 본서에서는 사용자에게 URL을 제공하여 더 많은 내용을 보려면 들어갈 수 있게 하였습니다.

14.7 Selector 수정하기

지금까지는 "RPA"라는 키워드에 대해서 스크래핑을 하는 것을 만들었는데 키워드를 다른 것으로 바꾸고 다시 실행을 시켜보겠습니다.

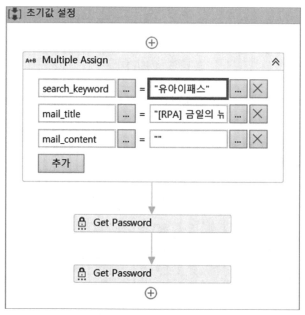

[그림 14-49] 키워드 변경

위와 같이 초기화 설정 시퀀스에 있는 Multiple Assign 액티비티에 search_keyword값을 바꿔줍니다. 바꾸고 나서 실행을 시켜봅니다.

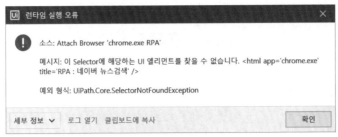
[그림 14-50] 결과

결과를 보면 위와 같이 "SelectorNotFoundException" 에러가 발생한 것을 확인할 수 있습니다. 메시지에는 title 속성에 'RPA : 네이버 뉴스검색'이 들어가 있습니다. 이 속성때문에 Selector를 찾을 수가 없었습니다. 현재 열려있는 브라우저를 보겠습니다.

[그림 14-51] 유아이패스 네이버 검색

열려있는 브라우저의 타이틀(박스 강조 표시)를 보면 "유아이패스 : 네이버 뉴스검색"이라고 되어있습니다. "RPA"와 "유아이패스" 키워드 검색을 통해 알 수 있는 것은 네이버에서 뉴스 검색을 하면 브라우저의 타이틀이 "[키워드] : 네이버 뉴스검색"으로 바뀌는 것을 확인하실 수가 있습니다. 이에 맞춰서 현재의 소스를 수정해보겠습니다.

[그림 14-52] Attach Browser 액티비티

에러가 발생한 부분을 위해 Attach Browser 액티비티를 확인해보겠습니다. Selector를 확인해보면,

```
<html app='chrome.exe' title='RPA : 네이버 뉴스검색' />
```

위와 같이 되어있습니다. Selector가 이렇게 되어 있기 때문에 키워드가 RPA일 때만 정상적으로 작동하게 되는 것입니다. 이를 Wildcard를 이용해서 수정합니다.

[그림 14-53] Selector 수정

① "Selector 편집"에서 title 속성에 RPA키워드를 별표(*)로 바꾸면서 "title='* : 네이버 뉴스검색'"으로 변경합니다. 별표(*)를 이용했기 때문에 키워드의 글자 수는 상관없습니다.

② 변경한 뒤에 "유효성 검사"를 클릭하여 확인합니다

변경한 후에는 실행시켜서 이상이 없는지 확인합니다.

14.8 여러 키워드 동시에 검색하기

지금까지는 키워드 하나의 뉴스 기사 스크래핑에 대해 개발을 해보았습니다. 알고 싶은 키워드가 여러 개일 때 그 개수만큼 키워드를 바꿔가며 실행시키면 굉장히 비효율적입니다. 그렇기에 키워드를 여러 개로 설정하고 키워드 개수만큼 자동으로 스크래핑해서 한 번에 결과를 보내주면 효율적일 수 있습니다. 이번에는 여러 키워드를 스크래핑할 수 있도록 수정하겠습니다. 먼저 프로세스 순서에 변화가 있습니다.

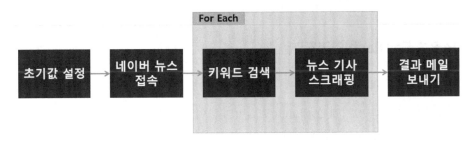

[그림 14-54] 뉴스 스크래핑 Flow

키워드의 개수를 여러 개로 설정하게 되면 우리가 만들었던 순서에서 키워드 검색과 뉴스 기사 스크래핑 부분을 반복으로 만들어주면 됩니다. 지정한 키워드 개수만큼 For Each 반복이 돌면서 키워드를 검색하고 해당 결과에 대한 스크래핑을 해서 결과 메일은 한 통으로 보내면 됩니다. 이에 따라 기존에 만들었던 소스를 수정해보겠습니다.

14.8.1 키워드 변수 수정하기

[그림 14-55] 초기값 수정

먼저 해야 할 것이 초기값을 수정하는 것입니다.

① 키워드를 여러 개 설정하기 위해서 search_keyword 변수의 초기값을 Array값으로 변경을 합니다. 필자는 {"RPA", "유아이패스"}로 검색 키워드를 2개 설정하였습니다.
② 변수 패널을 눌러 search_keyword 변수의 변수 유형도 "Array of String"으로 변경을 합니다.

14.8.2 For Each 추가하기

기존 크롤링 시퀀스에서는 한 번만 검색하면 되었는데, 키워드가 여러 개면 반복 작업이 필요합니다. 그렇기에 For Each 액티비티를 이용해서 반복 작업을 진행합니다. 기존과 변경 작업을 비교해보겠습니다.

변경 전 | 변경 후

[그림 14-56] 크롤링 시퀀스

가장 큰 차이는 기존([그림 14-56] 왼쪽)에는 Attach Browser 액티비티 하나 안에 [뉴스 탭 클릭] – [검색어 입력] – [검색 버튼 클릭] 이 과정이 하나였다면 변경 작업([그림 14-56] 오른쪽)에서는 Attach Browser를 나누었습니다. 첫 번째 Attach Browser에는 [뉴스 탭 클릭]만 놓고 그 아래에는 For Each 액티비티를 추가하여 두 번째 Attach Browser를 만들어서 [검색어 입력] – [검색 버튼 클릭]을 넣었습니다. 이렇게 하면 search_keyword 변수에서 지정한 검색어 개수만큼 반복 작업이 됩니다. 이제 검색 후 수집하는 과정을 보겠습니다. For Each 액티비티 안에서 계속 진행됩니다.

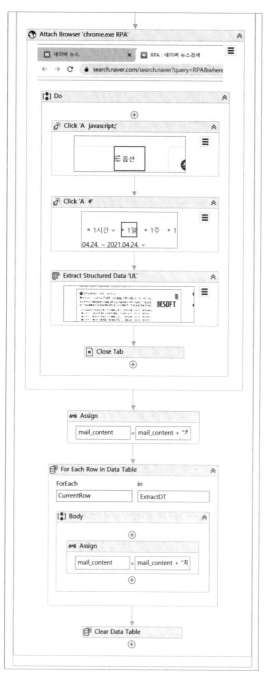

[그림 14-57] 수집

수집하는 부분은 기존 내용 그대로 For Each 액티비티 안으로 옮겼습니다. 다만 마지막에 "Clear Data Table" 액티비티를 추가하여 키워드에 대한 검색을 하고 검색 결과에 대한 내용을 작성한 후에 DataTable을 지운 후에 다음 키워드를 진행하도록 하였습니다.

크롤링 시퀀스 이후의 메일 보내기 시퀀스는 그대로 이용합니다. 이제 실행시켜보겠습니다.

[그림 14-58] 결과

결과를 보면 메일에는 키워드별로 기사에 대한 내용들이 있는 것을 확인하실 수 있습니다.

14.8.3 예외 처리하기

위의 상황까지로 개발을 완료해도 되는데 RPA는 항상 어떻게 될지 모르는 예외에 대한 처리를 해줘야 합니다. 해당 예제에서 발생할 수 있는 예외 상황을 하나 보고 처리해보겠습니다.

[그림 14-59] 예외 상황

키워드를 검색했는데 위와 같이 검색 결과가 없는 경우가 있습니다. 검색 결과가 없을 시 후속 작업을 진행하지 않고 바로 다음 검색어로 넘어가서 진행하도록 개발해야 합니다.

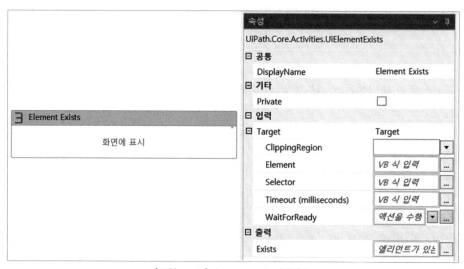

[그림 14-60] Element Exists 액티비티

검색 결과가 있는지 없는지에 대해서 "Element Exists" 액티비티를 이용합니다. 이 액티비티는 지정한 엘리먼트(또는 Selector)가 있는지 없는지를 확인하는 액티비티입니다. "화면에 표시"를 클릭해서 내가 확인하고자 하는 Selector를 선택하고 [출력] – [Exists] 속성에 결과 변수를 지정할 때 해당 엘리먼트(Selector)가 존재하면 True, 존재하지 않으면 False값으로 저장이 됩니다. 이제 이 액티비티를 이용해서 소스를 수정해보겠습니다.

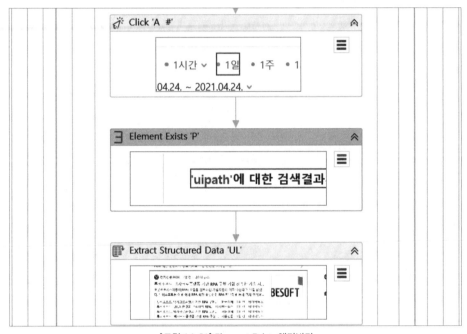

[그림 14-61] Element Exists 액티비티

위와 같이 Element Exists를 이용했는데 여기서 Element는 페이지의 중간에 나오는 'uipath'에 대한 검색 결과가 없습니다. 이 부분을 잡았습니다. 출력 결과는 "bcheck"라는 변수를 만들어서 저장했습니다.

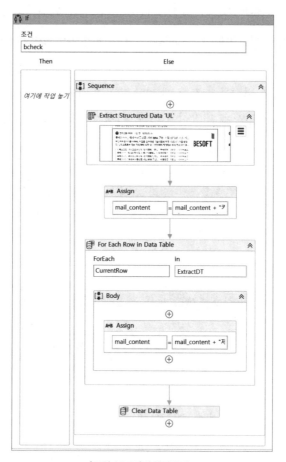

[그림 14-62] If 액티비티

Element Exists 액티비티 아래에는 위와 같이 If 액티비티를 추가하였습니다. If 액티비티의 조건에는 bcheck를 넣어 위에서 지정했던 Element가 존재하지 않는 경우(Else)에 데이터 수집 프로세스를 넣었습니다. 이렇게 하면 검색 결과가 없을 경우 수집이 되지 않게 됩니다. 직접 수정하고 실행해서 확인을 해보도록 합니다.

이번 장에서는 네이버 뉴스에 검색어를 입력하고 검색하여 검색 결과 기사들의 제목, 내용, URL, 신문사를 수집하여 메일로 보내는 작업을 개발해보았습니다. 다른 사이트에서도 개발을 직접 진행해보시길 바랍니다.

UiPath 심화

CHAPTER 15

디버그와 로그

이번 장에서는 디버그와 로그에 대해 알아보겠습니다. 2가지 모두 개발을 하는 데 있어 필수사항은 아니지만, 개발을 하는 데 도움을 주는 도구들입니다. 먼저, 디버그와 로그에 대한 정의를 먼저 보겠습니다.

디버그(Debug)

디버그라는 단어 자체의 뜻은 "해충을 잡다"라는 영단어이지만 IT에서는 프로그램의 오류를 발견하고 그 원인을 밝히는 작업을 말합니다. 이러한 오류를 검사하는 작업은 디버깅 (Debugging), 오류 검사 도구를 디버거(Debugger)라고 합니다.

로그(Log)

로그는 프로그램에서 발생하는 이벤트나 메시지들을 말합니다. 클릭을 한다거나 타이핑을 하거나 이러한 이벤트들을 말합니다. 로그를 남기는 작업을 로깅(Logging)이라고 하고 이러한 로그 작업을 남기는 파일을 로그 파일이라고 합니다.

이제 UiPath에서의 디버그와 로그에 대해 상세히 알아보겠습니다.

15.1 디버그(Debug)

앞서 살펴본 예제들을 실행할 때 에러가 나지 않으면 무난하게 끝나지만, 에러가 발생하면 에러 메시지와 함께 팝업창이 뜨거나 출력 패널에 나타나는 것을 확인할 수 있었습니다. 문제는 에러 메시지가 뜨지만 에러가 정확히 어디서 발생했고, 발생 당시 변수값은 무엇이며, 발생 원인을 알기 어려울 수 있습니다. 이럴 때 디버그 모드를 이용하면 편리합니다. 리본 탭에 디버그를 살펴보겠습니다.

[그림 15-1] 디버그 패널

15.1.1 파일 디버그 / 중지

[그림 15-2] 파일 디버그 / 중지

지금까지 프로젝트를 실행할 때는 F5를 누르기만 해서 실행을 했는데, 실제로 실행하는 방법에는 4가지가 있습니다. 일부러 에러가 나는 상황을 만들어서 4가지를 모두 실행시켜보겠습니다(메모장을 열어놓은 상태에서 Type Into 액티비티로 작성하는 예제를 만들고 메모장을 종료하고 실행하면 에러가 발생합니다).

▶ 파일 디버그(F6)

[그림 15-3] 파일 디버그 (F6)

현재 파일 디버그(F6)의 경우 현재 파일을 디버그하는 것이고, 실행할 때 디버그 모드로 실행되면서 에러가 발생하면 출력 패널에 메시지가 나타납니다. 에러가 발생한 액티비티는 [그림 15-3]과 같이 빨간색 박스로 표시가 됩니다.

▶ 파일 실행(Ctrl + F6)

[그림 15-4] 파일 실행 (Ctrl + F6)

파일 실행(Ctrl + F6)은 현재 파일을 실행하는 것인데 디버그 모드는 아닙니다. 그렇기 때문에 실행이 되면 디버그 창이 뜨지는 않고 에러가 발생하면 에러 메시지를 팝업창으로 띄우고 에러가 발생한 액티비티로 이동합니다.

▶ 디버그(F5)

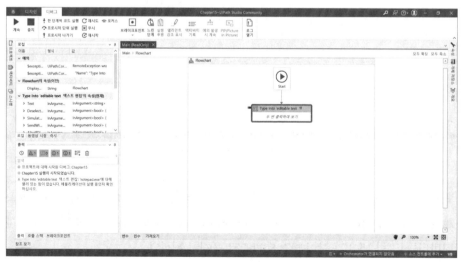

[그림 15-5] 디버그 (F5)

디버그(F5)는 전체 프로젝트에 대한 디버그로 실행할 때 디버그 모드가 실행됩니다. 에러가 발생하면 출력 패널에 메시지가 띄워지고 에러가 발생한 액티비티에 빨간 박스로 표시가 됩니다.

▶ 실행(Ctrl + F5)

[그림 15-6] 실행 (Ctrl + F5)

실행(Ctrl + F5)는 프로젝트 전체를 실행하는 것으로, 디버그 모드는 아닙니다. 에러가 발생하면 에러 메시지를 팝업창으로 띄우고 에러가 발생한 액티비티로 이동하게 됩니다.

▶ 중지(F12)

디버깅을 하거나 실행 중에 있을 때 중지시켜주는 기능입니다. 디버깅/실행 중에 중지 버튼을 클릭하거나 F12를 눌러 중지시키면 됩니다. 실행 중에 있을 때는 중지 버튼을 클릭하기 힘들기 때문에 F12를 눌러 중지시키곤 합니다.

15.1.2 단위 실행

단위 실행은 디버깅을 단계별로 진행하여 하나씩 살펴볼 수 있게 지원하는 작업입니다.

▶ 한 단계씩 코드 실행(F11)

한 단계씩 코드 실행(F11)은 프로세스 플로우 순서에 따라 액티비티 하나하나를 실행하면서 디버그하는 기능입니다.

[그림 15-7] 한 단계씩 실행

액티비티를 하나씩 넘어가려고 할 때마다 "한 단계씩 코드 실행"을 클릭합니다. 진행중인 액티비티는 [그림 15-7]의 가운데와 같이 파란색 박스로 둘러지게 되고, 왼쪽 로컬 패널에는 현재 진행 중인 액티비티 범위에서의 변수와 액티비티 속성에 대한 정보를 얻을 수 있습니다. 이 단계는 프로젝트가 끝날때까지 진행되기 때문에 그 전에 멈추고 싶다면 중지 버튼(F12)를 클릭하여 멈추면 됩니다.

▶ 프로시저 단위 실행(F10)

프로시저 단위 실행은 액티비티 하나하나에 대한 디버그가 아니라 Flowchart나

Sequence, Invoke Workflow File 액티비티 같은 컨테이너 단계를 실행시킵니다.

▶ 프로시저 나가기(Shift + F11)

프로시저 나가기는 현재 디버깅을 진행 중인 컨테이너 단계를 벗어나고 싶을 때 사용합니다.

15.1.3 에러 발생 시 제공하는 기능

다음으로 소개할 기능들은 에러가 발생했을 때 제공하는 기능들입니다.

▶ 재시도(Ctrl + Shift + R)

에러가 발생한 액티비티를 재시도하는 기능입니다. 이 상황에서는 액티비티의 속성을 바꾼다거나 내용을 바꿀 수는 없고 그대로 재시도합니다.

▶ 무시(Ctrl + Shift + I)

무시는 현재 에러가 발생한 액티비티는 건너뛰고 다음 액티비티로 디버깅을 지속하는 기능입니다.

▶ 재시작(Shift + F5)

재시작은 에러가 발생한 액티비티부터가 아니라 프로젝트 처음부터 다시 시작하는 것입니다.

▶ 포커스(Alt + F10)

포커스는 현재의 breakpoint나 에러가 발생한 액티비티로 다시 옮겨주는 기능을 말합니다.

15.1.4 디버그를 도와주는 기능

▶ 브레이크포인트(F9)

브레이크포인트는 중지점을 말합니다. 프로젝트 내에서 확인이 필요한 액티비티에 브레이크포인트를 설정/해제하는 기능입니다. 브레이크포인트를 설정하고 프로젝트를 디버그 모드에서 실행하면 브레이크포인트를 설정한 액티비티에서 멈추게 됩니다.

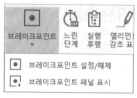

[그림 15-8] 브레이크포인트

브레이크포인트를 설정하거나 해제하고 싶은 액티비티를 선택한 후에 [브레이크포인트] – [브레이크포인트 설정/해제를 클릭하거나 F9를 클릭하여 처리합니다.

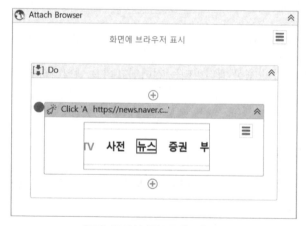

[그림 15-9] 브레이크포인트 설정

브레이크포인트를 설정하면 위와 같이 액티비티의 왼쪽 상단에 빨간색 원이 생성됩니다. 이 표시가 있다면 해당 액티비티는 브레이크포인트가 설정이 되었다는 뜻입니다. 이 상태로 디버그 실행을 시켜보겠습니다.

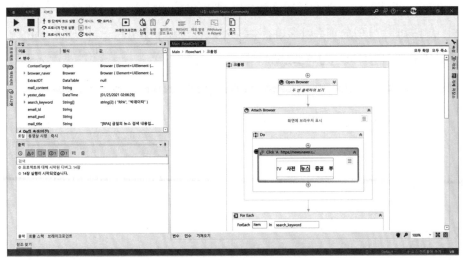

[그림 15-10] 브레이크포인트

디버그 모드로 실행을 하면 브레이크포인트를 설정한 액티비티에서 멈추게 됩니다. 브레이크포인트를 설정한 해당 액티비티에서의 변수 값과 속성은 로컬 패널에서 보이게 됩니다.

브레이크 포인트는 개발을 하면서 디버깅을 할 때 매우 유용하게 사용할 수 있습니다. 개발 중간에 액티비티의 변수나 속성 등에 대한 확인을 하고 싶은 부분이나 에러가 발생하면 그 원인을 찾기 위해 이용할 수 있습니다.

▶ 느린 단계

느린 단계는 프로젝트의 실행 흐름을 판단하기 위해 제공하는 기능입니다. 디버그 모드에서 프로젝트의 실행 속도를 조절하여 액티비티가 진행되는 것을 확인하실 수 있습니다.

[그림 15-11] 느린 단계

OFF라고 써있으면 원래 속도로 진행되고 한 번씩 클릭할때마다 1배속씩 증가합니다. 총 1~4배속이 있고 배속이 올라갈수록 속도는 더 빨라집니다. 느린 단계를 OFF가 아닌 배속을 설정하고 실행해보겠습니다.

[그림 15-12] 느린 단계 실행

느린 단계의 배속이 높을수록 프로젝트 실행 흐름이 빠른 것을 확인하실 수 있습니다.

▶ 실행 후행

실행 후행은 액티비티가 어느 정도 실행되었는지 확인할 수 있는 기능입니다. 실행 후행을 클릭하고 다시 디버그해보겠습니다.

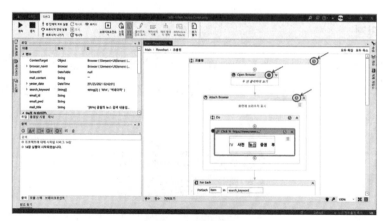

[그림 15-13] 실행 후행

당신의 칼퇴를 도와주는 UiPath 업무 자동화

실행 후행을 하고 디버그를 하면 각 액티비티마다 우측 상단에 노란색 원 🕐 또는 초록색 원 ✅이 뜨게 됩니다.

🕐 : 해당 액티비티가 부분적으로 실행된 상태입니다(노란색).

✅ : 해당 액티비티가 실행 완료된 상태입니다(초록색).

▶ 엘리먼트 강조 표시

엘리먼트 강조 표시를 선택하고 디버그하면 순서대로 액티비티가 진행되면서 액티비티가 진행되는 Selector를 먼저 빨간색 박스로 강조 표시하고 나서 액티비티를 진행합니다.

▶ 액티비티 기록

액티비티 기록은 프로젝트에 있는 액티비티들에 대한 모든 기록을 로그에 남기는 기능입니다. 액티비티가 실행 시작하고 끝나는 것, 액티비티가 실행되면서 남기는 기록들까지 모두를 남깁니다. 그 기록들은 출력 패널에서 확인하실 수가 있습니다.

[그림 15-14] 액티비티 기록

액티비티 기록을 선택하고 디버그하면 [그림 15-14]처럼 출력 패널에 나오는 것을 확인하실 수 있습니다.

▶ 예외 발생 시 계속

이 기능을 설정해놓으면 디버그 중간에 예외가 발생하여도 계속 실행됩니다. 예외에 대한 내용은 출력 패널에 입력이 됩니다.

▶ PIP(Picture In Picture)

PIP 모드에서 디버그를 진행하는 기능입니다. PIP 모드는 마우스와 키보드의 방해를 받지 않기 위해서 현재 PC 환경과 같은 가상의 창을 만들어 그 환경에서 디버그를 진행하는 모드입니다. 우리가 Attended Robot 환경에서 개발을 하고 실행을 하게 되면 RPA가 동작 중일 때는 다른 작업을 진행할 수 없습니다. 마우스나 키보드를 움직이게 되면 RPA가 영향을 받아서 문제가 발생하기 때문입니다. 이러한 문제를 해결해 주는 것이 PIP 모드입니다.

15.1.5 로그 열기

로그 파일들을 쌓아놓은 폴더를 열어 로그 파일을 확인할 수 있게 해줍니다. 로그에 대한 내용은 앞으로 살펴보도록 하겠습니다.

15.2 로그(Log)

로그는 프로그램에서 발생하는 이벤트나 메시지들을 말합니다. 프로세스를 시작하고 끝나거나, 클릭하고, 타이핑하고, 중간에 에러가 발생하는 모든 것들이 로그라고 보면 됩니다. 매번 개발을 하고 실행할 때마다 우리도 모르게 로그는 쌓이고 있었습니다.

15.2.1 기본 로그 확인하기

[그림 15-15] 로그 열기

우리가 쌓여있는 로그를 확인하기 위해서는 디버그에 [로그 열기]를 클릭합니다.

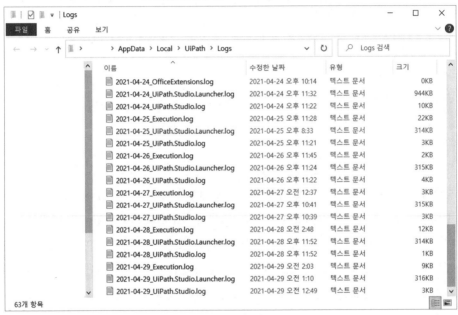

[그림 15-16] Logs 폴더

[로그 열기]를 클릭하면 "Logs" 폴더가 열리게 됩니다. 여기에는 날짜별로 생성된 로그 파일들을 보실 수가 있습니다. 예를 들어 오늘 날짜로 되어 있는 Execution.log 파일을 보겠습니다.

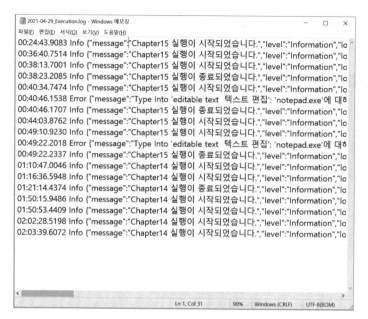

[그림 15-17] Execution.log 파일

Execution.log 파일을 열어보면 위와 같습니다. 아랫부분을 보면 우리가 최근에 진행했던 정보들을 보실 수 있습니다. [그림 15-17]를 보면 "message" 필드에 "Chapter14 실행이 시작되었습니다."와 중간에 "Chapter14 실행이 종료되었습니다."라는 것을 확인할 수 있습니다. 이처럼 우리의 프로세스가 시작되면, "**[프로세스명] 실행이 시작되었습니다.**"라는 로그가 자동으로 생기고 프로세스가 종료가 되면 "**[프로세스명] 실행이 종료되었습니다.**"라는 로그가 자동으로 생기는 것을 확인할 수 있습니다([그림 15-17]에서는 시작되었다는 문구에 비해 종료되었다는 문구가 적은 것을 볼 수 있는데, 디버그를 보여드리기 위해 중간에 강제종료시켰기 때문에 종료되었다는 문구가 없습니다). 중간에 "Error"가 있는 부분도 확인하실 수 있는데 프로세스를 실행할 때 에러가 발생하면 로그 파일에 에러 내용도 자동으로 새겨지게 됩니다. 이제, 이 로그 내용을 보는 방법을 알아보겠습니다. 로그의 내용은 자세히 보면 일정한 규칙에 따라 적혀있습니다.

시간 로그레벨 {"필드1":"값1", "필드2":"값2", "필드3":"값3", ...}

[그림 15-18] 로그 내용

로그의 내용은 위와 같은 규칙으로 되어 있습니다.

① 시간: "시:분:초.밀리초"의 형태로 표시되고 이는 해당 로그가 발생된 시점의 시간을 표시하고 있습니다.

② 로그레벨: 로그레벨은 해당 로그가 어떠한 내용에 대한 로그인지 나타내기 위한 것으로 총 5단계로 되어 있습니다.

- Fatal: 치명적인 단계
- Error: 오류 단계
- Warn: 경고 단계
- Info: 정보 단계
- Trace: 추적 단계

Trace가 가장 약한 단계이고 위로 올라갈수록 심각한 단계를 나타냅니다.

③ 필드/값 : 필드와 값은 한쌍입니다. 필드는 속성이고 값은 해당 필드에 대한 값이라고 보면 됩니다. 로그에는 이러한 필드와 값 쌍들이 중괄호(||) 안에 담기게 됩니다.

이렇게 로그 내용은 맨앞에 있는 시간을 기준으로 한 줄이 로그 하나의 내용이라고 보면 됩니다. 프로세스가 시작되는 로그와 종료되는 로그는 기본적으로 자동으로 제공하는 로그이므로, 해당 로그들을 한 번 살펴보겠습니다. 시작 로그부터 보겠습니다.

프로세스 시작 로그

```
02:03:39.6072 Info {"message":"Chapter14 실행이 시작되었습니다.","level":
"Information","logType":"Default","timeStamp":"2021-04-29T02:03:39
.5883143+09:00","fingerprint":"27080837-998e-403c-b350-c3ac8575aca4-
","windowsIdentity":"LAPTOP-KQV13HH9\\user","machineName":"LAPTOP-
KQV13HH9","processName":"Chapter14","processVersion":"1.0.0","jobId":
"e5a3c362-6ef5-4938-8dc6-f7dc75efdc9b","robotName":"USER","machineId"
:0,"fileName":"Main","initiatedBy":"Studio"}
```

프로세스 시작 로그는 위와 같습니다. 위의 내용을 시간, 로그 레벨, 필드/값으로 나눠서 보기 좋게 해보겠습니다.

프로세스 시작 로그

- 시간 : 02:03:39.6072
- 로그레벨 : Info
- 필드/값 :

```
{
    "message":"Chapter14 실행이 시작되었습니다.",
    "level":"Information",
    "logType":"Default",
    "timeStamp":"2021-04-29T02:03:39.5883143+09:00",
    "fingerprint":"27080837-998e-403c-b350-c3ac8575aca4",
    "windowsIdentity":"LAPTOP-KQV13HH9\\user",
    "machineName":"LAPTOP-KQV13HH9",
    "processName":"Chapter14",
    "processVersion":"1.0.0",
    "jobId":"e5a3c362-6ef5-4938-8dc6-f7dc75efdc9b",
    "robotName":"USER",
    "machineId":0,
    "fileName":"Main",
    "initiatedBy":"Studio"
}
```

시작 로그를 나누면 위와 같습니다. 첫 번째 줄은 시간, 두 번째 줄은 로그 레벨, 중괄호 안에는 필드/값들이 담겨있습니다. 이 필드/값들에 대해 알아보겠습니다.

- message: 로그 메시지
- level: 로그의 심각도를 정의
- logType: 로그 타입

- timestamp: 해당 로그가 실행된 시점

- fingerprint: 로그 메시지의 유일한 값

- windowsIdentity: 로그가 작업된 유저의 이름

- machineName: PC명

- processName: 로그가 일어난 프로세스명

- processVersion: 로그가 일어난 프로세스의 버전

- jobId: 프로세스가 실행된 Job의 ID

- robotName: 오케스트레이터에 정의되어 있는 로봇의 이름

- machineId: PC의 ID

- fileName: 파일명

- initiatedBy: 프로세스 시작 주체

다음으로, 프로세스 종료 로그를 보도록 하겠습니다.

프로세스 종료 로그

- 시간 : 01:21:14.4374
- 로그레벨 : Info
- 필드/값 :

```
{
    "message":"Chapter14 실행이 종료되었습니다.",
    "level":"Information",
    "logType":"Default",
    "timeStamp":"2021-04-29T01:21:14.4364502+09:00",
    "fingerprint":"a24c4394-5fa4-4ec6-99f7-0a77d8f69697",
    "windowsIdentity":"LAPTOP-KQV13HH9\\user",
    "machineName":"LAPTOP-KQV13HH9",
    "processName":"Chapter14",
    "processVersion":"1.0.0",
    "jobId":"60e84df4-8212-46df-89a2-d0f25cd867bb",
    "robotName":"USER",
```

```
    "machineId":0,
    "totalExecutionTimeInSeconds":277,
    "totalExecutionTime":"00:04:37",
    "fileName":"Main"
}
```

프로세스가 시작할때와 다르게 종료될 때의 로그에는 2가지 필드가 더 붙어있습니다.

- totalExecutionTimeInSeconds: 프로세스가 실행되는 소요시간(초)
- totalExecutionTime: 프로세스가 실행되는 소요시간(시:분:초)

시작/종료 로그는 위와 같은 필드에 대한 값들을 기본적으로 사용자들에게 제공하고 있고 해당 로그를 보는 방법에 대해 알아보았습니다.

15.2.2 사용자 정의 로그 만들기

이렇게 UiPath Studio에서 자동으로 생성하는 로그가 있는데 우리가 원하는 내용의 로그도 남길 수 있을까요? UiPath에서는 원하는 내용의 로그도 남길 수 있도록 액티비티를 제공하고 있습니다. 이 액티비티를 알아보도록 하겠습니다.

▶ Log Message 액티비티

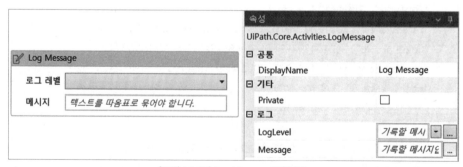

[그림 15-19] Log Message 액티비티

사용자 정의 로그를 남길 수 있는 액티비티는 Log Message 액티비티입니다. 이 액티비티는 위와 같이 생겼습니다. 속성을 살펴보겠습니다.

- **LogLevel**: 로그 레벨입니다. 남기고자 하는 로그가 어떠한 로그 레벨로 남길 것인지 정하는 것으로 Fatal, Error, Warn, Info, Trace가 있습니다.
- **Message**: 로그를 남길 메시지입니다.

예제를 통해 Log Message 액티비티를 알아보겠습니다.

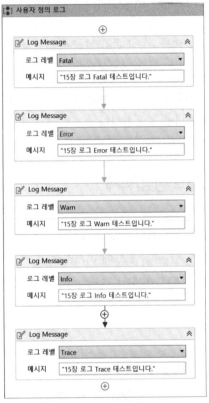

[그림 15-20] Log Message 예제

로그 레벨별로 메시지를 작성해보았습니다. 해당 프로젝트를 실행하고 로그 파일을 살펴보겠습니다. 해당 프로젝트를 실행하면 아무런 동작이 보이지 않지만, 로그는 쌓이고 있습니다. 로그 파일을 열어보겠습니다.

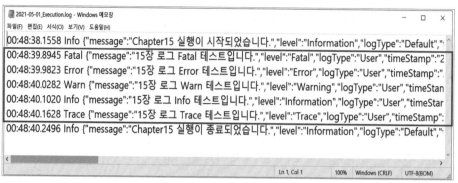

[그림 15-21] 로그 파일

"오늘날짜_Execution.log" 파일을 열어 위와 같이 빨간색 박스에 있는 것들을 보겠습니다. 지정한 로그 레벨이 로그마다 나타나고 "level" 키에도 자동으로 적용되어 있는 것을 확인할 수 있습니다. 그리고 Log Message 액티비티에서 Message 속성에 적었던 내용은 "message" 필드에 나타나게 됩니다.

15.2.3 사용자 정의 필드 생성/삭제

Log Message 액티비티를 이용해서 사용자 정의 로그를 만들 때 message 속성을 통해서 메시지만 입력하도록 했는데, 로그에 이 "message" 필드뿐만 아니라 사용자가 임의로 필드를 만들어 값을 넣고 뺄 수도 있습니다. 이럴 때 이용하는 액티비티를 보겠습니다.

▶ Add Log Fields 액티비티

[그림 15-22] Add Log Fields 액티비티

먼저, Add Log Fields 액티비티입니다. 이 액티비티는 로그에 필드를 추가하고 그 필드에 해당되는 값도 지정해주는 액티비티입니다. Fields 속성에 우측 "…"를 클릭하여 컬렉션을 지정하면 됩니다.

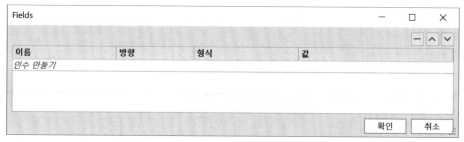

[그림 15-23] Fields

"…"을 클릭하면 위와 같은 팝업창이 뜨게 됩니다. 여기에서 "인수 만들기"를 클릭하여 원하는 필드명을 "이름"에, 필드의 자료형을 "형식", 필드값을 "값"에 작성하면 됩니다.

이와 같이 Add Log Fields 액티비티를 통해 로그 필드를 생성하는 것을 보았습니다. 반대로 로그 필드를 삭제하는 액티비티를 살펴보겠습니다.

▶ Remove Log Fields 액티비티

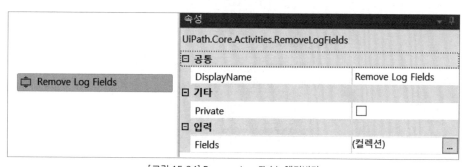

[그림 15-24] Remove Log Fields 액티비티

Remove Log Fields 액티비티는 앞서 봤던 Add Log Fields 액티비티의 반대입니다. 로그의 필드를 제거하는 액티비티입니다. Add Log Fields 액티비티랑 똑같이 생겼고, 마찬가지로 Fields 속성에 우측 "…"를 클릭하여 컬렉션을 지정하면 됩니다. 이 "…"를 클릭하여 보겠습니다.

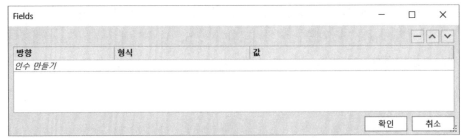

[그림 15-25] Fields

"…"를 클릭하면 위와 같은 새로운 팝업창이 뜨게 되는데 Add Log Fields 액티비티와는 조금 다른 것을 확인할 수 있습니다. 이 창에서는 "인수 만들기"를 클릭하여 제거하고자 하는 Field명을 "값"에 입력하기만 하면 됩니다. 예제를 통해 알아보도록 하겠습니다.

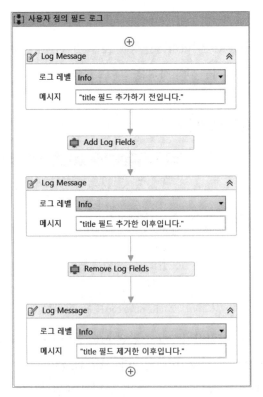

[그림 15-26] Add/Remove Log Fields 예제

예제의 내용은 간단하게 로그 필드를 추가하여 로그를 남기고 이 필드를 다시 제거하는 작업을 하였습니다. Log Message 액티비티들은 위와 같이 지정하고 Add Log Fields 액티비티와 Remove Log Fields 액티비티를 살펴보겠습니다.

[그림 15-27] Add Log Fields

Add Log Fields 액티비티에서 컬렉션에 위와 같이 지정했습니다. "인수 만들기"를 클릭하고 "title"이라는 필드명을 지정하고 형식에는 String, 값에는 "15장"으로 지정하였습니다.

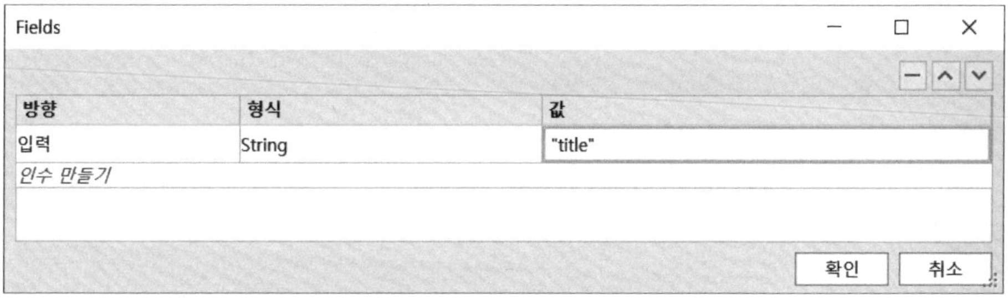

방향	형식	값
입력	String	"title"
인수 만들기		

[그림 15-28] Remove Log Fields

반대로 Remove Log Fields 액티비티에서 컬렉션은 위와 같이 지정하였습니다. Add Log Fields 액티비티를 통해 만들었던 "title"이라는 필드를 지정하여 제거하도록 하였습니다. 이제 이 예제를 실행하고 종료되면 로그 파일을 살펴보겠습니다.

[그림 15-29] 로그 파일

로그 파일을 보면 필드를 추가한 이후에 출력한 로그 부분에는 맨끝에 "title":" 15장"
이 부분이 생긴 것을 확인하실 수 있습니다. 그 아래에는 "title" 필드가 다시 사라진 것
을 확인할 수가 있습니다. 이렇게 Log Field를 추가하거나 삭제하여 유동적으로 유용
하게 사용할 수가 있습니다.

개발을 하면서 로그는 UiPath가 기본적으로 제공하는 로그와 사용자가 임의로 정의
한 로그를 섞어서 효율적으로 이용하면 뛰어난 효과를 얻을 수 있습니다. 어떻게 써야
하는 필수적인 요소는 없지만 프로젝트별, 팀별로 규칙을 정하여 사용하는 것이 정답
이라고 할 수 있습니다.

CHAPTER 16

오케스트레이터(Orchestrator)

이번 장에서는 UiPath Orchestrator에 대해 알아보겠습니다. Orchestrator는 Robot을 효율적으로 관리할 수 있게 해주는 웹 기반 응용 프로그램인데 Attended 및 Unattended Robot을 통합하고 원격 실행, 모니터링, 스케줄링, 로그 기록 등을 제공합니다. Orchestrator의 주요 기능들을 보겠습니다.

- Provisioning : 프로비저닝은 IT인프라를 설정하는 프로세스인데 Orchestrator에서의 프로비저닝은 Robot와 웹 애플리케이션 간의 연결을 생성하고 유지하는 기능을 제공합니다.
- Deployment: 배포는 실행을 위해서 할당된 Robot들에 프로젝트 패키지를 전달합니다.
- Configuration: Robot 환경과 프로세스의 구성을 유지하고 제공합니다.
- Queues: Robot들에 작업량을 자동으로 분배해줍니다.
- Monitoring: Robot 식별 데이터의 추적을 계속하고 사용자 권한을 유지합니다.
- Logging: 프로젝트의 설계나 구성에 따라 Log 데이터를 SQL 데이터베이스나 Elasticsearch에 저장하고 검색합니다.
- Inter-connectivity: 써드 파티 솔루션이나 애플리케이션 간의 통신을 위한 중앙 역할을 합니다.

Orchestrator의 주요 기능들은 위와 같습니다. Chapter 2에서 UiPath의 Robot에는 Attended Robot과 Unattended Robot이 있다고 말씀드렸는데, 다시 한번 그 차이를 살펴보겠습니다.

▶ Attended Robot

사용자와 같은 환경에서 실행되며 사용자에 의해서 실행됩니다. 잠긴 화면에서 실행될 수가 없으며 Unattended Robot에 비해 저렴한 비용으로 자동화를 실행할 수 있습니다.

▶ Unattended Robot

Orchestrator와 연동하여 무인으로 실행되고 통제받으면서 원격 실행, 스케줄링 등의 작업을 실행할 수 있습니다.

앞서 차이를 봤듯이, Orchestrator를 제대로 이용하기 위해서는 Unattended Robot을 이용해야 합니다. 그런데 비용이 Attended Robot에 비해 비싸기 때문에 프로젝트의 상황을 파악해서 Orchestrator를 이용할지 판단해야 합니다. 이제 Orchestrator를 연결해서 간단하게 이용해보겠습니다.

<u>16.1</u> Orchestrator 접속

Orchestrator로 접속해보겠습니다. "https://cloud.uipath.com/"으로 접속하고, UiPath에 가입한 계정으로 로그인합니다.

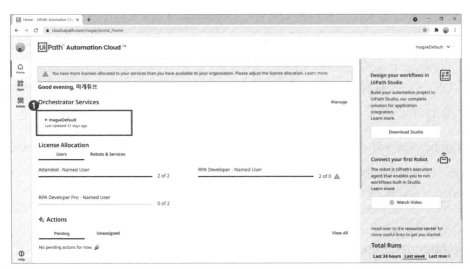

[그림 16-1] UiPath Automation Cloud

로그인하면 위와 같이 Home 화면이 뜨게 됩니다. 여기에서 중앙에 있는 "Orchestrator Services" 아래에 있는 것을 클릭합니다(필자의 경우 "magaeDefault"라고 되어있는데 여러분은 다르게 나와 있을 것입니다).

16.2 Orchestrator 화면 구성

16.2.1 Overview 구성

[그림 16-2] Overview 화면

Orchestrator Services로 접속해서 들어오면 좌측 메뉴 중, [MY FOLDERS] 아래 [Default] 폴더가 선택되어 있고 상단 메뉴에는 Home 화면이 나옵니다. 상단 메뉴들을 보겠습니다.

• Home: Processes나 Assets, Queues 등의 상황을 볼 수 있는 대시보드를 제공합니다. 각 항목에 대해서는 클릭하면 상세하게 볼 수 있습니다.

• Automations: Processes, Jobs, Triggers, Logs에 대한 내용을 보고 관리할 수 있습니다.

- Robots: Robot들에 대한 등록 및 관리를 할 수 있습니다.
- Environments: 프로세스를 배포하기 위해 Robot들을 그룹화할 수 있습니다.
- Monitoring: Machines, Processes, Queues, SLA에 대한 모니터링을 제공합니다.
- Queues: Queue를 생성하고 결과를 확인할 수 있도록 제공합니다.
- Assets: 다른 자동화 프로젝트에서 사용될 수 있는 공유 변수나 자격 증명을 제공합니다.
- Storage Buckets: RPA 개발자가 자동화 프로젝트를 만들 때 활용할 수 있도록 폴더별 스토리지를 제공합니다(예를 들어 여러 프로세스에서 사용되는 PDF 파일이나 머신러닝 모델을 위한 데이터 셋을 말합니다).
- Action Catalogs: Action Catalog는 다양한 기준에 따라 작업을 분류할 수 있는 작업 컨테이너를 말합니다.
- Settings: User나 Group에 대한 설정을 제공합니다.

16.2.2 화면 구성(좌측 메뉴)

상단 메뉴에 대해 살펴보았는데 좌측 메뉴에 대해서도 보도록 하겠습니다.

▶ Tenant

우리가 이용하는 Services에 대한 Robots이나 Machines, License 등의 정보를 제공하고 관리합니다.

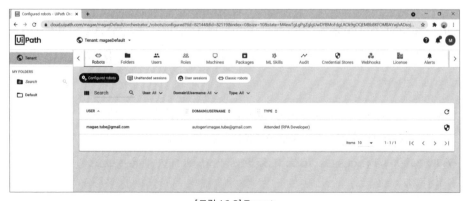

[그림 16-3] Tenant

Tenant 안에도 상단 메뉴들이 있습니다. 간단히 살펴보겠습니다.

- Robots: Orchestrator에 등록된 Robot들에 대한 정보를 보여줍니다.
- Folders: 폴더는 프로젝트들을 별도로 보관할 수 있게 도와주는 스토리지입니다.
- Users: 보는것과 통제하는 것에 대한 역할(Role)을 나누어 놓은 사용자들을 관리합니다.
- Roles: Tenant와 Folder에 대한 권한을 관리합니다.
- Machines: UiPath Robot이 설치되어 있는 워크스테이션(PC 또는 클라우드)을 관리합니다.
- Packages: UiPath Studio를 통해 게시(Publish)된 모든 프로젝트들이 보이게 됩니다.
- ML Skills: AIFabric 서비스와 같이 사용가능한 ML 스킬들을 보여줍니다.
- Audit: Orchestrator의 모든 엔티티가 수행한 작업에 대한 감사 추적이 표시됩니다.
- Credential Stores: 자격 증명 저장소는 보안 장소 내의 명명된 위치로 자격 증명을 검색할 수 있습니다.
- Webhooks: Webhook을 사용하면 UiPath 자동화를 전체 애플리케이션과 통합할 수 있습니다.
- License: 해당 계정이 가지고 있는 라이선스 정보를 확인할 수 있습니다.
- Alerts: Robot과 Queue, 트리거 등에 대한 알림을 보여주는 페이지입니다.
- Settings: 애플리케이션 설정이나 메일, 보안 등에 대한 설정을 할 수 있습니다.

이제 PC에 있는 UiPath Robot과 Orchestrator를 연결하여 Orchestrator에서 원격으로 프로세스를 실행시켜보도록 하겠습니다.

16.3 Orchestrator 연결

Orchestrator에 Robot을 연결해보도록 하겠습니다. 윈도우의 트레이를 보겠습니다.

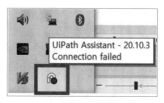

[그림 16-4] 윈도우 트레이

UiPath Assistant로 되어있는 것을 확인할 수 있는데 이를 더블클릭하여 실행시켜보겠습니다. 트레이에 저 아이콘이 보이지 않는다면 UiPath Studio를 실행시키면 됩니다. Studio를 설치한 이후에 한 번도 Assistant를 설정하지 않았다면 위 화면과 같이 아이콘에 빨간색 동그라미와 함께 "Connection failed"라고 뜨고, 설정을 했다면 초록색 동그라미와 함께 "Connected Licensed"라고 뜹니다(또는 회색으로 나오면 로그인 상태가 아니기 때문에 로그인을 먼저 진행합니다).

[그림 16-5] UiPath Assistant

처음에 UiPath Assistant를 설정하지 않았다면 위와 같이 설정하라고 나옵니다. 마음에 드는 로봇과 이름을 설정하고 하단에 "Get started"를 클릭합니다.

[그림 16-6] Preferences

"Get started"를 클릭하면 위와 같은 화면이 나오는데, 다음을 진행합니다.

① 우측 상단에 프로필을 클릭합니다.

② 프로필을 클릭하면 나오는 리스트 중에 Preferences를 클릭합니다.

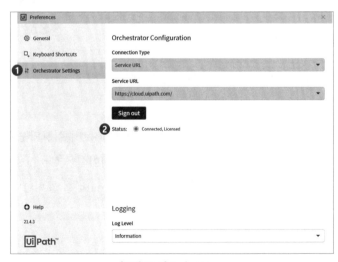

[그림 16-7] Preferences

① Preferences창이 뜨면 좌측 메뉴에 "Orchestrator Settings"를 클릭하고, Status를 확인합니다.

② 처음에 UiPath Studio를 설치할 때 정상적으로 잘 설치되었다면 이 Status도 "Connected, Licensed"를 확인할 수 있습니다.

기본적으로 이렇게 설정이 되어 있지만 우리는 새로 설정을 해서 연결해보겠습니다. 다시 Orchestrator 메인으로 이동합니다.

16.3.1 Machines 생성하기

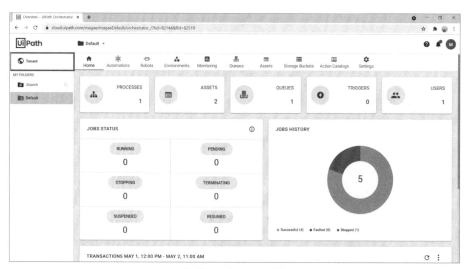

[그림 16-8] Tenant 이동

먼저, Machine을 생성하는 것입니다. Machine은 Robot이 실행되는 PC, 클라우드 등의 워크스테이션을 말합니다. 여기서는 이 워크스테이션을 Orchestrator에 등록합니다. Machine 메뉴로 가기 위해 좌측 메뉴에서 "Tenant"를 클릭합니다.

[그림 16-9] Machines

① Tenant에 들어오면 상단에 "Machines"를 클릭하여 들어옵니다.
② Machines에 들어오면 우측에 "+" 버튼이 있습니다. 클릭합니다.

[그림 16-10] Add

"+" 버튼을 클릭하면 3가지가 나옵니다. 왼쪽부터 "Add Standard Machine", "Add Machine Template", "Add Cloud Machine Pool"인데, 우리는 각자의 PC에서 할 것이므로 제일 왼쪽인 "Add Standard Machine"을 클릭하겠습니다.

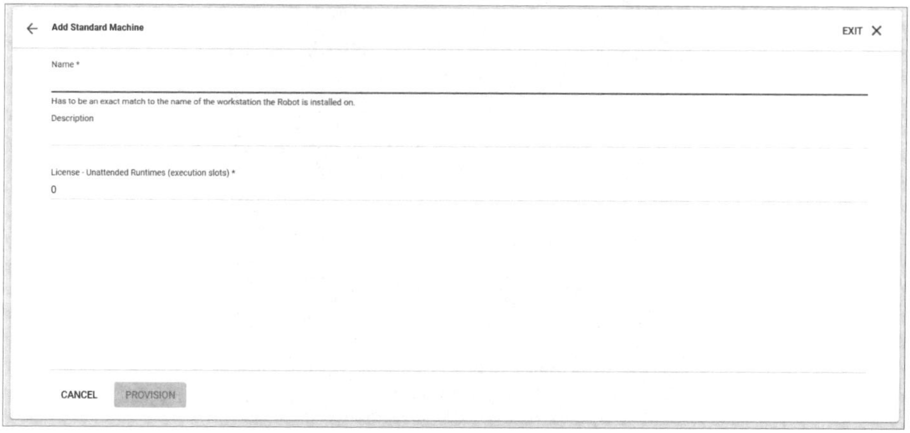

[그림 16-11] Add Standard Machine

Add Standard Machine을 클릭하면 위와 같이 뜹니다. "Name"에는 각자 Robot이 설치되어 있는 워크스테이션(PC)의 이름을 적어야 합니다. 이를 확인하는 방법을 보겠습니다.

[그림 16-12] CMD (명령 프롬프트)

윈도우 키를 누르고 "cmd"를 작성하여 "명령 프롬프트"를 실행합니다.

[그림 16-13] hostname

명령 프롬프트가 뜨면 "hostname"을 작성하고 엔터키를 누릅니다. 이때 나온 결과가 바로 PC의 Machine명입니다(각자 PC 환경이 다르므로, 앞의 결과와 다를 수 있습니다).

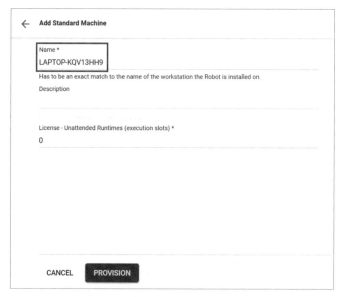

[그림 16-14] Add

이 머신명을 Name에 적고, 하단에 "PROVISION" 버튼을 클릭합니다.

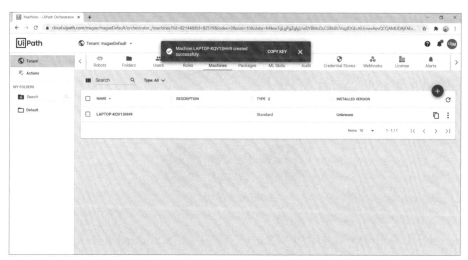

[그림 16-15] COPY KEY

성공적으로 생성이 되면 위와 같이 조그만 팝업창이 뜹니다. 여기서 "COPY KEY"를 눌러서 Machine Key를 복사합니다. 이는 이후에 UiPath Assistant에 연결하기 위한 정보이기 때문에 메모장에 복사해놓습니다.

16.3.2 Robot 생성

다음으로 Robot을 생성하겠습니다.

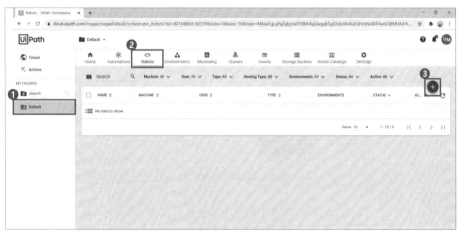

[그림 16-16] Robots

① Robots는 좌측 메뉴의 "Default"에 있습니다. 이를 클릭합니다.

② 상단에 "Robots" 메뉴를 클릭합니다.

③ 우측에 "+" 버튼을 클릭하여 생성하도록 하겠습니다.

[그림 16-17] Add

"+" 버튼을 클릭하면 위와 같이 나오는데, 왼쪽부터 "Standard Robot", "Floating Robot"입니다. 이 가운데 왼쪽의 "Standard Robot"을 클릭합니다.

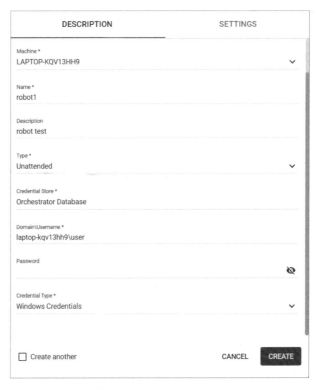

[그림 16-18] Add Standard Robot

팝업창이 뜨면 다음과 같이 입력합니다.

- Machine: 우리가 이전에 만들었던 Machine을 선택합니다.
- Name: Robot명으로 아무 이름을 작성합니다. 여기서는 "robot1"으로 작성해보았습니다.
- Description: Robot에 대한 설명으로 필수사항은 아닙니다.
- Type: "Unattended"를 선택합니다.
- Domain₩Username: PC의 도메인과 유저명을 작성해야 됩니다. 이를 확인하는 방법은 이전과 마찬가지로 CMD(명령 프롬프트)를 실행하고 "whoami"를 작성하여 나온 결과를 작성합니다.

나머지는 그대로 놔두고 "CREATE" 버튼을 클릭합니다.

16.3.3 UiPath Assistant 설정

이제 생성한 Machine과 Robot을 이용해서 UiPath Assistant에서 Orchestrator를 연결하겠습니다. UiPath Assistant의 Preferences를 보겠습니다.

[그림 16-19] Orchestrator Settings

Orchestrator Settings로 넘어와서 Status가 "Connected, Licensed"로 되어 있으면 "Disconnect" 버튼을 클릭해서 연결을 끊습니다.

[그림 16-20] Orchestrator 연결

연결을 끊었다면 위와 같이 새로운 정보로 연결을 합니다.

- Connection Type: Machine Key로 변경합니다.
- Orchestrator URL: 이 URL의 경우 Orchestrator 페이지에서 확인할 수가 있습니다.

[그림 16-21] Orchestrator URL

이 URL에서 "orchestrator_"까지의 URL을 복사하여 붙여넣습니다(필자의 경우 "https://cloud.uipath.com/magae/magaeDefault/orchestrator_/"가 됩니다).

- Machine Key: 이 Key는 위에서 Machine을 생성할 때 메모장에 복사해놓았던 Key 를 넣습니다.

이렇게 작성하고 난뒤에 "Connect" 버튼을 클릭하여 잘 연결되었는지 확인합니다.

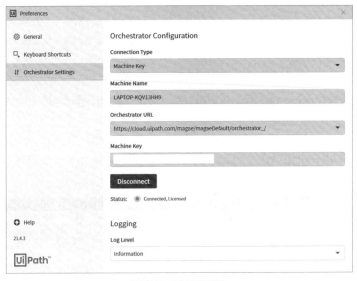

[그림 16-22] 연결 확인

"Connect" 버튼을 클릭하고 Status가 "Connected, Licensed"라고 변경되면 연결은 성공적으로 되었습니다.

16.4 실습하기

이제 Studio로 예제를 만들어서 Orchstrator로 원격 실행을 진행해보겠습니다.

16.4.1 프로세스 개발

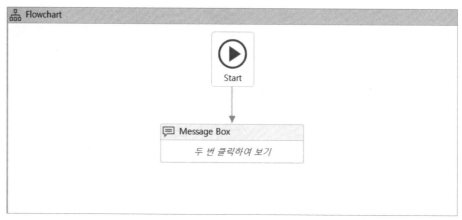

[그림 16-23] 예제

예제는 간단하게 Message Box 액티비티로 "Hello World"를 출력하는 예제입니다.

16.4.2 게시(Publish)

[그림 16-24] 게시

위에서 만든 예제를 Orchestrator에 반영하기 위해서는 리본 탭 - 디자인에 있는 "게시" 버튼을 클릭합니다.

[그림 16-25] 게시 프로세스

게시 버튼을 클릭하면 위와 같이 "게시 프로세스" 팝업창이 나타납니다. "패키지 이름"
은 Orchestrator에서 사용될 패키지 이름이고, "버전"은 Orchestrator에서 관리할 패
키지의 버전입니다. 게시를 하면 할수록 버전은 올라가게 됩니다. "릴리스 정보"는 버
전이 올라가면서 변경된 내용들을 적어주시면 되는데 여기서는 작성하지 않고 하단에
"게시" 버튼을 클릭합니다.

[그림 16-26] 게시 완료

게시가 완료되면 위와 같이 이름과 버전이 뜨면서 정보가 뜨게 됩니다. 이제 "확인" 버
튼을 클릭하고 Orchestrator에 접속하여 확인하겠습니다.

16.4.3 패키지 확인

[그림 16-27] 패키지 확인

위에서 게시한 내용은 Orchestrator 패키지에서 확인할 수 있습니다.

① Orchestrator로 넘어오면 좌측의 "Tenant" 메뉴를 클릭합니다.
② 상단 메뉴 중에 "Packages"를 클릭합니다. 그러면 우리가 게시했던 패키지 "Chapter16"이 있는 것을 확인하실 수 있습니다.

16.4.4 Environments 생성

이제, Environments를 생성하겠습니다. Environments는 프로세스를 배포하기 위해 Robot들을 그룹화하는 것을 말합니다.

[그림 16-28] Environments

① 좌측 메뉴 [MY FOLDER] - [Default]를 클릭합니다.

② 상단에 "Environments" 메뉴를 클릭합니다.

③ 우측에 "+" 버튼을 클릭하여 생성하겠습니다.

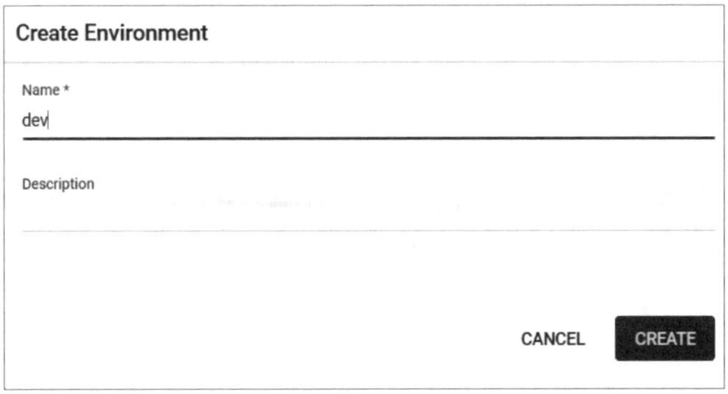

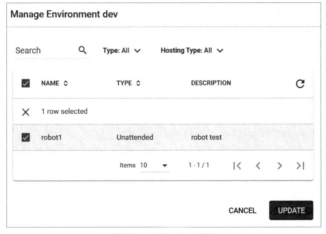

[그림 16-29] Environment 생성

Environment를 생성할 때는 "Name"만 정하고 "CREATE" 버튼을 클릭하면 됩니다. Name에는 아무거나 작성하면 되는데, 여기서는 "dev"로 작성하였습니다.

[그림 16-30] Robot 선택

"CREATE" 버튼을 클릭하면 "Manage Environment"가 뜨는데, 여기에는 "dev" 환경에 같이 묶을 Robot을 선택합니다. 여기서는 앞서 만들었던 Robot("robot1")을 선택하고, "UPDATE" 버튼을 클릭합니다.

16.4.5 Process 생성

이제 우리가 게시했던 패키지로 Process를 만들어서 원격 실행할 수 있도록 해보겠습니다.

[그림 16-31] Processes

① Process 생성은 메뉴를 이동해야 합니다. 좌측 메뉴에서 [Default] 메뉴를 클릭합니다.

② 상단에 "Automations" 메뉴를 클릭합니다.

③ 중간에 "Processes", "Jobs", "Triggers", "Logs" 탭이 있는데 이 중에 "Processes" 탭을 선택합니다.

④ 그리고 우측의 "+" 버튼을 클릭합니다.

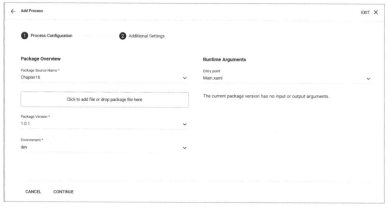

[그림 16-32] Add Process

"+" 버튼을 클릭하면 위와 같은데 각 내용을 지정합니다.

- **Package Source Name:** 우리가 게시했던 패키지명을 선택합니다. 위에서 "Chapter16"으로 만들었기 때문에 해당 패키지를 선택합니다.
- **Package Version:** 패키지의 버전을 선택합니다.
- **Environment:** 위에서 만들었던 Environment를 선택합니다.
- **Entry Point:** 패키지가 시작할 때 실행될 파일명을 선택합니다. 가장 기본 파일은 "Main.xaml"입니다.

이렇게 설정하고 "CONTINUE" 버튼을 클릭합니다.

[그림 16-33] Additional Settings

Additional Settings에서는 변경을 하지 않고 "CREATE" 버튼을 클릭하여 생성합니다.

[그림 16-34] Processes

생성이 완료되면 "Chapter16_dev"라는 Process가 생성된 것을 확인하실 수 있습니다.

16.4.6 Job 생성

이제 이렇게 만든 Process를 Job을 만들어서 실행시켜보겠습니다.

[그림 16-35] Job 생성

Processes 옆에 있는 "Jobs" 탭을 선택하고 우측에 "플레이" 버튼을 클릭합니다.

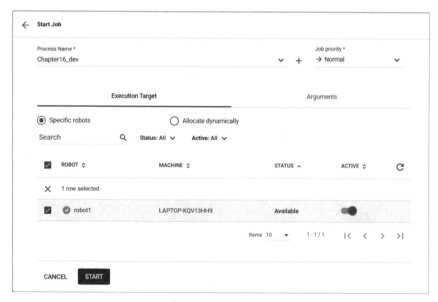

[그림 16-36] Start Job

그렇게 되면 위와 같이 Start Job이 뜨는데, 여기서 선택해줍니다.

- Process Name: 실행하고자 하는 프로세스를 선택하는 것으로 우리가 만들었던 Process("Chapter16_dev")를 선택합니다.
- Execution Target: Process를 선택하면 Robot들의 리스트가 뜨는데 여기서 실행하고자 하는 Robot("robot1")을 선택합니다. 만약에 리스트의 "robot1"이 안보이면 robot1의 Environment가 제대로 설정되어 있는지 확인합니다. 선택을 한 후에는 "START" 버튼을 클릭합니다.

[그림 16-37] 실행 중

"START"를 클릭하면 "Command sent…" 메시지와 함께 실행되는 것을 확인하실 수 있습니다.

[그림 16-38] 결과

실행이 되면 해당 PC에서 프로세스가 실행되어 결과가 뜨는 것을 보실 수 있습니다.

지금까지 Orchestrator를 설정하고, 원격 프로세스 실행에 대해 알아보았습니다. 본 서에서는 UiPath Studio에 대해 학습하고 있으므로 Orchestrator에 대해서는 더 자세하게 다루지 않겠습니다.

CHAPTER 17

REFramework(Robotic Enterprise Framework)

이번 장에서는 REFramework에 대해 살펴보겠습니다. REFramework는 Robotic Enterprise Framework의 줄임말로, 대규모 프로젝트를 진행할 때 도움을 줄 수 있도록 편리한 템플릿을 제공합니다.

REFramework는 다음과 같은 특징을 가지고 있습니다.

- 가장 기본적인 자동화 코드의 초안을 제공합니다.
- 설정 파일을 통해 읽고 저장하는 방안을 제공합니다.
- 견고한 예외처리 방안을 제공합니다.
- 처리에 따른 이벤트 및 관련 트랜잭션 정보에 대해 로깅 방안을 제공합니다.

Tip 프레임워크(Framework)

프레임워크란 소프트웨어 어플리케이션이나 솔루션의 개발을 수월하게 하기 위해 소프트웨어의 구체적인 기능들에 해당하는 부분의 설계와 구현을 재사용 가능하도록 협업화된 형태로 제공하는 소프트웨어 환경을 말합니다. REFramework는 결국 UiPath에서 필요한 기능들을 모아서 사용하기 편하게 만든 프레임워크라고 보시면 됩니다.

출처: 두산백과

17.1 관련 액티비티

REFramework를 살펴보기 전에 REFramework에서 사용하는 대표적인 액티비티들을 먼저 살펴보겠습니다.

▶ State Machine 액티비티

지금까지의 예제들은 모두 Flowchart 액티비티와 Sequence 액티비티를 이용해서 진행하였습니다. 그러나 REFramework는 State 액티비티 중심으로 돌아가는 형태입니다. State 액티비티는 Flowchart 액티비티 안에서 실행되지 못하고 State Machine 액티비티 안에서 실행됩니다.

[그림 17-1] State Machine 액티비티

State Machine 액티비티의 모양은 Flowchart와 같고 사용법도 같습니다. Flowchart 액티비티 안에서 State Machine 액티비티는 이용할 수 있지만, 반대로 State Machine 액티비티 안에서 Flowchart 액티비티는 이용할 수 없습니다. 또한, State Machine 안에서는 Sequence 액티비티를 사용할 수 없고 State 액티비티만 사용 가능합니다.

▶ State 액티비티

State Machine 액티비티 안에서 사용하는 State 액티비티는 [그림 17-2]와 같이 "Entry", "Exit", "Transition(s)" 3가지의 영역이 있습니다.

[그림 17-2] State 액티비티

- **Entry**: Entry(입력) 영역은 State가 입력될 때 수행될 액티비티들을 포함하는 영역입니다.
- **Exit**: Exit(종료) 영역은 State가 종료될 때 수행될 액티비티들을 포함하는 영역입니다.
- **Transition(s)**: Transition(전이) 영역은 해당 State가 다른 State와 어떠한 관계를 갖는지 나타내는 영역입니다.

▶ Final State 액티비티

[그림 17-3] Final State 액티비티

다음으로는 Final State 액티비티입니다. Final State는 프로젝트의 마지막 작업입니다. State 액티비티와 같게 Entry 영역이 있지만 Exit과 Transition(s) 영역은 없기 때문에 액티비티명과 맞게 State의 마지막 부분이 되고 Entry 영역으로 들어오면서 끝나게 됩니다.

▶Invoke Workflow File 액티비티

[그림 17-4] Invoke Workflow File 액티비티

다른 Workflow 파일을 호출하는 기능입니다. Workflow File은 UiPath를 통해서 만든 .xaml 파일들을 말합니다. 이용하는 방법은 "워크플로우 경로"에 파일에 대한 경로와 파일명까지 모두 작성을 합니다. 그리고 "인수 가져오기" 버튼을 눌러서 Workflow와 소통할 인수를 지정해줍니다.

[그림 17-5] 인수 불러오기

위의 인수 불러오기 창을 통해 인수를 생성하고 세팅하도록 합니다.

17.2 REFramework 구성

REFramework에 관련된 액티비티들을 보았으니, 이제 REFramework를 직접 만들어보도록 하겠습니다.

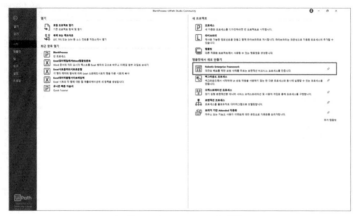

[그림 17-6] REFramework 생성

UiPath를 실행하여 [시작] 메뉴에 [템플릿에서 새로 만들기]에 있는 "Robotic Enterprise Framework"를 선택합니다.

[그림 17-7] 프로젝트 생성

프로젝트명을 지정하고, "만들기"를 클릭합니다.

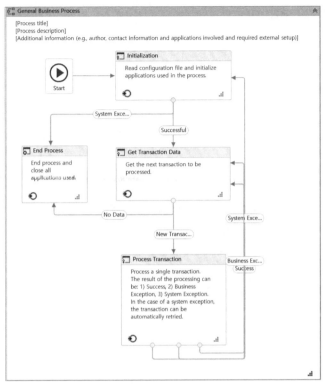

[그림 17-8] REFramework

프로젝트를 생성하고 "기본 워크플로우 열기"를 클릭하면 디자이너 패널에 위와 같은 모습을 확인하실 수 있습니다. 첫 인상은 복잡해보인다는 것입니다. 그런데 자세히 보면, 전에 살펴보았던 State Machine 액티비티("General Business Process") 안에 State 액티비티들("Initialization", "Get Transaction Data", "Process Transaction")과 Final State 액티비티("End Process")로 되어 있는 것을 보실 수 있습니다. 그리고 해당 State 액티비티 사이에는 화살표로 연결이 되어있는 것을 보실 수 있습니다. 이것이 Transition(전이)입니다. 이 전이는 조건에 따라 방향이 달라집니다. 이에 대해서는 잠시 후에 살펴보겠습니다.

이제, 각 State에 대해서 안에 있는 액티비티들과 상태 전이를 보겠습니다. 전체를 모두 보지는 않고 주요한 액티비티들만 보겠습니다.

17.2.1 Initialization

Initialization 상태에서는 처음에 초기화 설정을 하고 관련된 응용 프로그램을 강제 종료한 후 필요한 응용 프로그램을 실행하는 단계입니다. Initialization 상태 안에 있는 몇 가지 액티비티를 보겠습니다.

▶초기화 설정

초기화 설정은 설정이나 변수, 공통으로 쓰는 Assets을 지정하는 작업입니다.

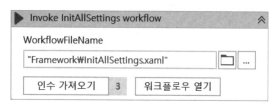

[그림 17-9] Invoke Workflow File

Initialization 상태 안에서 Invoke Worflow File 액티비티를 통해 "Framework" 폴더에 있는 "InitAllSettings.xaml" 파일을 불러옵니다. "인수 가져오기"를 클릭하여 이 파일을 호출할 때 주고받는 인수들을 보겠습니다.

이름	방향	형식	값
in_ConfigFile	입력	String	"Data₩Config.xlsx"
in_ConfigSheets	입력	String[]	{"Settings", "Constants"}
out_Config	출력	Dictionary<String,Object>	Config
인수 만들기			

[그림 17-10] 인수

인수를 볼 때 방향에 "입력"이면 기존 Workflow에서 호출할 Workflow로 보내는 인수이고 "출력"이면 호출할 Workflow에서 모든 작업을 끝낸 후 기존 Workflow로 보내는 인수입니다. 여기에서는 2개의 입력 인수(in_ConfigFile, in_ConfigSheets)와 1개의 출력 인수(out_Config)가 있습니다. 이 2개의 입력인수를 InitAllSettings.xaml 파일로 보내고 결과로 out_Config 출력인수를 받겠다는 것입니다.

"워크플로우 열기" 버튼을 클릭해서 InitAllSettings.xaml을 보면 여기서 하는 것은 in_ConfigFile인 "Data₩Config.xlsx" 엑셀 파일에 "Settings", "Constants" 시트에 있는 내용을 읽어 전역 변수인 out_Config에 저장하고 "Assets" 시트에 있는 내용을 토대로 Orchestrator Asset에서 데이터를 읽어오는 작업을 합니다. "Config.xlsx" 파일을 열어보겠습니다.

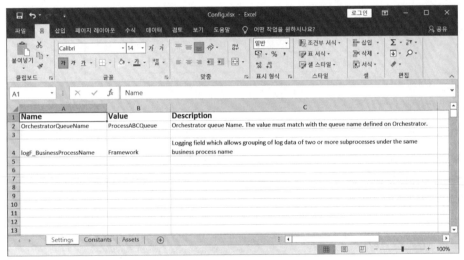

[그림 17-11] Config.xlsx

Config.xlsx 엑셀 파일은 프로젝트의 Data 폴더 안에 있습니다. 이 엑셀을 보면 위와 같이 Settings, Constants, Assets시트가 있는데 Settings는 설정 내용, Constants 는 변수 내용, Assets은 Orchestrator Assets에서 가져올 내용을 작성하면 됩니다. 여기 있는 시트들의 헤더(1번째 줄)를 빼고 나머지 내용은 지우고 원하는 내용으로 작성하면 됩니다.

▶응용 프로그램 강제 종료

응용 프로그램을 강제 종료하는 작업은 RPA를 실행하기 전에 필요하지 않은 응용 프로그램을 종료하여 RPA 프로세스에 혼돈을 주지 않고 부하를 막습니다.

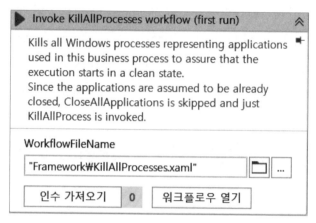

[그림 17-12] Invoke Workflow File

Initialization 상태 안에서 Invoke Workflow File 액티비티를 통해 "Framework" 폴더 안에 있는 "KillAllProcesses.xaml" 파일을 호출합니다. 종료할 프로그램에 대해서는 직접 구현이 필요하기 때문에 인수가 설정되어 있지 않습니다. "워크플로우 열기"를 클릭하여 해당 내용을 보겠습니다.

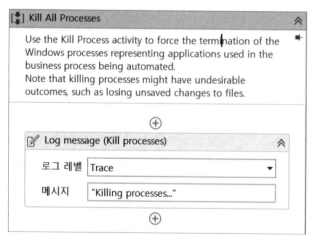

[그림 17-13] Kill All Processes

KillAllProcesses.xaml 파일을 보면 위와 같이 되어있습니다. Log를 남기는 것말고는 아무것도 없는데 여기에 프로그램을 종료시키는 액티비티를 구현해서 만들어야 합니다. 보통 "Kill Process" 액티비티를 이용합니다.

▶응용 프로그램 실행

필요한 응용 프로그램을 실행하는 단계입니다. 본격적인 RPA 프로세스를 시작할 때 필요한 응용 프로그램들을 실행하는 것입니다.

[그림 17-14] Invoke Workflow File

Initialization 상태 안에서 Invoke Workflow File 액티비티를 통해 "Framework" 폴더 안에 있는 "InitAllApplications.xaml"을 호출합니다. 여기서 인수로는 위에서 지정했던 Config를 이용합니다. 여기서 "워크플로우 열기"를 클릭해보겠습니다.

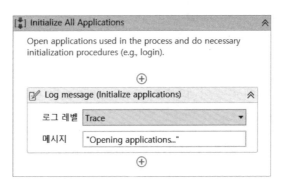

[그림 17-15] InitAllApplications.xaml

이 워크플로우도 Log를 남기고 다른 것들은 없습니다. 여기서는 응용 프로그램들을 실행하는 액티비티를 직접 만들면 됩니다.

▶ 상태 전이

State 액티비티에서 상태 전이를 확인하는 방법은 State 액티비티에서 다른 State 액티비티로 연결되는 화살표를 더블클릭하는 방법, State 액티비티 안에서 Transition(s)을 확인하는 2가지 방법이 있습니다.

[그림 17-16] Transition(s)

Initialization 상태에서 맨 아래의 "Transition(s)"을 보면 위와 같이 되어 있습니다. 이것은 다음을 의미합니다.

"Successful" 조건일 때는 "Get Transaction Data" 상태로 전이되고 "System Exception" 조건일 때는 "End Process" 상태로 전이된다는 뜻입니다. 이러한 조건을 보기 위해서는 이 "Successful"이나 "System Exception"을 클릭합니다.

[그림 17-17] 상태 전이

Trigger에서 시작되는 것은 "Successful"과 "System Exception (fail)" 상태로 나누어져 있습니다. 이 Trigger들은 Condition에 있는 조건이 참일 때 "Action"을 실행하고 "대상"에 있는 상태로 이동한다는 것입니다.

① "Successful" 을 보면 Condition에 "SystemException is Nothing", 즉 시스템 예외가 발생하지 않는다면 Action에 있는 Comment 액티비티를 실행하고 "Get Transaction Data" 상태로 전이합니다(Comment 액티비티는 주석이기 때문에 실제로 실행되는 것은 없습니다).

② "System Exception (fail)" 을 보면 Condition에 "SystemException isNot Nothing", 즉 시스템 예외가 있다면 Action에 있는 Log Message 액티비티가 실행되고 "End Process" 상태로 전이하게 됩니다.

이렇게 Initialization 상태를 보았는데 초기 설정에 관련된 내용들을 확인할 수 있었습니다. 이제 다음 상태들을 확인해보겠습니다. 다음 상태들부터는 State 액티비티를 보는 방법은 보지 않고 내용만 확인하고 넘어가겠습니다.

17.2.2 Get Transaction Data

Get Transaction Data 상태에서는 업무 처리에 필요한 데이터를 획득하는 단계입니다. "Config.xlsx" 엑셀 파일에 설정된 Queue로부터 QueueItem을 가져와서 데이터를 획득합니다. 더 이상 처리할 QueueItem이 없거나 오케스트레이터에 Stop으로 설정된 경우에 End Process로 이동하게 됩니다.

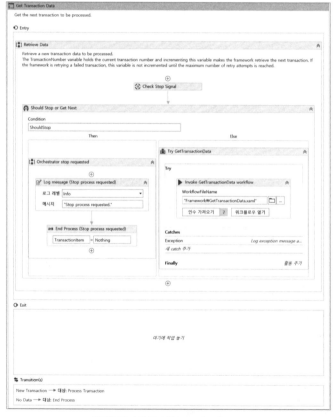

[그림 17-18] Get Transaction Data

Get Transaction Data 상태는 간단합니다. Check Stop Signal 액티비티를 통해 상태(ShouldStop)를 확인하는데, 이 상태가 True이면 TransactionItem이 없는 것으로 설정하고 False이면 GetTransactionData.xaml이 실행되면서 TransactionItem을 가져옵니다.

▶ GetTransactionData.xaml

상태(ShouldStop)가 False일 때, GetTransactionData.xaml이 실행됩니다. 이를 호출할 경우의 인수를 먼저 보겠습니다.

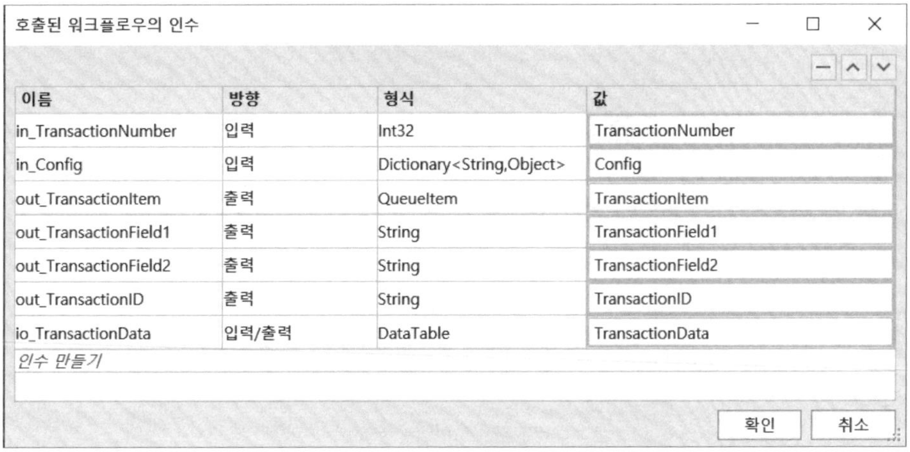

이름	방향	형식	값
in_TransactionNumber	입력	Int32	TransactionNumber
in_Config	입력	Dictionary<String,Object>	Config
out_TransactionItem	출력	QueueItem	TransactionItem
out_TransactionField1	출력	String	TransactionField1
out_TransactionField2	출력	String	TransactionField2
out_TransactionID	출력	String	TransactionID
io_TransactionData	입력/출력	DataTable	TransactionData

호출된 워크플로우의 인수

인수 만들기

확인 취소

[그림 17-19] 인수

인수를 확인해보면 입력인수로는 3개, 출력인수로는 5개입니다(io_TransactionData는 입력, 출력 모두 사용됩니다).

GetTransactionData.xaml에서는 "Get transaction item" 액티비티를 이용해서 오케스트레이터에 있는 Queue 데이터를 통해 TransactionItem을 가져오고 TransactionItem이 존재하면 각 데이터를 설정합니다. 간단하게 구성되어 있기 때문에 여기서는 안의 내용을 보지 않겠습니다.

▶상태 전이

[그림 17-20] 상태 전이

상태 전이에는 2가지가 있습니다. "New Transaction"과 "No Data"가 있습니다.

① "New Transaction"은 조건에 "TransactionItem isNot Nothing"으로 Transac-tionItem이 존재하는 조건입니다. 이때는 로그 메시지를 남기고 Process Transac-tion 상태로 전이합니다.

② "No Data"는 조건에 "TransactionItem is Nothing"으로 TransactionItem이 존재하지 않는 조건입니다. 여기에는 로그 메시지를 남기고 End Process 상태로 전이합니다.

17.2.3 Process Transaction

Process Transaction 상태는 메인 프로세스가 진행되는 단계입니다. 우리가 실제로 개발하여 실행되는 부분이 이 부분이라고 보면 됩니다.

[그림 17-21] Process Transaction

Process Transaction 상태는 매우 간단합니다. Try Catch를 통해 Process.xaml 파일을 호출하고 에러가 발생하면 BusinessRuleException이나 그 외의 Exception 이 발생하면 Assign 액티비티를 통해 각 변수(BusinessException, SystemException) 에 지정합니다. 그리고 Finally를 통해 SetTransactionStatus.xaml 파일을 호출합니다. Process.xaml을 먼저 보겠습니다.

▶Process.xaml

실제로 RPA가 실행되고자 하는 프로세스를 개발하는 부분입니다.

[그림 17-22] 인수

인수에는 "in_TransactionItem"과 "in_Config" 인수로 TransactionItem과 Config 에 있는 트랜잭션과 설정 내용을 넘겨줍니다.

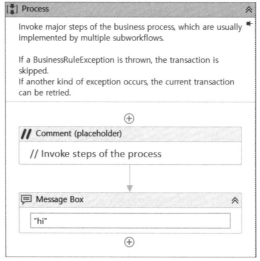

[그림 17-23] Process.xaml

Process.xaml에는 Message Box 액티비티만 있는데 이는 단지 예를 들기 위해 임 의로 만든 것입니다. 우리가 실제로 돌아가는 프로세스를 여기에 개발하면 됩니다. 다 음으로는 SetTransactionStatus.xaml 파일을 보겠습니다.

▶SetTransactionStatus.xaml

메인 프로세스를 모두 실행시키고 Transaction의 상태를 변경하는 부분입니다.

이름	방향	형식	값
in_Config	입력	Dictionary<String,Object>	Config
in_TransactionItem	입력	QueueItem	TransactionItem
io_RetryNumber	입력/출력	Int32	RetryNumber
io_TransactionNumber	입력/출력	Int32	TransactionNumber
in_TransactionField1	입력	String	TransactionField1
in_TransactionField2	입력	String	TransactionField2
in_TransactionID	입력	String	TransactionID
in_SystemException	입력	Exception	SystemException
in_BusinessException	입력	BusinessRuleException	BusinessException

[그림 17-24] 인수

인수에는 입력 인수 9개, 출력 인수 2개가 있습니다(io_RetryNumber, io_Transaction-Number는 입력, 출력 모두 수행되는 인수입니다).

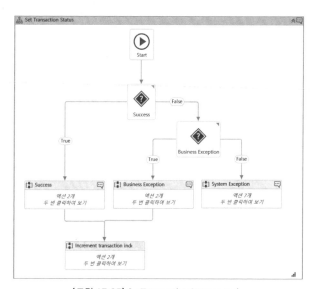

[그림 17-25] SetTransactionStatus.xaml

SetTransactionStatus.xaml에서는 각 조건에 따라 Transaction 상태를 설정하게 됩니다. "System Exception" 시퀀스에서는 현재 Transaction을 재시도하고 에러 스크린샷도 찍고 모든 애플리케이션을 종료합니다.

▶상태 전이

Process Transaction 상태에서는 SystemException이 있을 경우에는 Initialization상태로 전이되어 처음부터 다시 진행되고, BusinessException이 있을 때는 Get Transaction Data 상태로 전이되어 Transaction을 다시 받아서 진행됩니다. Success 조건일 때는 Get Transaction Data 상태로 전이되어 다음 Transaction을 받아 진행됩니다. 각 전이에 "Action"에는 내용이 없기 때문에 이정도 설명으로 넘어가겠습니다.

17.2.4 End Process

End Process단계는 이제 모든 프로세스를 끝내고 마무리 짓는 단계입니다.

[그림 17-26] End Process 상태

CloseAllApplications.xaml 파일을 호출하여 모든 애플리케이션을 종료시킵니다. 해당 파일 안에는 종료시키고자 하는 애플리케이션을 직접 구현해야 합니다. 이 작업에 에러가 발생하게 되면 KillAllProcesses.xaml 파일을 호출하게 됩니다. 해당 파일 안에도 Kill하고자 하는 프로세스를 직접 구현해야 합니다.

17.3 실습하기

이렇게 REFramework 구성들을 살펴보았는데 이번에 REFramework를 이용해서 간단한 예제를 만들어보려고 합니다. 네이버에서 간단하게 검색어를 입력해서 검색하는 예제를 만드는데 REFramework를 이용해서 만들어보겠습니다. 해당 실습을 실행할 때는 UiPath Assistant에 Orchestrator가 연결되어 있어야 합니다. Orchestrator를 연결하는 방법은 Chapter 16에서 다시 확인하시길 바랍니다.

17.3.1 초기 설정

제일 먼저 해볼 것은 바로 초기 설정입니다. REFramework를 이용할 때는 Orchestrator와 연동되는 부분들이 있습니다. 그렇기 때문에 초기 설정을 할때 Orchestrator에서 설정해야하는 부분들이 있습니다. 처음으로는 Queue를 설정해보겠습니다.

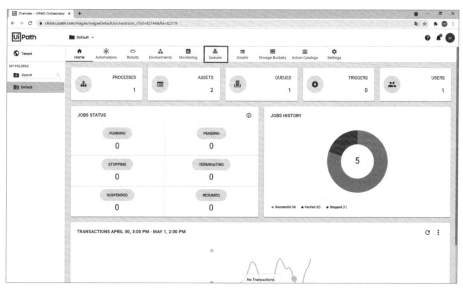

[그림 17-27] Orchestrator 접속

Orchestrator에 접속을 하였다면 상단 메뉴에 "Queues"를 클릭합니다.

[그림 17-28] Queues

"Queues" 메뉴에 들어오면 Queue에 대한 목록이 나오는데 여기서 우측에 "+" 버튼을 클릭하겠습니다.

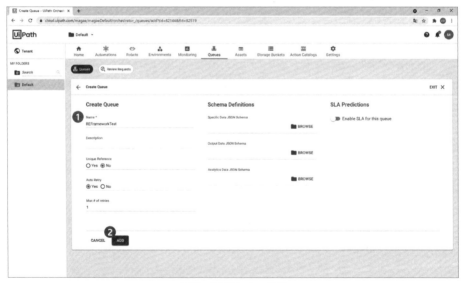

[그림 17-29] Queue 생성

여기서는 간단하게 "Name"에 Queue 이름을 지정하고, "ADD" 버튼을 클릭하여 생성하도록 하겠습니다.

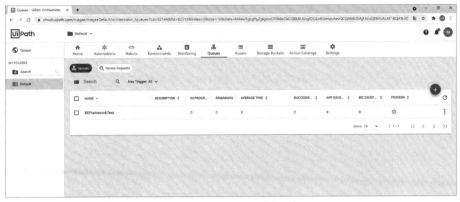

[그림 17-30] Queue 목록

생성을 하면 위와 같이 목록에 우리가 만든 "REFrameworkTest"라는 Queue가 생성된 것을 확인하실 수 있습니다. 이렇게 만들었으면 Studio REFramework 프로젝트에서 "Data" 폴더 안에 있는 "Config.xlsx" 엑셀 파일을 열겠습니다.

[그림 17-31] Settings 시트

"Config.xlsx" 파일에 Settings 시트를 보면 B2셀에 값이 기존에 "ProcessABCQueue"로 되어있는 것을, 위 Orchestrator에서 만들었던 Queue 이름(REFrameworkTest)으로 변경합니다. 이는 UiPath에서 Dictionary를 이용해서 "OrchestratorQueueName"이라는 키값은 "REFrameworkTest"이라는 의미입니다.

다음으로는 Asset을 설정해보겠습니다. 다시 Orchestrator로 돌아갑니다.

[그림 17-32] Assets

상단 메뉴에서 "Assets" 메뉴를 클릭하고 우측에 "+" 버튼을 클릭하여 Asset을 생성하겠습니다.

[그림 17-33] Asset 생성

① Asset을 생성할 수가 있는데 우리가 네이버 접속을 하기 위해서 이름(Asset name)에는 "URL"을 정합니다.

② 1번에서 만든 "URL"이라는 이름에 해당되는 값을 "Text"에 입력합니다. 여기서는 네이버의 실제 URL 주소를 기입합니다(https://www.naver.com/). 그런 다음 "CREATE" 버튼을 클릭하겠습니다.

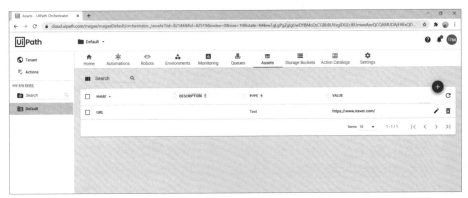

[그림 17-34] Assets 목록

그러면 Asset이 생성되고 목록에 새로 생긴 것을 확인할 수 있습니다. 이제 Config. xlsx 파일로 돌아가겠습니다.

	A	B	C	D
1	Name	Asset	OrchestratorAssetFolder	Description (Assets will always overwrite other config)
2	NaverURL	URL		
3				
4				
5				
6				
7				
8				

[그림 17-35] Assets 시트

Config.xlsx 파일의 Assets시트에 보면 아무 데이터도 없는데 Name과 Asset를 추가해보겠습니다. Name은 Studio에서 사용할 이름, Asset은 Orchestrator에서의 Asset 이름을 작성하면 됩니다. 초기 설정은 간단하게 이렇게 하면 됩니다.

17.3.2 개발

이제 REFramework로 돌아와서 필요한 개발들을 해보겠습니다.

▶Initialization 상태

[그림 17-36] Initialization 상태

먼저 Initialization 상태로 들어오면 "InitAllSettings.xaml" 파일을 호출하는 Invoke Workflow File 액티비티가 있었습니다. 이 파일에서는 우리가 위에서 변경했던 Config.xlsx 파일을 읽어서 설정하는 단계이므로 따로 건드리지 않아도 됩니다.

[그림 17-37] Initialization

다음으로는 KillAllProcess입니다. 본격적인 자동화를 시작하기에 앞서 불필요한 프로세스는 Kill을 하는 것입니다. 네이버에 접속할 때 크롬을 이용할 것이기 때문에 실행 중인 크롬을 Kill하도록 하겠습니다. 해당 Invoke Workflow File 액티비티에서 "워크플로우 열기"를 해서 작업합니다.

[그림 17-38] Kill Process

① KillAllProcesses.xaml을 열고 위와 같이 작업합니다.

② 프로세스를 죽이는 액티비티는 Kill Process 액티비티입니다. 해당 액티비티를 Log Message 액티비티 아래에 생성합니다.

③ Kill Process 액티비티 속성에서 "ProcessName"에 "chrome"을 지정하면 실행 중인 크롬이 강제 종료됩니다. 여기서는 크롬 프로세스를 종료시키는 것만 하고 추가 작업은 하지 않겠습니다. 다시 Initialzation 상태로 돌아갑니다.

[그림 17-39] Initialization

마지막으로는 InitAllApplications입니다. 필요한 애플리케이션들을 실행시켜주는 부분입니다.

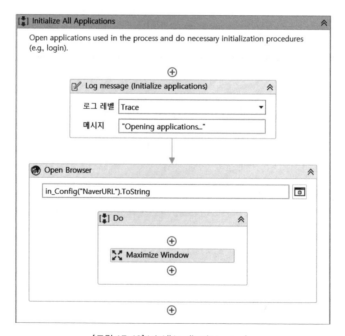

[그림 17-40] InitAllApplications.xaml

InitAllApplications.xaml 파일을 열어 위와 같이 작업합니다. 애플리케이션에 대한 초기화를 하는 단계이기 때문에 네이버 웹페이지를 열기 위한 Open Browser 액티비티를 이용합니다. URL을 작성하는 부분에는 in_Config("NaverURL").ToString을 작성했는데, 이는 위에서 우리가 Config.xlsx 엑셀 파일의 Assets 시트에서 만들어놓은 "NaverURL" 명칭의 값을 가져온다는 것입니다. 즉 Orchestrator에서 만든 "URL"값인 네이버 주소를 가져오게 됩니다. 이렇게 웹을 실행하는 것으로 마치고 다시 Initialization으로 넘어옵니다.

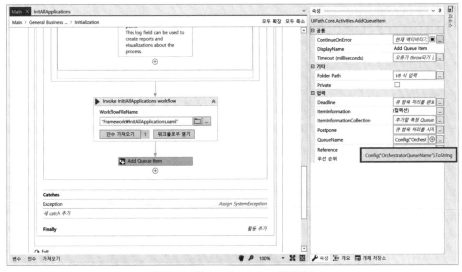

[그림 17-41] Add Queue Item 액티비티

Invoke Workflow File 액티비티를 이용해서 InitAllApplications.xaml를 호출한 후에 그 아래에는 Add Queue Item 액티비티를 이용해 Queue를 추가합니다. Add Queue Item 액티비티의 QueueName속성에는 "Config("OrchestratorQueueName").ToString"를 작성하여 우리가 Orchestrator에서 만든 Queue를 사용할 수 있게 합니다. Reference 속성에는 임의로 "test"로 작성을 해줍니다.

지금까지 Initialization 초기 설정 작업을 해보았습니다. 이제 다음 상태인 Get Transaction Data 상태를 확인하겠습니다.

▶ Get Transaction Data 상태

이 상태에서는 우리가 지정한 Queue를 Orchestrator에서 확인하는 단계입니다.

[그림 17-42] Get Transaction Data

Orchestrator에서 Transaction을 가져오는 부분은 "GetTransactionData.xaml"
을 호출하는 Invoke Workflow File 액티비티입니다. 해당 부분을 살펴보겠습니다.

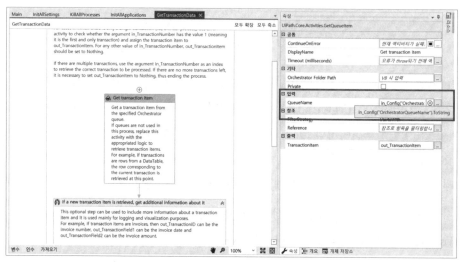

[그림 17-43] GetTransactionData

"GetTransactionData.xaml" 파일을 보면 "Get transaction item" 액티비티가 있습니다. 이 액티비티의 속성에 QueueName을 보면, "in_Config("OrchestratorQueueName"). ToString"이라고 되어 있습니다. 이는 Config.xlsx 엑셀의 Settings 시트에 데이터를 가져오는데, 이미 우리가 Queue명을 바꾸었기 때문에 따로 작업을 할 필요는 없습니다.

▶ Process Transaction 상태

다음으로는 Process Transaction 상태를 보겠습니다.

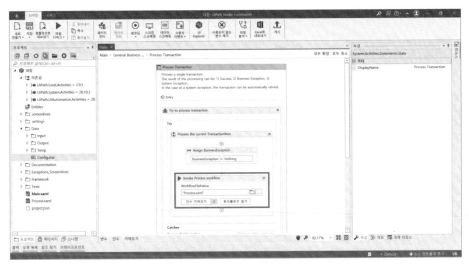

[그림 17-44] Process Transaction

Process Transaction 상태에서는 "Process.xaml" 파일을 호출하는 Invoke Workflow File 액티비티를 보면됩니다. "워크플로우 열기"를 클릭하여 열어보겠습니다.

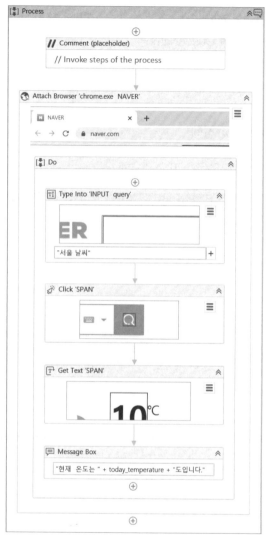

[그림 17-45] Process

Process.xaml에는 위와 같이 간단하게 네이버에서 날씨를 검색하고 현재 온도를 가져와서 Message Box 액티비티로 출력을 해보았습니다.

여기까지 각 상태를 개발하고 나머지는 기존에 있는대로 놔두고 실행해보겠습니다.

[그림 17-46] 결과

실행을 해보면 네이버 페이지가 열리고 "서울 날씨"를 검색한 후 현재 온도를 가져오면서 [그림 17-46]처럼 결과가 나오는 것을 확인하실 수 있습니다.

이번 장에서는 REFramework를 이용해서 UiPath가 기본적으로 제공하는 Framework를 이용해보았습니다. 무조건 이 형태에 맞춰서 해야 하는 것은 아니니, 해당 Framework를 수정하거나 State Machine과 State 액티비티를 이용해서 새로 개발하여 각자에 맞는 Framework를 만들어도 됩니다.

CHAPTER 18

AI와 협업하기 위한 준비(파이썬 연동)

UiPath는 액티비티들을 이용하고 직접 코딩하여 자동화를 만들 수도 있지만 Java나 Python과 같은 다른 프로그래밍 언어들과도 연동을 하여 이용할 수 있습니다. RPA의 미래 모습은 AI와 협업을 하는 IPA의 모습인데, AI를 개발할 때 많이 사용되는 프로그래밍 언어가 Python입니다. 이번 장에서는 Python 액티비티를 이용해서 UiPath와 연동해보도록 하겠습니다.

18.1 파이썬(Python) 패키지

Python 액티비티를 이용하기 위해서는 Python이 먼저 설치되어 있어야 합니다. Python을 설치하는 방법은 여러 가지가 있지만, UiPath 환경이 윈도우 OS이기 때문에 아나콘다를 이용해서 설치하겠습니다. 아나콘다를 이용해 Python을 설치하는 방법은 여기서 다루지 않겠습니다. Python이 설치되어 있는 상태에서 액티비티를 살펴보겠습니다. Python 액티비티를 이용하기 위해서는 Python 패키지를 설치해야 합니다.

[그림 18-1] Python 패키지 설치

패키지 관리를 열어서 Python 패키지 설치를 진행합니다.

① [모든 패키지] – [공식]을 클릭합니다.

② 검색창에서 "python"을 입력합니다.

③ 설치하려는 패키지 "UiPath.Python.Activities"를 선택합니다.

④ 버전을 선택하고 "설치" 버튼을 클릭합니다.

⑤ "저장" 버튼을 클릭합니다.

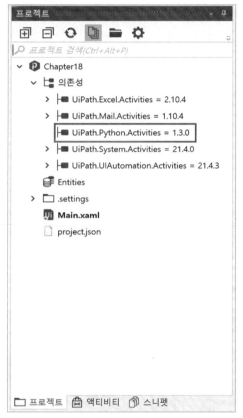

[그림 18-2] 프로젝트 패널

설치가 완료되면 프로젝트 패널에 위와 같이 "UiPath.Python.Activities"가 생긴 것을 확인하실 수 있습니다.

[그림 18-3] 액티비티 패널

액티비티 패널에서 "python"을 검색해보면 위와 같이 Python 관련 액티비티들이 나오는데 이 액티비티들을 살펴보겠습니다.

18.2 Python Scope 액티비티

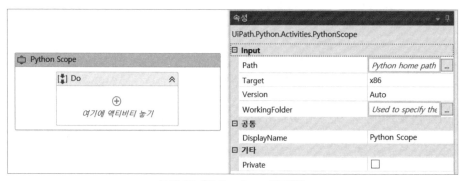

[그림 18-4] Python Scope 액티비티

첫 번째로 살펴볼 액티비티는 Python Scope 액티비티입니다. 엑셀 액티비티에서 봤던 Excel Application Scope 액티비티와 같은 기능입니다. Python 관련 액티비티들을 진행할 때는 해당 액티비티 안에서 진행하게 됩니다. 속성을 살펴보겠습니다.

- Path: Python이 실행되는 Python Home 경로 위치입니다(python.exe 파일이 있는 경로입니다). Python을 어떻게 설치했냐에 따라 다른데, 여기서는 아나콘다에서의 Python 경로를 지정합니다.
- Target: 설치된 Python의 비트를 지정합니다. x86(32 bit), x64(64 bit) 2가지가 있습니다.
- Version: 설치된 Python의 버전을 지정합니다. 2.7버전과 3.3~3.9버전까지 있습니다("Python_39"가 3.9버전입니다).
- Working Folder: Scope 안에서 실행된 Script가 있는 폴더 경로를 지정합니다.

18.3 Load Python Script 액티비티

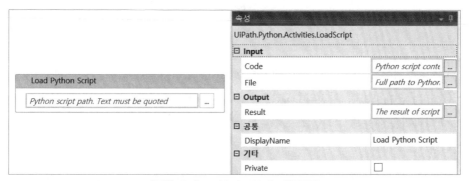

[그림 18-5] Load Python Script 액티비티

Load Python Script 액티비티는 Python Script를 실행시키고 그 결과를 받는 기능입니다. 속성을 보겠습니다.

- Code: Python 스크립트 코드입니다.
- File: 불러올 Python 파일을 지정합니다.

• Result: Python을 실행하고 나온 결과입니다(결과는 PythonObject 자료형입니다).

"Code"나 "File"을 이용해서 Python 코드를 불러오고 그 결과를 "Result"에 저장합니다.

18.4 Invoke Python Method 액티비티

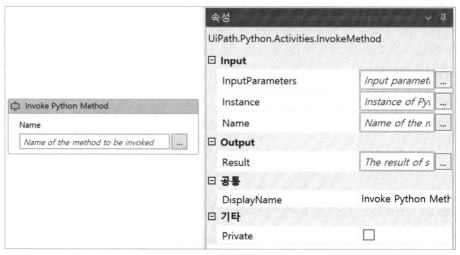

[그림 18-6] Invoke Python Method 액티비티

Python 메서드를 이용하는 기능입니다. Python에도 다른 언어와 마찬가지로 메서드(함수)가 존재하는데, 이전의 Load Python Script로 Python 스크립트를 불러오고 이 액티비티를 이용해서 해당 스크립트의 메서드를 호출하여 결과를 가져오는 기능을 합니다.

• InputParameters: 메서드에 들어갈 Parameter를 정의합니다. 메서드에 Parameter 가 없으면 빈 공간으로 둬도 됩니다.
• Instance: 메서드를 찾을 PythonObject입니다. Load Python Script에서 Result 속성에 저장했던 PythonObject를 입력하면 됩니다.
• Name: 호출할 메서드명을 지정합니다.
• Result: 메서드를 호출해서 얻은 결과입니다(PythonObject).

18.5 Get Python Object 액티비티

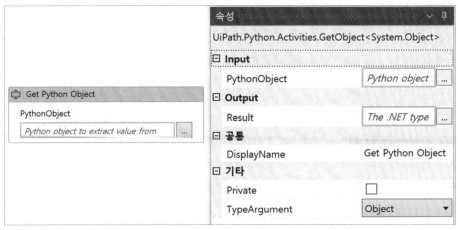

[그림 18-7] Get Python Object 액티비티

PythonObject를 UiPath에 알맞게 .NET type용 Object로 변환시키는 기능을 합니다. Python에서 받은 결과를 UiPath에서 이용하기 위해서 이 액티비티를 이용해야 합니다. 속성을 살펴보겠습니다.

• PythonObject: .NET용 Object로 변환시키고자 하는 PythonObject를 지정합니다.

• Result: 변환된 내용을 담을 .NET용 Object를 지정합니다.

• TypeArgument: Type을 정해줍니다.

18.6 Run Python Script 액티비티

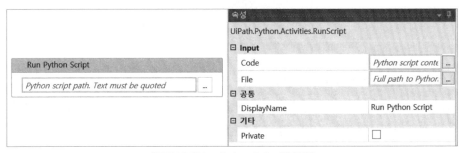

[그림 18-8] Run Python Script 액티비티

Python Script를 실행시켜주는 기능입니다.

- Code: Python Script를 직접 짜서 이 속성에 작성합니다.
- File: 미리 만들어 놓은 Python 파일을 전체 경로로 작성합니다.

속성에는 Code나 File, 둘 중 하나만 작성하면 됩니다.

18.7 실습하기

Python을 이용한 간단한 예제를 진행해보겠습니다.

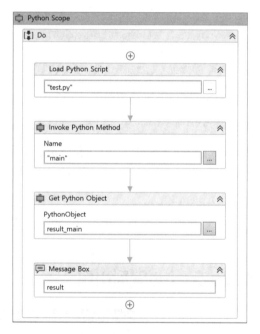

[그림 18-9] Python 예제

예제의 내용은 간단합니다. Python에는 모든 프로그래밍 언어의 시작인 "Hello World"를 출력하고 UiPath에서는 그 결과를 받아 Message Box로 출력하는 것입니다. 차례로 살펴보겠습니다. 먼저, Python 코드를 보겠습니다.

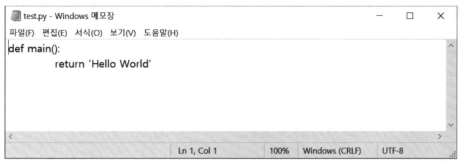

[그림 18-10] Python 코드

Python 코드에는 간단하게 "main"이라는 메서드를 만들고 그 안에는 "Hello World"를 반환하는 메서드를 만들었습니다. 이 Python 파일의 "main" 메서드를 UiPath에서 호출하게 됩니다. 이제 UiPath 코드를 보겠습니다.

18.7.1 Python Scope 액티비티

[그림 18-11] Python Scope 액티비티

Python Scope 액티비티의 속성을 보면 Python이 실행되는 Path와 Target, Version을 지정합니다. Path의 경우([그림 18-11]의 우측) 각자의 PC에 따라 다르기 때문에 맞게 설정합니다. "python.exe"가 있는 경로의 위치까지만 작성하도록 합니다. Version에서 유의점은 UiPath에서 지원하는 Python 버전 안에서만 사용되어야 한다는 점입니다(집필 시점에는 3.9버전까지 지원하고 있습니다).

본인 PC의 Python 실행 위치를 모른다면, 아래와 같이 찾습니다. Python을 설치할 때 Python만 다운로드해서 설치한 경우와 아나콘다를 이용해서 설치한 경우 2가지 모두 살펴보겠습니다.

1. Python만 다운로드해서 설치한 경우

[그림 18-12] 윈도우 시작

윈도우 버튼을 클릭합니다.

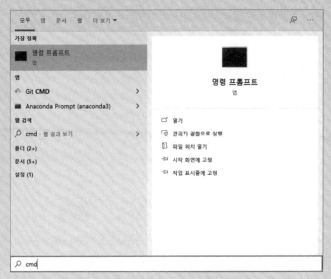

[그림 18-13] cmd 검색

"cmd"를 검색하고 "명령 프롬프트"를 선택합니다.

[그림 18-14] Python 검색

"where python"을 작성하고 엔터키를 누릅니다.

검색 결과 중 "python.exe"로 끝나는 경로를 찾습니다(필자의 경우 anaconda로 설치하였기 때문에 독자분들과는 다른 결과가 나올 수 있습니다).

2. Anaconda를 이용해서 설치한 경우

Anaconda로 설치한 경우도 1번에서 봤던 것과 비슷합니다. 단지 2)에서 "cmd"가 아닌 "anaconda prompt"를 검색합니다.

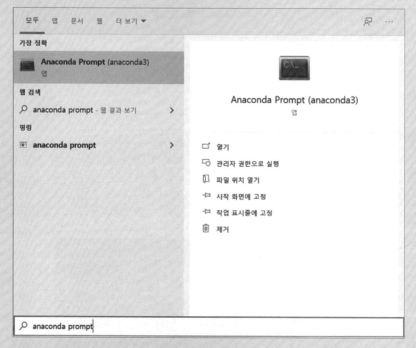

[그림 18-15] Anaconda Prompt

이 Anaconda Prompt를 찾았다면, 선택하여 실행합니다.

[그림 18-16] Python 검색

Anaconda의 기본 python.exe 위치는 [그림 18-16]처럼 "where python"을 실행하여 확인합니다. 만약, anaconda에서 가상 환경을 만들어서 이용 중이라면 "conda activate [가상 환경]"으로 들어간 후에 "where python"으로 검색합니다 (필자는 가상 환경을 만들어서 진행했기 때문에 가상 환경으로 들어가서 진행하였습니다).

[그림 18-17] 가상 환경에서 Python 검색

이렇게 찾은 Python 실행 경로를 UiPath에 이용합니다.

이제 다시 돌아와서 예제를 살펴보겠습니다.

18.7.2 Load Python Script 액티비티

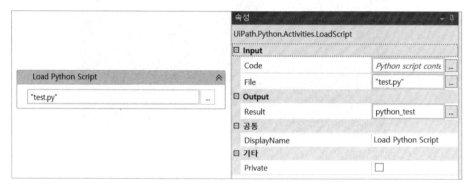

[그림 18-18] Load Python Script

다음으로는 Python 스크립트에 있는 내용을 불러오는 Load Python Script입니다. 속성의 File에는 test.py 파일의 경로를 작성합니다. RPA 프로젝트와 같은 경로에 있다면 파일명만 작성해도 되고 다른 경로에 있다면 전체 경로를 작성합니다. 스크립트의 내용을 담을 변수는 속성의 Result에 입력합니다(python_test).

18.7.3 Invoke Python Method 액티비티

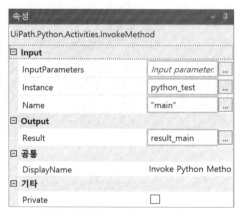

[그림 18-19] Invoke Python Method

다음으로는 Invoke Python Method 액티비티의 속성입니다. Instance에는 위에서 만들었던 PythonObject인 "python_test"를 입력하고 name에는 이용하고자 하는 메서드명인 "main"을 입력합니다. 그러면 main 메서드를 통해 얻는 결과를 Result 속성에 PythonObject 변수("result_main")로 만들어 저장됩니다.

18.7.4 Get Python Object 액티비티

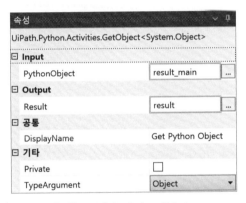

[그림 18-20] Get Python Object

이렇게 해서 얻은 PythonObject는 Get Python Object 액티비티를 통해 UiPath에서 사용할 수 있는 Object로 변경합니다. 속성 PythonObject는 이전 액티비티에서 main 메서드를 통해 얻은 결과 "result_main"을 입력하고 속성 Result에는 UiPath Object로 결과를 담을 변수("result")를 입력합니다. 이후에는 이 result를 Message Box 액티비티로 출력합니다. 이제 실행하여 결과를 살펴보겠습니다.

[그림 18-21] 결과

실행 결과를 보면, Python에서 작성했던 "Hello World"가 출력되는 것을 확인하실 수 있습니다.

이번 장에서는 Python을 이용해서 간단한 예제를 살펴보았습니다. Python을 다뤄서 데이터 분석이나 AI를 할 줄 안다면 UiPath에서는 데이터를 넘겨주고 Python에서 받은 데이터를 분석하는 방식 등으로 UiPath와 함께 여러 가지 방법으로 응용을 할 수 있습니다.

CHAPTER 19

RPA 프로젝트 진행하기

지금까지 UiPath의 기초 예제들부터 몇 가지 심화 과정을 알아보았습니다. 이를 통해 RPA를 개발해봤는데, 우리가 실제로 RPA 프로젝트를 진행할 때는 개발만 하는 것이 아닙니다. 이번 장에서는 프로젝트를 진행할 때 일반적으로 수행하는 방법과 유의점에 대해 알아보겠습니다.

19.1 도입 방법론

[그림 19-1] 도입 방법론

RPA 프로젝트를 진행할 때 일반적으로 순서를 위와 같이 진행합니다. 여느 IT 프로젝트와 비슷한 부분도 있지만 다른 부분도 있습니다. 자동화를 하고자 하는 프로세스들을 후보로 도출하고 도출한 프로세스들이 RPA로 적용할 수 있는지 여부를 검토합니다. 검토를 통해 진행 확정된 프로세스는 표준화 또는 간소화 작업을 진행합니다. 프로세스 표준화가 완료되면 RPA 설계 작업 및 개발을 진행합니다. 개발을 마친 후에는 적용 및 안정화 작업을 진행합니다. 지금부터 각 단계에 대해서 자세히 살펴보겠습니다.

19.2 프로세스 도출

- 도출 대상 업무

단순

반복

규칙 기반

정형화

- 조심해야할 업무

돈 거래

개인정보

인공지능

[그림 19-2] 프로세스 도출

첫 번째로 프로세스 도출입니다. 처음 RPA 프로젝트를 진행할 때 겪는 문제가 어떠한 프로세스를 대상으로 RPA를 진행해야 할지 모르겠다는 점입니다. RPA 프로젝트로는 단순 반복적이면서 규칙 기반으로 된 프로세스를 주로 선정합니다. 이런 프로세스 중에서도 시간이 많이 걸리는 프로세스를 정하면 그 효과는 더욱 큽니다. 그리고 정형화된 프로세스를 보통 선정하여 진행하게 됩니다. RPA는 업무를 자동화한다 해도, 인간만큼 똑똑하지 못해서 규칙에서 벗어나는 업무에 대해서는 진행이 어렵기 때문입니다.

반면, 유의점은 다음과 같습니다. 처음으로는 돈 거래가 진행되는 프로세스입니다. 업무를 자동화하면 매우 편리하고 인간이 했을 때보다는 오류가 줄어들지만 돈 거래가 진행되는 프로세스는 하나의 오류로도 큰 문제를 불러올 수 있습니다. 그렇기 때문에 돈 거래가 진행되는 프로세스에는 더 신경 쓰고 조심해야 합니다.

다음으로는 개인정보가 있는 프로세스입니다. 개인정보도 돈 거래가 진행되는 프로세스와 같은 문제입니다. 마지막으로 인공지능입니다. 2가지 관점에서 살펴봐야 하는데 하나는 사람의 판단이 들어가야하는 프로세스입니다. 사람의 판단이 들어가는 프로세스는 규칙적이지 않고 상황에 따라 다른데 그것을 RPA가 처리하기에는 아직 어렵습니다. 다음으로는 인공지능 기술이 필요한 프로세스입니다. 예를 들어, 손글씨가 적힌 문서를 보고 데이터를 시스템에 입력하는 프로세스가 있습니다. 이럴 경우 인공지능을 이용하는데, 100%의 정확성을 보장하지 못하기 때문에 조심해야 할 부분입니다. RPA에서는 AI와 접목한 형태인 IPA로 성장하고 있고 현재 UiPath에서도 AI를 지속적으로 성장시키고 있습니다. 이러한 프로세스는 아직 완벽한 단계가 아니기 때문에 프로세스를 도출할 때 충분히 검토해야 합니다.

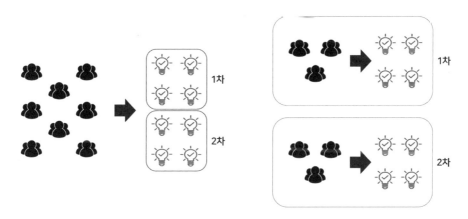

[그림 19-3] 프로세스 도출

RPA 프로젝트를 진행하면서 대상 프로세스를 도출할 때 일반적으로 한 팀에서만 도출하여 진행하는 것이 아니라 전사적으로 도출하여 진행합니다. 전사적으로 진행할 때 2가지 방법으로 진행할 수 있습니다.

먼저, 전 사원들을 대상으로 프로세스를 모두 뽑아낸 다음 그 안에서 1차, 2차 프로젝트로 나눠서 진행하는 방법이 있고 두 번째 방법으로는 1차 프로젝트에서는 A, B, C팀을 대상으로 도출하고 2차 프로젝트에서는 D, E, F팀을 대상으로 도출하는 방법이 있습니다. 프로젝트의 특성이나 회사에 따라 다르긴 하지만 필자는 두 번째 방법을 추천합니다. 예를 들어, 업무가 A팀이 먼저 진행되고 그 다음에 B팀이 진행해야되는 업무가 있을 수 있기 때문에 이러한 순서에 맞춰 앞부분인 A팀의 업무를 먼저 자동화하고 그 다음에 B팀의 업무를 자동화하는 방법이 좋습니다. 어느 것이 정답이라기보다는 프로젝트에 맞춰 진행하시길 바랍니다.

19.3 적용 검토

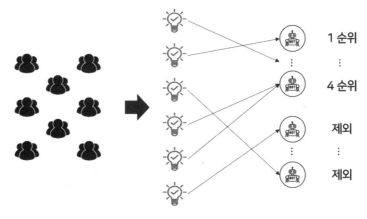

[그림 19-4] 적용 검토

두 번째로 적용 검토입니다. 현업 담당자들을 통해 도출한 프로세스들에 대해서 적용 검토하는 단계입니다. 도출한 프로세스들이 RPA로 적용 가능한 프로세스인지 아닌지를 골라내서 제외시킬 프로세스는 제외하고 적용하기로 정해진 프로세스들에 대해서는 우선 순위를 정합니다. 우선 순위를 매기는 기준에는 업무 중요도나 절약 시간, 개발의 난이도 등이 있습니다.

19.4 표준화

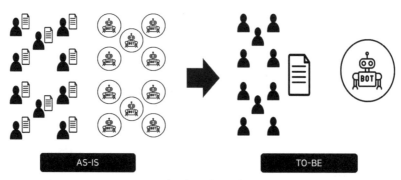

AS-IS

TO-BE

[그림 19-5] 표준화

세 번째로 표준화 작업입니다. 표준화 작업은 RPA로 개발하기 전에 프로세스를 표준화하는 작업을 말합니다. 예를 들어 같은 프로세스이지만 현업 개개인마다 수행하는 순서나 엑셀 양식이 다를 경우에 프로세스 수행 순서나 엑셀 양식을 하나로 통일시키는 작업입니다. 이 작업을 하지 않고 RPA를 개발할 경우 개개인의 방식에 따라 개발을 해야하는데, 이럴 경우 하나의 프로세스에 여러 개를 개발해야 해서 매우 비효율적입니다. 그렇기 때문에 이러한 프로세스에 대해 하나로 표준화하고 RPA로 개발하는 것이 좋습니다.

19.5 설계 및 개발

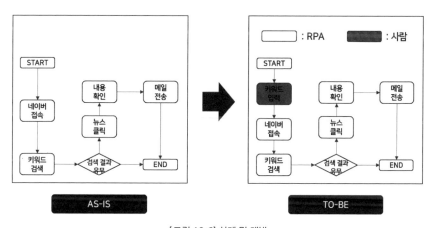

[그림 19-6] 설계 및 개발

네 번째로 설계 및 개발입니다. RPA을 개발하기 위한 프로세스를 설계하고 개발하는 단계입니다. RPA는 사람이 하는 작업을 그대로 따라하기 때문에 사람이 하는 형식을 플로우로 그려줘야 합니다. 예를 들어, [그림 19-6]을 보면 왼쪽에는 네이버 뉴스를 크롤링하는 프로세스를 사람이 하는 순서대로 그려보았습니다. 그리고 오른쪽에는 이를 토대로 RPA로 전환했을 때 플로우도 그려줍니다. RPA로 전환했을 때 사람의 개입이 들어가는 부분이 있다면 색상을 다르게 하여 RPA와 사람을 구분할 수 있도록 합니다. 이렇게 플로우를 그려주고 다음 장부터는 각 플로우가 실행되는 화면을 캡처해서 순서에 대한 설명을 더하면 좋습니다. 이러한 과정은 나중에 산출물인 PDD를 만드는 과정이라고 생각하면 됩니다.

<u>19.6</u> 적용 및 안정화

마지막으로 적용 및 안정화 단계입니다. 이 단계에서는 개발한 내용을 어떻게 적용시키고 모니터링해서 관리할지에 대한 방법을 정하는 단계입니다.

첫째, 실행 방법에 대해 정해야 합니다. 시간에 상관없이 필요할 때마다 직접 실행할 수 있게 할 것인지 아니면 주기적인 시간에 자동으로 실행시킬지 정해야 합니다. 이에 따라 실행 파일을 생성하거나 윈도우 스케줄러 또는 Orchestrator를 이용해서 스케줄링을 할지 결정합니다.

둘째, 스케줄 관리입니다. 프로세스 한 개당 RPA용 라이선스와 PC를 하나씩 구매해서 실행하면 제일 좋지만 비용적인 문제가 발생합니다. 그렇기 때문에 하나의 라이선스에 최대한 많은 프로세스를 실행하는 것이 가장 효율적이고 좋습니다. 이를 위해서는 라이선스 하나당 실행될 프로세스를 시간대별로 잘 나눠야하고 필요한 경우 새벽과 주말까지 모두 이용할 수 있도록 하는 것이 좋습니다.

셋째, RPA를 모니터링할 방안을 마련하는 것이 중요합니다. RPA는 업무 시간뿐만 아니라 업무 외 시간에도 진행될 수 있어서 모니터링 체계가 있는 것이 좋습니다. UiPath Orchestrator에서는 UiPath Robot의 로그 모니터링이나 원격 실행 등 다양한 기능을 제공하고 있습니다. 이 Orchestrator를 사용하는 것도 하나의 방법인데 비용이 많이 들기 때문에 직접 모니터링 시스템을 구축하는 것도 하나의 방법입니다.

마지막으로, 효과 측정입니다. RPA를 적용하기 전에 사람이 직접 실행했을 때와 RPA를 적용하고 난 뒤 프로세스의 소요시간을 측정하고 비교하는 것입니다. 기간은 한달 정도로 정하고 한 달 동안 해당 프로세스가 발생한 건수와 1건이 일어날 때마다 소요되는 시간을 사람과 RPA를 따로 측정하여 한달 동안의 총 소요시간을 비교하면 됩니다.

19.7 산출물

프로젝트가 진행되는 순서에 대해서 알아보았는데 이번에는 프로젝트가 종료되고 발생하는 산출물에 대해 알아보겠습니다.

첫 번째는 소스 코드입니다. 소스 코드는 Studio를 통해 개발할 때 저장되는 프로젝트 폴더 전체를 말합니다. 개발을 진행할 때 실제로 RPA가 실행될 PC에서 개발한다면 문제가 되지 않는데 다른 PC에서 개발하고 운영 PC로 소스를 옮기게 된다면 .xaml 파일만 옮기는 것이 아니라 폴더를 압축하여 그대로 옮겨야 합니다. .xaml 파일만 있어도 Studio에서 실행할 수는 있지만 폴더채로 옮겨야 하는 이유를 알아보겠습니다. 우리가 Chapter 14에서 만들었던 프로젝트에서 .xaml 파일만 다른 곳으로 복사하겠습니다.

[그림 19-7] Main.xaml 파일

복사했으면 더블클릭해서 실행시킵니다.

[그림 19-8] 프로젝트

Chapter 14에서 진행했던 프로젝트입니다. 여기서 크롤링 Sequence를 들어가보겠습니다.

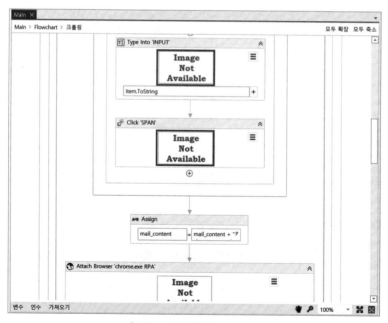

[그림 19-9] 크롤링 Sequence

크롤링 Sequence에 들어와서 Type Into 액티비티와 Click 액티비티를 보면 "Image Not Available"이 적혀있는 것을 보실 수 있습니다. 원래 이 자리에는 Selector로 잡힌 부분이 캡처 이미지로 남아 있었는데, 지금 보면 없는 것을 확인할 수 있습니다. 이유에 대해 알아보겠습니다. 기존 Chapter 14 프로젝트 폴더를 보겠습니다.

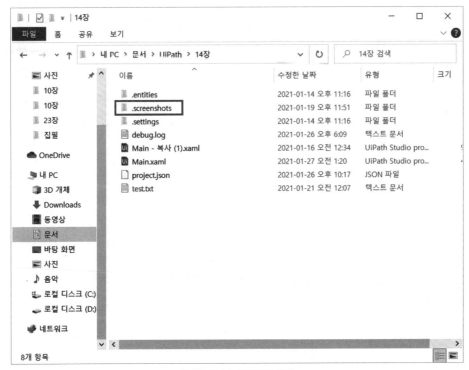

[그림 19-10] 프로젝트 폴더

폴더를 보면 ".screenshots" 폴더가 있습니다. 폴더 안을 보겠습니다.

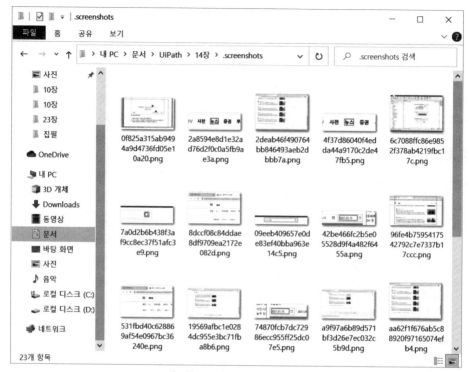

[그림 19-11] Screenshots 폴더

폴더를 보면 위와 같은데 여기에는 우리가 개발하면서 잡아놓았던 Selector들의 캡처 이미지가 자동으로 쌓이게 됩니다. 우리가 프로젝트하면서 소스 코드를 옮길 때는 위의 폴더까지 모두 옮겨갈 수 있도록 프로젝트 폴더를 압축해서 보내야 합니다. 그렇지 않으면 유지보수를 하는 데 있어 큰 어려움이 생길 수 있습니다.

두 번째 산출물은 PDD입니다. PDD는 Process Design Document인데 19.5에서 말씀드렸던 프로세스 플로우의 As-Is와 To-Be, 해당 프로세스의 캡처가 담겨있는 문서입니다. 이외에도 프로세스의 버전과 담당자 등의 이력을 남겨두면 좋습니다.

마지막으로 실행 영상입니다. 영상은 RPA를 실행해놓고 RPA가 진행되는 과정을 담아놓은 녹화 영상입니다. 이는 유지 및 보수하는 데 있어 문제가 생겼을 때 많은 도움이 되기 때문에 녹화하여 파일로 가지고 있는 것이 좋습니다.

19.8 유의사항

유의사항 및 팁에 대해 알아보겠습니다. RPA 프로젝트를 진행할 때 아래와 같은 내용들을 미리 준비하지 않으면 프로젝트 기간이 연장될 수가 있습니다.

첫째, 공수산정입니다. RPA 프로젝트는 기존의 IT 프로젝트와 다르게 화면 단위로 WBS 공수산정을 할 수가 없습니다. RPA에 대해 알지 못하는 현업 담당자가 혼자 공수산정을 한다면 제대로 된 공수가 나올 수 없습니다. 프로세스 도출을 할 때는 매번 현업 담당자와 RPA 개발자 모두가 같이 회의를 진행하는 것이 공수산정하는데 도움이 됩니다.

둘째, RPA는 PC나 OS, 오피스, 프로그램의 버전에 따라 개발이 바뀌기 때문에 사전에 이러한 것들을 미리 정해놓고 진행하는 것이 좋습니다. RPA가 실행될 PC를 먼저 확보하고 이후에 버전들과 보안에 대해 정하는 것이 좋습니다. 그리고 개발할 PC와 운영이 진행될 PC가 따로 있다면 서로 버전을 맞춰주는 것도 좋습니다.

마지막으로, 보안이나 권한, RPA용 계정을 미리 생성하는 것이 좋습니다. 기존의 담당자가 사용하는 계정을 이용하게 되면 프로그램이나 메일 같은 프로세스에서 문제가 발생할 경우 사람이 잘못했는지 RPA가 잘못했는지 로그를 통해서 추적하는 것이 어렵습니다. 그렇기 때문에 RPA용 계정을 따로 만드는 것이 좋고 이 계정에는 DRM 같은 보안이나 권한을 따로 지정해야 합니다. 계정 생성이나 권한관리는 회사마다 절차가 다르기 때문에 시간이 많이 소요될 수 있습니다. 그렇기 때문에 프로젝트가 시작되면 바로 신청하여 진행하는 것이 좋습니다.

지금까지 RPA 프로젝트를 진행하는 데 있어 도입 방법과 유의점에 대해 살펴보았습니다. 이러한 사항들을 미리 숙지하여 프로젝트가 연장되지 않도록 합시다.

CHAPTER 20

UiPath 소스 관리하기

이번 장에서는 UiPath 소스 코드를 관리하는 방법에 대해 알아보겠습니다. RPA 프로젝트를 진행하면 RPA가 수행될 PC에서 직접 개발을 하는 경우가 많습니다. 만약 이 PC가 바이러스에 감염되거나 고장이 나게 되면 PC를 사용하지 못할 뿐만 아니라 그 안에 있는 RPA 소스도 없어지게 되는 불상사가 발생할 수 있습니다. 소스를 백업하지 않은 상태에서 없어지게 되면 처음부터 다시 개발을 해야하고, 그 시간 동안 운영을 할 수 없기 때문에 회사에 막대한 피해를 줄 수 있습니다. 따라서 RPA에도 형상관리 툴을 적용하여 소스를 관리해야 합니다. UiPath에서 제공하는 형상관리 툴에 대해 살펴보겠습니다.

Tip 형상관리란?

소프트웨어 공학에서 소프트웨어 구성 관리(Software Configuration Management, SCM)라고도 합니다. 형상관리는 소프트웨어의 변경 사항을 체계적으로 관리하는 것으로 말합니다. 변경 사항에 대해서는 각각의 버전을 부여하여 과거부터 현재까지의 소스의 이력(history)를 확인할 수 있고, 필요에 따라서는 과거 버전으로 돌아갈 수도 있습니다.

[그림 20-1] UiPath의 형상관리

UiPath에서는 GIT, TFS, SVN 총 3가지의 형상관리 툴을 제공합니다. GIT은 리눅스 OS의 창시자인 리누스 베네딕트 토르발스가 만든 분산 버전 관리 시스템으로 현재 사용되는 형상관리 툴들 중에서 가장 많은 인기를 받고 있습니다. TFS는 마이크로소프트에서 개발한 Team Foundation Server입니다. 마지막으로 SVN은 콜랩넷에서 개발되고 현재는 아파치 소프트웨어 재단에 속해있는 프로젝트인 Subversion을 말합니다. 이 책에서는 GIT을 이용해서 간단한 형상관리를 진행해보겠습니다.

GIT을 이용해서 진행하려면, 먼저 GIT이 설치되어 있어야 합니다. GIT은 해당 사이트(https://git-scm.com/downloads)에서 각자의 버전에 맞게 다운로드하고 설치를 진행하면 됩니다(해당 책에서는 GIT에 대한 설치와 사용 방법은 다루지 않으니 사전에 공부해놓으시면 좋습니다). 그리고 모든 형상관리에는 소스를 저장할 저장소가 필요한데 GIT에서는 GitHub라는 좋은 저장소가 있습니다. 예제 진행을 위해 GitHub 사이트(https://github.com/)에 가입하시길 바랍니다. 가입 방법은 특별히 어려운 점은 없어서 생략하도록 하겠습니다.

20.1 저장소(Repository) 생성하기

GIT을 설치하고 GitHub에 가입을 완료했으면, 이제 이를 이용하여 형상관리를 진행해보겠습니다. 먼저 진행해야 할 것은 소스를 저장할 저장소를 생성하는 것입니다. GitHub에 들어가보겠습니다.

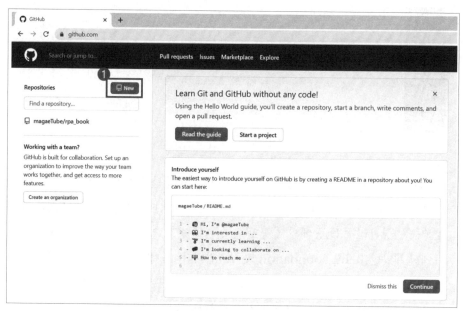

[그림 20-2] GitHub

GitHub 페이지에 로그인하면 위와 같은 모습을 보실 수 있습니다. 여기서 왼쪽 상단 Repositories 옆에 "New"를 클릭합니다.

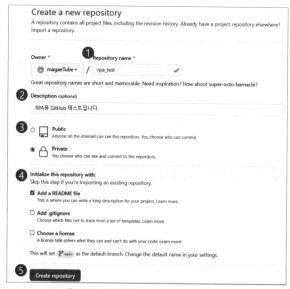

[그림 20-3] 저장소 (Repository) 생성

"New"를 클릭하면 "Create a new repository"가 뜨면서 새로운 저장소를 생성할 수 있습니다.

① 저장소의 이름(Repository name)을 지정합니다.

② 저장소에 대한 설명을 작성합니다(필수는 아닙니다).

③ Public/Private 저장소를 선택합니다. 테스트로 진행하기 위해 Private을 선택합니다.

④ 해당 저장소에 대해 추가할 사항을 정합니다. 여기서 "Add a README file"만을 체크했습니다.

⑤ ①~④까지 설정이 완료되면, "Create repository"를 선택하여 저장소를 생성합니다.

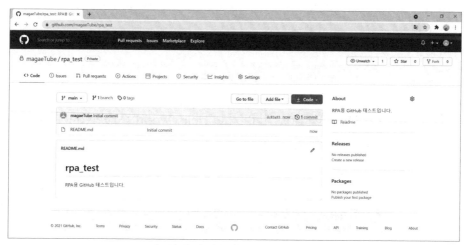

[그림 20-4] 생성된 저장소 (Repository)

저장소 생성이 완료되면 위와 같은 결과를 확인하실 수 있습니다. 이제 예제를 만들어서 이 저장소에 올리고 관리하는 방법을 살펴보겠습니다.

20.2 GIT 저장소 생성하기(Init)

UiPath Studio를 실행하여 새로운 프로세스를 하나 생성합니다. 프로세스명은 저장소의 이름과 같게 "rpa_test"로 지정하겠습니다.

[그림 20-5] 예제

예제는 간단하게 Message Box 액티비티로 "Hello World"를 출력합니다. 예제를 실행하여 에러가 없는지 확인하고 저장합니다. 이제 이렇게 생성한 예제를 20.1에서 만들었던 저장소에 올려보겠습니다. 저장소에 올리기 전에 우측 하단을 먼저 보겠습니다.

[그림 20-6] Status Bar

우측 하단에 있는 것([그림 20-6])은 "Status Bar"로 Orchestrator의 상태나 소스 컨트롤 상태에 대해서 확인할 수 있습니다. 앞으로 작업하면서 이 부분을 많이 볼 것이고, 이 Status Bar가 변하는 것을 확인해보시면 됩니다.

처음으로는 로컬에 GIT 저장소를 생성하는 것입니다(로컬은 지금 우리가 UiPath Studio를 통해 개발하고 있는 PC를 말합니다). [홈] 패널에 [팀] 메뉴로 이동하겠습니다.

[그림 20-7] [팀] 메뉴

① [팀] 메뉴로 왔다면 "GIT" 영역에 있는 "GIT Init"을 클릭합니다. 이는 새로운 로컬
GIT 저장소를 만드는 작업이 됩니다.

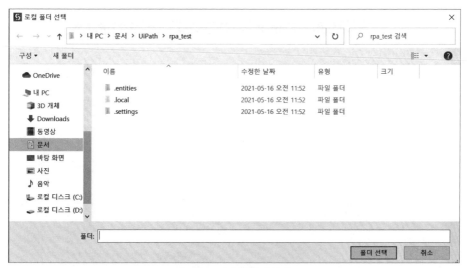

[그림 20-8] 로컬 폴더 선택

"GIT Init"을 선택하면 "로컬 폴더 선택" 브라우저가 나오는데, 현재 만든 프로젝트 폴
더 그대로 나옵니다. 이 상태에서 "폴더 선택" 버튼을 클릭합니다.

[그림 20-9] GIT Init

"폴더 선택" 버튼을 클릭하고 완료되면, 위와 같이 "변경 내용 커밋" 팝업창이 뜨게 됩니다. 이렇게 되면 PC에 정상적으로 GIT 저장소가 생성되었습니다.

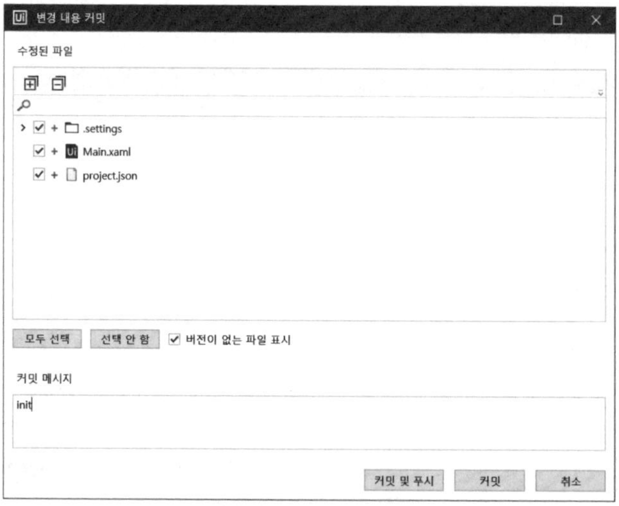

[그림 20-10] 커밋 및 푸시

"변경 내용 커밋" 팝업창에 위와 같이 입력합니다. "커밋 메시지"에 "init"이라고 작성하고 하단에 "커밋 및 푸시" 버튼을 클릭하겠습니다.

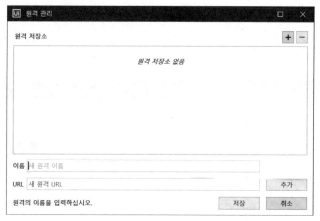

[그림 20-11] 원격 관리

"커밋 및 푸시" 버튼을 클릭하면 위와 같이 "원격 관리" 팝업창이 뜨는데 이는 우리가 만든 로컬 GIT 저장소(PC)를 원격 GIT 저장소(GitHub)에 연결하는 작업입니다.

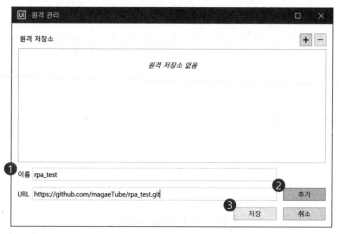

[그림 20-12] 원격 관리

① 이름과 URL을 지정합니다. URL은 20.1에서 만들었던 GitHub 저장소의 URL을 가져옵니다.

② 이름과 URL을 작성했다면 "추가" 버튼을 클릭합니다.

③ "저장" 버튼을 클릭하여 마무리합니다.

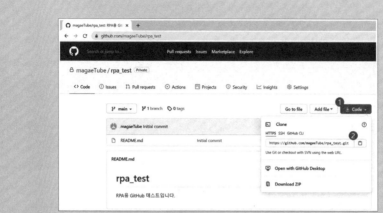

[그림 20-13] GitHub 저장소 URL

GitHub 저장소의 URL은 위와 같이 확인할 수 있습니다. 20.1에서 만들었던 Git Hub 저장소로 이동합니다. 해당 페이지에서 "Code" 버튼을 클릭하면 "Clone"창 이 뜨는데 여기서 "HTTPS" 탭을 선택하면 나오는 주소가 있습니다. 이 주소를 복 사해서 이용합니다.

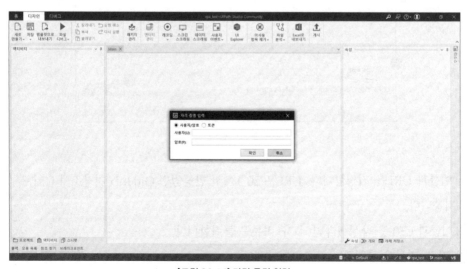

[그림 20-14] 자격 증명 입력

"저장" 버튼을 클릭하여 원격 관리를 설정 완료하면 다음으로 "자격 증명 입력" 팝업창이 뜨게 됩니다. 이는 GitHub 저장소에 접근하기 위한 증명을 확인하는 것인데, "사용자/암호", "토큰" 2가지 방법이 있습니다. 여기서는 "사용자/암호"를 이용하겠습니다.

[그림 20-15] 사용자/암호

사용자와 암호에는 각자 만들었던 GitHub의 계정과 암호를 입력하고 "확인" 버튼을 클릭합니다.

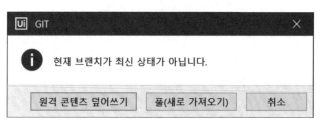

[그림 20-16] 브랜치

그러면 위와 같이 브랜치에 대한 팝업창이 뜨는데, 여기서는 처음 세팅이기 때문에 "원격 콘텐츠 덮어쓰기"를 클릭하겠습니다.

[그림 20-17] Status Bar

작업이 완료되고 Status Bar를 보면 [그림 20-6]에서의 모습과 다른 모습을 볼 수 있습니다. Push/Commit을 할 사항, GIT 저장소, 브랜치에 대한 내용이 추가된 것을 볼 수 있습니다. 이렇게 되면 로컬 GIT 저장소와 원격 GIT 저장소가 연결이 완료되었습니다. 이제 소스를 변경하고 이를 저장소에 올려보겠습니다.

20.3 소스 관리하기(커밋, 푸시)

UiPath 소스의 변경사항을 관리하기 위해서 예제를 변경해보겠습니다.

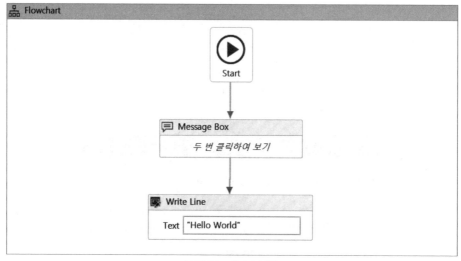

[그림 20-18] 소스 변경

소스의 변경은 간단하게 Write Line 액티비티를 하나 추가하였습니다. 변경한 소스를 실행하고 저장한 후에 Status Bar를 보겠습니다.

[그림 20-19] Status Bar

Status Bar를 확인하면 [그림 20-17]과 다른 모습을 보실 수 있습니다. 바로 ✏1 이 부분이 숫자 1로 바뀐 것을 볼 수 있습니다. 이는 해당 소스에 변경된 사항이 1개 있다는 것이고 GIT 저장소에 저장하기 위해 보류 중인 사항이라는 것입니다. 이 부분을 클릭해보겠습니다.

[그림 20-20] 변경 내용 커밋

위에서 봤었던 "변경 내용 커밋" 팝업창이 뜨게 되는데 소스의 변경 사항을 "커밋 메시지"에 작성하고 이번에는 "커밋" 버튼을 클릭하겠습니다.

[그림 20-21] Status Bar

"커밋"을 완료하고 Status Bar를 보면 위와 같이 변경되었습니다. ⬆1 이 부분이 숫자 1로 변경되었는데, 푸시(Push)할 사항이 있다는 뜻입니다. 푸시는 원격 GIT 저장소(GitHub)로 업로드하는 작업으로, 이 부분을 클릭해보겠습니다.

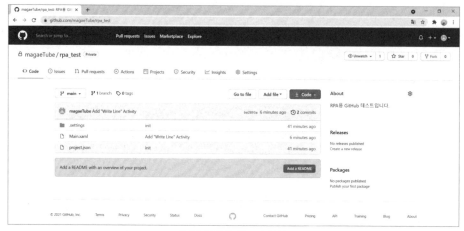

[그림 20-22] Status Bar

"푸시"가 완료되면 Status Bar에는 위와 같이 더 이상 보류 중이거나 푸시할 사항이 없다는 것을 보실 수 있습니다. 이제 GitHub로 돌아가서 페이지를 새로고침해보겠습니다.

[그림 20-23] GitHub 확인

GitHub을 확인해보면 우리가 소스를 변경하여 커밋하고 푸시한 내용들이 적용되어 있는 것을 보실 수 있습니다.

<u>20.4</u> 소스 복제하기(Clone)

20.2부터 20.3까지 진행하여 소스를 개발하고 개발된 소스를 원격 저장소(GitHub) 에 업로드하는 것까지 진행해보았습니다. 이번 장에서는 기존 원격 저장소(GitHub) 에 있는 소스를 복제하여 로컬 GIT 저장소(PC)에 내려받아보겠습니다. 실습은 이 책에서 만들어놓은 예제 소스를 이용해서 진행하도록 하겠습니다(URL : https://github. com/magaeTube/rpa_book).

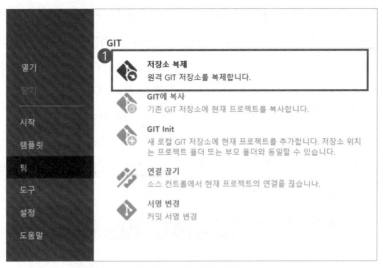

[그림 20-24] 저장소 복제

다시 [홈] 패널에 [팀] 메뉴로 이동합니다. 기존에 열어놓은 프로세스가 있다면 위에 [닫기] 메뉴를 먼저 클릭한 후에 [팀] 메뉴로 이동합니다. [팀] 메뉴로 이동했다면 GIT 영역에 "저장소 복제"를 클릭하겠습니다.

[그림 20-25] 원격 저장소 복제

새로운 팝업창이 뜨면 위와 같이 내용들을 입력합니다.

① "저장소 URL"과 "체크아웃 디렉터리"를 입력합니다. "저장소 URL"의 경우 [그림 20-13]에서 봤던 방식으로 GitHub의 HTTPS 주소를 가져와서 입력합니다. "체크아웃 디렉터리"는 GitHub 저장소의 내용을 저장할 로컬 GIT 저장소(PC)의 위치를 지정하는 것입니다. 위치는 아무데나 찾아서 작성해도 되지만, 디렉터리의 맨 뒤는 GitHub 저장소의 이름과 같게 지정합니다(위에서는 "rpa_book").

② 저장소 URL과 체크아웃 디렉터리를 지정했다면, "자격 증명 사용"을 체크하고 자격 증명에 대한 내용을 작성합니다. 위에서는 "사용자/암호"를 이용합니다.

③ ①, ② 정보를 작성 완료했다면, "열기" 버튼을 클릭합니다.

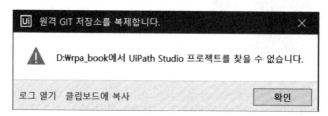

[그림 20-26] 팝업창

해당 예제 소스를 복제할 때는 위와 같은 팝업창이 뜨게 됩니다. 해당 디렉터리에 ".xaml"로 끝나는 파일이나 "project.json" 파일이 없어서 나타나는 팝업창인데 에러 사항은 아니므로 "확인" 버튼을 클릭합니다.

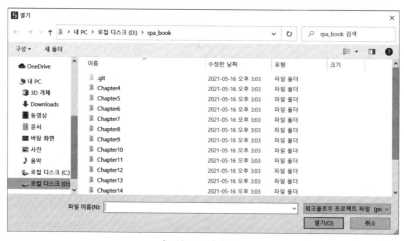

[그림 20-27] 열기

그러면 위와 같이 열고자 하는 파일을 찾는 탐색기 창이 뜨는데 열고 싶은 예제 파일을 찾아 열어서 진행하면 됩니다. 사내에서 관리하고 있는 GIT 저장소가 있다면, 위와 같은 방법을 이용해서 소스를 복제하고 이용할 수 있습니다.

이번 장에서는 UiPath에서 사용하는 형상관리에 대해 알아보았습니다. 예제로 GIT을 이용해보았지만, TFS나 SVN도 비슷한 방법으로 이용하기 때문에 각 회사에서 사용하는 형상관리 툴을 이용해서 UiPath 소스를 관리하시길 바랍니다.

부록

예제 파일 받기

본서에서는 각 주제에 대해 예제를 제공하고 있습니다. 예제 파일의 경우 GitHub에서 받을 수 있습니다. GIT을 이용한 형상관리 방법은 Chapter 20에서 확인할 수 있습니다. 여기서는 예제 파일을 다운로드하는 방법을 살펴보겠습니다.

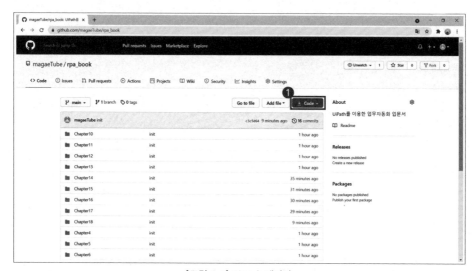

[그림 A-1] GitHub 페이지

필자의 GitHub 리파지토리에 접속합니다(URL : https://github.com/magae Tube/rpa_book). 해당 URL에 접속해서, "Code"라고 써있는 녹색 버튼이 보일 것입니다. 이를 클릭합니다.

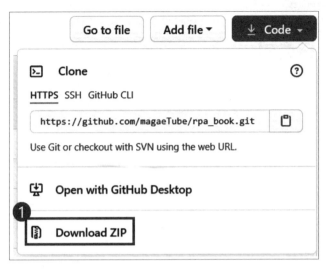

[그림 A-2] Download ZIP

"Code"를 누르면 위와 같이 나오는데, 여기서 "Download ZIP"을 선택합니다. 다운
로드를 완료했으면 해당 ZIP 파일의 압축을 풀어 확인합니다. 각 Chapter별로 폴더
가 있는데 해당 폴더로 들어가서 "Main.xaml" 파일을 실행하면 내용을 확인할 수 있
습니다.

Tip 액티비티 깨짐 현상

예제 파일이나 다른 사용자의 소스를 받아서 .xaml 파일을 UiPath Studio에서 실
행했는데 액티비티가 빨간색 글씨를 나타내면서 보이지 않는 경우가 있습니다.
이럴 때는 "패키지 관리"에 들어가서 패키지를 업그레이드하거나 설치하여 버전
을 맞춰줘야 합니다.

CHAPTER **B**

단축키

UiPath Studio에서 사용되는 단축키들에 대해 알아봅니다.

(1) 파일 관리

- Ctrl + Shift + N: 새로운 프로세스를 생성합니다.
- Ctrl + O: 열기를 통해 이미 존재하는 프로세스의 .xaml 또는 project.json 파일을 엽니다.
- Ctrl + L: 로그 파일들이 저장되어 있는 로그 폴더를 엽니다.
- Ctrl + S: 현재 작업 진행 중인 워크플로우를 저장합니다.
- Ctrl + Shift + S: 현재 작업 진행 중인 프로세스의 모든 워크플로우를 저장합니다.
- Ctrl + Tab: 디자인 패널에서 열려있는 활성 도구 창이나 활성 파일을 이동하는 기능을 합니다.

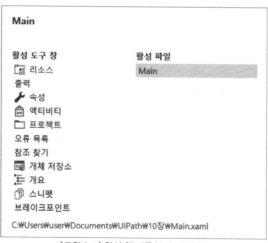

[그림 B-1] 활성 창 이동(Ctrl + Tab)

(2) 주석

- Ctrl + D: 주석 처리를 하여 해당 액티비티가 실행되지 않고 무시됩니다.
- Ctrl + E: 주석을 해제하여 해당 액티비티가 진행되도록 합니다.

(3) 실행 및 디버깅

- F5: 프로젝트를 디버그 모드로 실행합니다.
- Ctrl + F5: 프로젝트를 디버그 없이 실행합니다.
- F6: 현재 파일을 디버그 모드로 실행합니다.
- Ctrl + F6: 현재 파일을 디버그 없이 실행합니다.
- F7: 현재 열려있는 파일을 분석합니다.
- Shift + F7: 현재 진행 중인 프로젝트를 분석합니다.
- F8: 현재 열려있는 파일의 유효성을 검사합니다
- Shift + F8: 현재 진행 중인 프로젝트의 유효성을 검사합니다.
- F9: 브레이크포인트를 설정/해제합니다.
- F10: 프로시저 단위 실행을 진행합니다.
- F11: 한 단계씩 코드 실행을 진행합니다.
- Shift + F11: 프로시저 나가기를 진행합니다.
- F12: 현재 실행 중인 프로세스를 중지시킵니다.

(4) 선택된 액티비티

- Ctrl + T: 해당 액티비티를 Try Catch 액티비티를 생성하여 Try 구역에 넣습니다.
- Ctrl + N: 새로운 시퀀스 액티비티를 .xaml 파일로 생성합니다.
- Ctrl + C: 선택된 액티비티(들)을 클립보드에 복사합니다.
- Ctrl + V: 복사된 액티비티(들)을 선택한 아이템 안에 붙여넣기합니다.

찾아보기

당신의 칼퇴를 도와주는 UiPath 업무 자동화

데이터 크롤링 실습으로 배우는 RPA 솔루션

초판 1쇄 발행 | 2021년 7월 30일

지은이 | 김수환
펴낸이 | 김범준
기획/책임편집 | 이동원
교정교열 | 최현숙
표지 디자인 | 정지연
본문 디자인 | 이승미

발행처 | 비제이퍼블릭
출판신고 | 2009년 05월 01일 제00-2009-38호
주소 | 서울시 중구 청계천로 100 시그니처타워 서관 10층 1011호
주문/문의 | 02-739-0739   **팩스** | 02-6442-0739
홈페이지 | https://bjpublic.co.kr   **이메일** | bjpublic@bjpublic.co.kr

가격 | 28,000원
ISBN | 979-11-6592-082-1
한국어판 ⓒ 2021 비제이퍼블릭

소스코드 다운로드 | https://github.com/magaeTube/rpa_book
　　　　　　　　　　https://github.com/bjpublic/rpa